张铭洽◎主编

# 长安记忆（上）

陕西新华出版
陕西旅游出版社
·西安·

图书在版编目 (CIP) 数据

长安记忆 . 上册 / 张铭洽主编 . ——西安：陕西旅游出版社，2014.9（2024.11重印）
ISBN 978-7-5418-3091-4

Ⅰ . ①长… Ⅱ . ①张… Ⅲ . ①长安（历史地名）- 地方史 - 通俗读物 Ⅳ . ① K294.11-49

中国版本图书馆 CIP 数据核字 (2014) 第 220311 号

| 长安记忆 · 上册 | 张铭洽 主编 |
|---|---|

责任编辑：程家文 邓云贤
出版发行：陕西旅游出版社（西安市唐兴路 6 号 邮编：710075）
电　　话：029-85252285
经　　销：全国新华书店
印　　刷：三河市兴国印务有限公司
开　　本：787mm×1092mm　1/16
印　　张：20
字　　数：350 千字
版　　次：2015 年 12 月 第 1 版
印　　次：2024 年 11 月 第 2 次印刷
书　　号：ISBN 978-7-5418-3091-4
定　　价：69.80 元

# 编者序

西安是中华文明的重要发祥地之一，在中华民族的历史长河中占据着引人注目的位置，闪烁着耀眼的光辉。

西安是中国八大古都之一，先后有西周、秦、西汉、新莽、东汉献帝、西晋愍帝、前赵、前秦、后秦、西魏、北周、隋、唐共13个王朝在此建都，历时1100多年。在这13个王朝中，西周是青铜文化的鼎盛期，秦是中国第一个统一的多民族中央集权制国家，西汉是中国农业发展的第一个高峰，隋唐是中国古代文化高度发达的极盛时期。这几个王朝都是中国政治、经济、文化、科学技术在世界上居于领先地位的时期。

汉、唐长安，规模宏大，是国际交往频繁、名闻世界的大都市。隋唐以后的西安虽不是全国的政治中心，但仍是西北重镇。近代和现代的西安，既有自身革命斗争的传统，也有延安对它的影响，在此掀起过阵阵革命狂澜，所以它也是中国革命史上的重要地区。名闻中外的"西安事变"，就是中国革命史上的重要篇章。因此，西安地区的历史，在某种程度上可以说是我们伟大祖国历史的一个缩影。中华民族的不少重要历史阶段，在西安都有典型的代表。我们了解西安历史，可以更具体地了解我们国家和民族的历史。

特殊的地理位置和历史条件，决定了西安地区特殊的历史状况，在古代尤其是这样。西安位于我们伟大祖国的腹心地区，关中平原的中部。西安周围的河流有泾河、渭河、沣河、涝河、沪河、灞河、潏河、滈河，即人们常说的"八水绕长安"。关中地区气候温和，雨量充沛，土地肥沃，物产丰富，具有极为优越的自然条件。中国古代典籍《尚书·禹贡》中说，这里"厥土惟黄壤，厥田惟上上"。司马迁《史记》中说这里"膏壤沃野千里"，称之为"天府"。《诗经》中说这块土地肥美，连野菜也格外香甜。这样的地理位置和自然条件，是西安地区成为中国古代文明发祥地之一的重要因素。

这样的自然条件和历史背景，决定了西安地区的文物古迹罗如群星，"历尽周秦与汉唐"。在西安，不仅有远古先民的蓝田猿人遗址、半坡遗址、姜寨遗址，更有大量周、秦、汉、唐的文物古迹和历史名胜。中华人民共和国成立以后，一个个震惊国内外的重大考古发现，都使人们对西安刮目相看。西周丰镐遗址的车马坑，秦公一号大墓，秦始皇兵马俑、铜车马，汉阳陵陪葬俑坑，杨家湾汉墓兵马俑，西安的唐代金银器，法门寺地宫，汉唐陵墓的石刻、壁画、彩绘俑、唐三彩等，都被人们视为瑰宝。唐代长安的建筑布局，白居易说它"百千家似围棋局，十二街如种菜畦"。这种规整严谨的格局，对日本奈良、京都等许多城市都有过很大影响。历代劳动人民和活动在这里的众多政治家、科学家、文学家、艺术家、军事家等，为世界文明和人类进步做出了卓越贡献。所有这一切都引人自豪，催人奋进。

西安在古代曾是中外文化交流的中心。传说黄帝"西于空桐，登鸡头山"，据传西周穆王也曾西游，与西王母会于瑶池，这说明很早就有了由长安通向西方的道路。秦时乌氏倮曾在今甘肃和西安之间做生意，用马匹换丝绸。自张骞西行后，丝绸之路大开，长安成了丝绸之路的起点。唐时的长安，成为国际化大都市。长安东市、西市，商品荟萃，市场繁荣。有许多外域人在长安开店经商，有的还在朝做官。日本、朝鲜及不少国家多次派留学生来唐学习。

在中国近现代史上，西安也有着光辉的一页。辛亥革命的风暴中，西安是首义地区之一；"西安事变"的枪声，拉开了全民族抗战的序幕；延安窑洞的灯光，通过八路军西安办事处照亮了国统区人民的心田。这一页页用生命和鲜血谱写的西安革命史，使老西安走向新生。

基于西安的重要地位，我们应该更深入地了解它的历史，了解它的过去，认识它的现在，展望它的未来，信心百倍、脚踏实地地为建设一个更加繁荣昌盛的新西安而奋斗。

《长安记忆》一书由西安地区的历史、考古、文物方面的众多学者分头撰稿，包含的题材广泛，既有历史事件、历史人物的评述，又有历史文物、名胜古迹的介绍，融知识性、趣味性和资料性于一体。它既是普及读物，又是各人的研究心得。希望该书能够成为读者了解西安历史文化的良师益友。

# 目录
## CONTENTS

### 第一章 远古记忆

- 蓝田人的足迹 / 002
- 半坡遗址漫步 / 009
- 人文初祖黄帝 / 015
- 周族的昌盛 / 021
- 姜子牙与钓鱼台 / 027
- 丰京和镐京 / 032
- 周穆王西行 / 037
- 国人暴动与共和行政 / 040
- 烽火戏诸侯 / 044
- 灿烂的西周青铜器文化 / 049

### 第二章 帝国回忆

- 秦人祖先之谜 / 056
- 圣都雍城 / 061
- 秦国从此转折 / 066
- 帝王广厦千万间 / 071
- 焚书与坑儒 / 077
- 秦代的驰道与秦始皇出巡 / 081
- 世界奇迹秦兵马俑 / 087
- 秦末农民战争与戏水之战 / 097
- 完成统一大业的秦始皇 / 102
- 吕不韦和《吕氏春秋》/ 108
- 秦国著名军事家尉缭和王翦 / 113
- 李斯与秦小篆 / 119

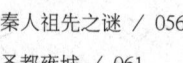

## 第三章 大汉印象

汉高祖定都长安 / 124
西汉长安城 / 129
因山为陵，凿山为葬 / 135
青年政治家贾谊和晁错 / 140
雄才大略的汉武帝 / 145
司马迁与《史记》 / 152
西汉大儒董仲舒 / 158
抗匈名将卫青与霍去病 / 167
张骞凿空西域 / 170
西汉帝陵之冠 / 175
汉代的和亲与昭君出塞 / 181
繁荣的汉代长安商业 / 186
文物宝库五陵原 / 191
漫谈秦砖汉瓦 / 194
汉代长安的赋与乐府民歌 / 198
王莽改制 / 203
绿林、赤眉在长安 / 209
班固与《汉书》 / 214
班超通西域 / 218
古文经学在长安 / 223
董卓之乱与汉长安城的衰落 / 228

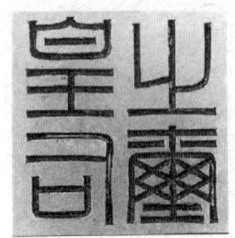

## 第四章 乱世沧桑

曹操与关中 / 246
蔡文姬与文姬墓 / 239
三国名将马超 / 245
诸葛亮与五丈原 / 249
文武兼备的杜预 / 254
晋愍帝都长安 / 259
大秦天王苻坚 / 264
法显西行的故事 / 269
鸠摩罗什与草堂寺 / 276
郦道元与长安 / 283
佛教中心与文化宝库 / 288
角声一动胡天晓 / 294
关中胡姓的汉化 / 297
统一北方的北周武帝 / 302
关陇集团的形成与崛起 / 307

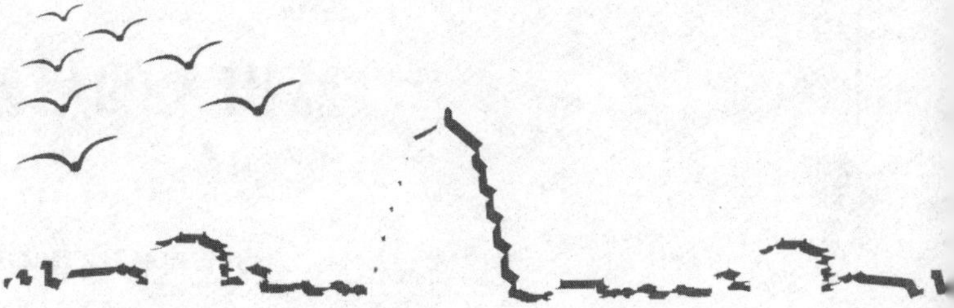

## 第一章
# 远古记忆

# 蓝田人的足迹

八百里秦川，物华天宝，人杰地灵。

我们的祖先，在很早很早以前，就活动和繁衍在这块土地上。他们所创造的远古文明，是构成中华民族远古文明的重要组成部分。

1964年春天，科学家们在西安东边蓝田县的公王岭，发现了一具比较完整的猿人头盖骨化石。据测定，这是一个中年女性的头骨，距今已有100多万年（一说80万年）的历史。它的发现，证明渭河流域是最早有人类活动的地区之一，它也是继北京周口店"北京人"之后所发现的最重要的早期人类化石之一。后来，古人类学家便把这一人类远祖定名为"蓝田人"。

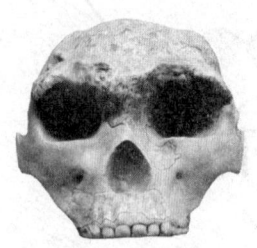

▲ 蓝田猿人头盖骨化石

说到蓝田人化石的发现，还有一些有趣的故事。那是1963年6月，中国科学院古脊椎动物与古人类研究所的一支考察队来到蓝田。一天，考察队员们询问当地的群众："哪里有龙骨呢？""龙骨"是当地群众对古动物化石的俗称。群众指着远处的公王岭说，那里就有。果然，考察队在公王岭得到了丰硕的成果，发现了不少远古动物化石。

过了些天，考察队又在蓝田县陈家窝子村，意外地发现了一具猿人下颌骨化石。这个成果大大激励了考察队员们。

▲ 蓝田猿人头部复原图

第二年，国家决定对蓝田县进行更大规模的科学考察，又一支考察队登上了公王岭。考察队采用"套箱"法，即把一大块含有化石的堆积物连同土块整个套进临时做的木箱内，小心地取出后以供研究。这些套箱被运往北京，在实验室的条件下一层层地细细剥离。其中有一个重400多公斤的套箱，当剥离到只剩下篮球大小的一块时，终于有了期待已久的重要发现：举世瞩目的蓝田人化石出土了。通过对蓝田人化石的研究，科

第一章 远古记忆 / 003

▲ 蓝田人活动的地方

学家们为我们揭开了厚厚的黄土帷幔的一角，描绘出西安地区在人类童年时期的生动画面。

在100多万年以前，蓝田一带为间冰期气候，温暖湿润，呈现着一片亚热带风光。红色的土壤，像一块巨大的地毯铺遍平原沟壑，处处林木繁茂，藤萝缠绕；平原上绿草如茵，一片茏葱。剑齿虎、大角鹿在草莽中出没，大熊猫、苏门羚在树林里嬉戏，古犀牛、剑齿象在湖泊边漫步。那时，这里是亚热带动物的乐园。在这一群群动物中，间或可以看到身材矮小的蓝田猿人成群结队地在林中攀援。

100多万年前，当蓝田猿人从动物界中脱颖而出的时候，身上还带有许多猿类的特征。特别是那两道粗壮的眉崤，连在一起，好像一道遮风避雨的屋檐，同现在的黑猩猩、大猩猩、长臂猿的相貌相似。由于早期人类的体质特征有不少方面与猿类相近，所以又被称为猿人。

蓝田人低平的前额向后倾斜着，头顶呈馒头状，头骨壁极厚，几乎是现代人

的两倍。脑容量仅有780毫升，比现代人的平均值1430毫升几乎相差一半。脑容量的大小，标志着人类智力水平的高低。在人类的进化过程中，脑容量呈现逐渐增大的趋势。蓝田人的脑容量之小，说明他还非常原始。

蓝田猿人的扁阔鼻梁下有一张露着凶相的大嘴，里面长着粗硕的牙齿，纹理复杂。粗大的牙齿表明了蓝田猿人食物的粗糙和生活条件的艰苦。随着人类食物结构的变化，牙齿慢慢由粗大向细小进化。人类进化的历程，也使扁平的鼻子演化为高鼻梁，给人类的容貌增添了几分神采。

现代人的下颌向前翘起，形成颜面不可缺少的部分。可是蓝田猿人却没有下颌，向后收缩的下颌部位使吻部突出，显得十分粗鲁。低平的前额，粗壮的眉嵴，扁塌的鼻梁，突出的吻部构成了蓝田猿人粗犷、倔强的面庞。

在人类漫长的进化过程中，蓝田猿人逐步抹去他身上的动物痕迹：从用四肢跳跃攀援到蹒跚着站起来直立行走，蓝田猿人的眼界随着站立起来而大大开阔，从利用天然的石块、树枝到有意识地制造简单工具，一双手慢慢脱离了动物爪子的形状，愈来愈显得精巧。

用石英岩制作的大型尖状器、笨重的砍砸器、带有石刃的刮削器和手斧，留下了蓝田猿人使用后的斑痕。蓝田猿人制造石器的技术比较原始，一般只会用锤击法来打石料，即在一块大石片上用石锤由一面或两面打出一个适合砍、切的刃缘，就做成了砍砸器。砸下许多石片后留下的带尖石核叫作尖状器。较小的石块还可以加工成凹刃、凸刃和直刃的刮削器，凹刃可以修理木耜，直刃

▲ 蓝田猿人使用过的石器

可以当作小刀来肢解猎物，凸刃的刮削器则用来刮兽肉，割兽皮。蓝田猿人就是利用这些石器来采集野果，挖掘可吃的植物块根，捕捉鸟类、青蛙、蜥蜴，猎取弱小的羚牛和梅花鹿……在人类利用工具战胜自然的文明史中，99％的漫长岁月是使用石器走过来的。尽管比起现代工具来，这些石器显得十分笨拙，可正是猿人打击石器的声音，敲响了人类黎明的钟声，正是他们第一次有意识地去改变自然，才使得万物苍穹的存在有了崭新的含义。

严寒的冰期来到了，活动的冰川挟裹着巨石汇集成狂暴的巨龙，阴沉沉地奔腾咆哮着。它推倒山峰，填满沟壑，吞噬森林草原。大陆被冰雪覆盖，亚热带气候转变为冰川气候。寒风瑟瑟，白雪皑皑，许多动物不适应全球性变冷的环境而大量灭绝，幸存的动物在冰雪严寒中觅食，艰难地去适应新的生态环境。

一点点红红的篝火燃烧了起来，它闪烁在幽深的岩洞里，燃烧在河谷台地上。火的使用是人类从自然束缚中解放出来的又一个重大成就。在公王岭含蓝田猿人骨骼化石和石器的地层层位里，散布着点点黑色的炭末，说明蓝田猿人可能已经懂得用火。熔岩奔突、雷电交加引起的森林大火，常常使许多野兽葬身火海。猿人偶然发现大火烧过的兽肉味道鲜美、易于消化；火还可以御寒，驱赶猛兽。于是，他们开始有意识地保存火种，并且逐渐吃熟食，从而大大促

◀ 早期人类用火场景

进了人类大脑结构的完善和日趋复杂,加快了人类体质进化的过程。

到了第四纪后期,来自中亚蒙古高原的粉砂颗粒状的黄土铺天盖地而来,不断在我国黄河流域北部降落,大面积覆盖在红色土层之上,形成了现在著名的黄土高原。厚厚的黄土深深掩盖了蓝田猿人的遗骸和生活的痕迹。在隔绝空气的情况下,骨骸免于腐烂,并开始了漫长的"石化"过程:骨骼里有机质释出后,又吸入周围泥土中的矿物质,经过这样的"换质"作用,这些亚洲北部最早的直立人的遗骨变成"矿化"的化石而保留下来,伴着共生的亚热带动物群的化石和他们制造的石器,默默地记录了当年的一切。

斗转星移,80万年过去了。距今天20万年以前,在黄土形成的新地貌上,又是一番新的景象:绵延不绝的秦岭山脉已经取代了当年低矮的丘陵,在秦岭北麓的广大地区,当年活动的亚热带动物早已销声匿迹,取而代之的是具有北方色彩的动物群。植物景观从森林草原变为以草原为主。开阔的草原上生长着蒿、藜和百合花等草本植物,间或分布有丛丛灌木和稀疏的混交林,比今天宽阔许多的渭河中生长着各种鱼类、螺类和厚壳蚌。河狸、斑鹿、水牛、马和猪等动物已经出现。这一带还是喜爱沙漠草原环境的鸵鸟的乐园。与这种鸵鸟十分接近的非洲鸵鸟,至今还生活在阿拉伯和非洲的沙漠草原区,说明当时西安一带的气候已变得相当干燥。

这时的人类已进入和猿人有着很大差别的新阶段——智人阶段。哺育蓝田猿人的这块土地换了主人,出现了大荔人。1978年的春天,一具完整的大荔人头骨化石在渭北高原的南缘、渭河谷地的北

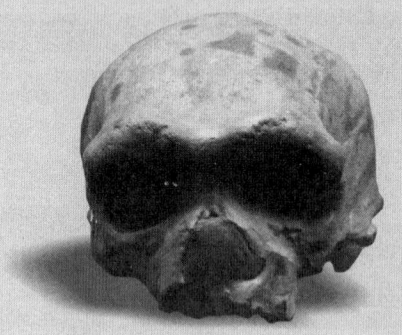

▲ 大荔人头骨化石

侧出土，它是我国首次发现的如此古老而完整的古人类化石，距今大约 20 万年。它已经更多地脱离了动物的痕迹，而接近现代人。

根据这具基本完整的头骨上骨缝的愈合情况，可以断定他是一位小于 30 岁的男性青年的头骨。在大荔人的头骨化石上，"八"字形排开的眉弓比较显著，不同于蓝田猿人"一"字形排开的粗壮眉弓，它的高度比起现代人还显得很粗壮，但比猿人却苗条了许多。早期人类突出的眉弓慢慢消失，最后代之以现代人清秀的眉毛，大荔人正是处于这个演化过程中一个阶段的代表。

在大自然沧桑寒暑的变化中，在适者生存自然规律的严格淘汰下，经过几十万年的不断进化，人类的脑容量由蓝田猿人时期的 780 毫升增加到大荔人的 1120 毫升。这个数字比现代人的脑容量仅差 300 毫升。随着脑容量的增加，人类的前额渐渐隆起，慢慢变得宽阔丰满，头骨骨壁慢慢变薄，人类的智慧也在逐渐增加。

大荔人的聪明才智充分体现在他们遗留的石器工具上。他们制作的工具不同于蓝田猿人粗大笨重的石器，是陕西境内迄今为止见到的最小的旧石器。利用各种形状的石片打制而成的直刃刮削器、凹凸刃刮削器精巧玲珑，十分锋利。小石器主要用于切割兽肉和筋皮。和大荔人头骨化石一同出土的还有许多哺乳动物的化石，这些动物大都是人们狩猎的对象。这些动物化石和小石器的共同组合，说明了大荔人在经济生活中更偏重于狩猎，不像使用粗大石器的蓝田猿人那样偏重于从事挖掘和采集。

在我们祖国辽阔的土地上，广泛分布着各时期的古人类化石，森林草原、高山大川到处闪烁着它们神奇的光彩。元谋猿人、蓝田猿人、北京猿人、大荔人、马坝人、丁村人、山顶洞人、柳江人……它们有着密切的亲缘关系，作为人类起源过程中不同阶段的标志，组成了我国范围内人类进化的化石系

▼ 古人类进化图

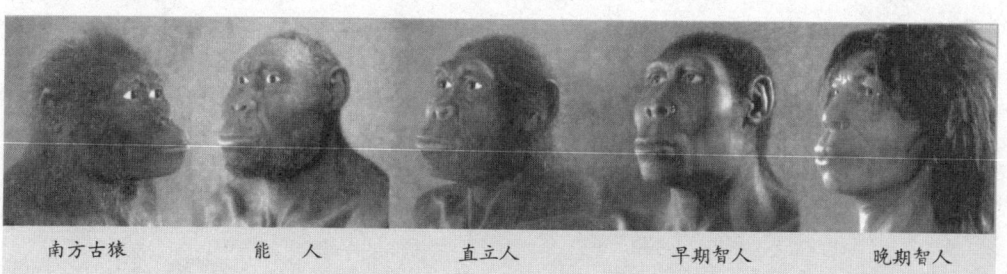

南方古猿　　　能　人　　　直立人　　　早期智人　　　晚期智人

列。蓝田猿人和大荔人则是这个系列中具有划时代意义的两个典型代表。

从蓝田猿人到大荔人，人类在陕西的土地上走过了漫长的进化历程，留下的文化堆积构成了一部五彩缤纷的史前文化篇章，记载着我们的祖先在这片土地上繁衍生息的光辉历史。

### 沙苑文化

在陕西省大荔县南部的洛河与渭河之间，分布着一片东西走向的沙丘地带，是为沙苑。从20世纪50年代开始，考古工作者在这里发现了一种细石器文化遗存。迄今已经发现的细石器失去了原来的地层堆积，文化遗物大都暴露在现代地面之上。在沙苑遗址发现的石器中，细石器占有相当大的比例。所谓细石器，就是指形体细小的石器，这种石器的长度平均在2厘米左右。其制作技术要比生产旧石器的直接打击法更加进步，系用间接打击法制作而成，即在打制石器时增加一个中介物，通过中介物传递力量，从而准确地掌握力度的大小和方向，以打制出细小而规整的石器。沙苑的细石器相当典型，有船底形、楔形、圆锥形石核，以及小石叶和其他的加工品，还有小型的刮削器、压制精细的石镞、雕刻器和琢背小石刀等，尤其是以制作精致的尖状器和刮削器等细石器文化类型最具代表性。除了细石器之外，还有一些石片石器，其中的尖状器最富有特征。因此，沙苑地区发现的细石器文化类型就被命名为沙苑文化。专家们研究认为，沙苑文化处在旧石器时代和新石器时代之间的过渡阶段，属于中石器时代的文化遗存，它的绝对年代距今大约一万年。它的发现与确立，为探索我国的中石器时代遗存提供了重要的线索。

第一章　远古记忆 / 009

# 半坡遗址漫步

在西安城东的浐河东岸,有一座拱形屋顶的大型建筑,分外引人注目,这便是驰名中外的西安半坡博物馆。

半坡博物馆是我国第一座遗址性博物馆,建成于1958年。这里完好地保存了一处新石器时代的原始村落遗址,因为临近半坡村,所以被定名为半坡遗址。它使我们得以窥见6000多年前我们的祖先在这里劳动、生活的图景,也成为人们了解西安地区史前知识的一个极好场所。

早在一两万年以前,生活在关中地区的原始人群就逐步进入了氏族公社时期。由于生产力和生产关系发展水平不同,氏族公社时期又分为母系氏族和父系氏族两个阶段。这时,人们使用的劳动工具,已不再是简单的打制石器,而是经过磨制的比较细致的石器,因此,考古学上便把这一阶段称为新石器时代。我国各地

▼西安半坡博物馆

普遍发现有这一时期的文化遗存，其中属于母系氏族公社时期文化代表的是仰韶文化。半坡遗址，便是我国新石器时期仰韶文化的典型遗址之一，它生动地反映出6000多年前母系氏族社会繁荣时期先民们的生产、生活情景。

步入半坡博物馆花木掩映的庭院，一尊少女塑像首先吸引了人们的目光。她发髻高绾，身披麻布衣衫，正用尖底瓶在水边汲水。她侧目凝思，面带微笑，眼睛里闪烁着智慧的光芒。

端详着这位朴实无华的半坡姑娘，人们不禁要问：在6000多年以前，半坡先民们是怎样在这块土地上生产和生活的呢？就让我们来看看半坡遗址吧，它为我们做出了明确而圆满的回答。

考古资料告诉我们，关中地区以其优越的自然条件，早就成为原始人类活动的重要地区之一。而远古时代的先民遗址，往往分布在大河两岸的台地上，那是因为这种地方距水源近，便于取得基本的生活资料，便于进行农业、采集和渔猎等生产活动，同时由于台地地势较高，还可免于洪水之灾。半坡遗址，就坐落在渭河支流——浐河的第二阶地上。这里东倚林木茂盛的白鹿原，西临波光粼粼的浐河，南靠巍峨绵延的秦岭，北连广阔无垠的渭河平原，实在是原始人类生存繁衍的一个极好场所。

半坡时代的农业，还处于原始的"刀耕火种"阶段。先民们用石斧砍倒林木，放火烧荒，开辟耕地；用石锄、石铲疏松土壤，掘坑点种；用石镰、陶刀和蚌壳

▼ 半坡人使用的工具示意图　　　　　　　　　▼ 红陶尖底瓶

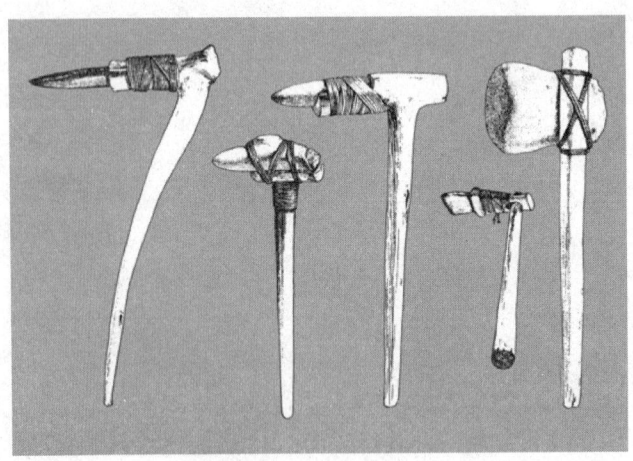 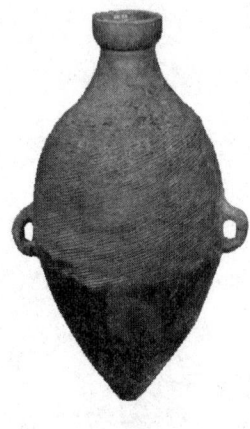

来收割庄稼；最后还要用石磨棒、石磨盘加工成食粮。半坡人当时只能生产粟（谷子）这一种谷物，他们还开始学会了种植白菜等蔬菜。但除食用之外，他们的产品很少有剩余，因而他们只能共同劳动、共同消费，过着没有私有财产、没有剥削压迫的原始共产主义生活。

在半坡遗址中，人们发现了200多个类似今天北方农村红薯窖样的坑穴，这是半坡人贮藏粮食和生活资料的"公共仓库"，考古学上称之为"袋状窖穴"。用现代人的眼光看来，这完全没有什么奇特的地方。但是，当你在一个只有半米深的窖穴中，看到有18厘米厚的一层粟谷朽壳时，当你知道半坡原来还是我们文明古国农业的一个重要发源地时，你能不为半坡先民在农业上的历史功绩而赞叹吗？

半坡先民使用过的石制和骨制生产工具，与旧石器时代的打制工具相比，已有了显著的发展与进步。他们的石制工具有斧、锛、刀、凿、铲、锄、镰、磨棒、磨盘、网坠和纺轮等，这些石制工具不仅造型更符合使用要求，而且外表打磨得光滑平整，有的器物上还钻有小孔，便于固定和使用。骨制的工具有刀、锥、铲、凿、针、镰、鱼钩和鱼叉等，制作得更为精美。其中的骨针和鱼钩，精巧的程度几乎可以同现代的金属制品相媲美。用石头制一枚带倒钩的鱼钩，已经是十分困难的事情，而要在一枚骨针上打出一个眼来，那就更需要惊人的智慧和高超的技术。先民们用石头尖小心翼翼地在骨针上一点点地掏挖，直到挖穿，然后再把孔磨光。做这样一枚骨针，浸透着先民们多少劳动和汗水啊。这一切，表现出我们祖先的智慧和创造才能！

随着农业生产的不断发展，半坡先民已进入了

▲ 石斧

▲ 纺轮

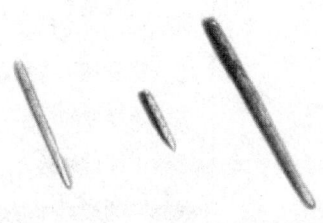

▲ 骨针

▶ 半坡房屋遗址

稳定的定居生活阶段。而定居生活的本身，又使半坡人在建筑上努力探索，在我国建筑史上写下了不朽的篇章。

半坡遗址总面积为 50000 平方米，其中居住村落约为 30000 平方米。在已发掘出的 30000 平方米的村落遗址中，发现了 46 座房屋遗迹。这些房屋从结构上看，有半穴式的，也有地面构筑的；从形状上看，有方形的，也有圆形的。只看遗址，你也许会对那坑洼洼的房基以及屋顶残块没多大兴趣。但是，当考古工作者根据遗址复原的半坡房屋展现在你面前时，你一定会为之惊叹。哦！原来我国传统的"人"字形房屋的建筑风格和"木骨泥墙"的构筑方式就是发端于此的。

半坡早期的半穴式房屋，以坑壁为墙，低矮而且潮湿。以后，先民们发明了打墙，这在当时可称为一个了不起的创造，解决了地面建筑技术发展中的一个关键问题。直立的墙体，倾斜的屋顶，形成了后来我国传统建筑的基本构型。墙体进一步发展，支柱木骨将墙分化为承重与填充两部分，形成比较正规的柱网。可以说，半坡的房屋，奠定了我国古典建筑木框架结构体系的基础。

中国传统的"一明两暗"和"前堂后室"的建筑风格，也可以从半坡遗址中找到它的最早体现。那半穴式房屋前边门道上支撑起来的"雨篷"，恰似堂屋的雏形，它向纵深发展，将室内分为前后两部分，构成了"前堂后室"的格局。它的正室，形成了后世的"明间"。再向横向发展，房内隔墙形成两个次间，这正是"一明两暗"。半坡村落中心有一座面积为 160 平方米的大型房屋，是半坡人集会的地方。它前边是一个大间,后边是三个小间,其构筑就是这样一种格局。从半坡人"前堂后室"的房屋,到阶级社会"前朝后寝"的宫室,其格局是一脉相承的。

当我们继续在遗址大厅内漫步的时候,一条又宽又深的大壕沟会呈现在眼前。它全长300多米,宽、深均为5~6米,像一道护城河一样,将整个村庄围护起来,以防猛兽的袭击。这在金属工具尚未出现的石器时代,该是一项多么伟大的工程啊!把全氏族的劳动力都动员起来,集中精力开挖,完成这一道大沟也需要几年时间。半坡先民坚韧不拔地同大自然搏斗的气概和毅力,正是我们中华民族勤劳勇敢传统的光辉体现。

在壕沟的东部,是半坡先民烧制陶器的公共窑场,考古工作者在这里发现了六座陶窑。壕沟的北部是埋葬成人的墓葬区,发现有墓葬174座。至于儿童和婴儿,死后则被装入"瓮棺",安放在氏族成员的住房边,仿佛是让孩子永远偎依在母亲的身旁。村落中那一座座供对偶家庭居住的小房屋,门的方向都对着村落中心的"大礼堂",整个布局显得严谨合理、井然有序,这是以血缘为纽带的氏族公社制度的生动体现。

在半坡人生活的时代,由于妇女在原始农业、制陶、采集等生产中所起的重要作用,更由于人们只能"知其母不知其父",血缘关系只能以母系来计,因而妇女享有极高的社会地位。作为这一地位的反映之一,厚葬女性的习俗在当时十分盛行。半坡遗址中发现一个年仅三四岁的小女孩的墓葬,其中不仅有木质葬具,而且有陶器、粮食、石球、玉石耳坠和60多颗骨珠作为随葬品。在与半坡同时

◀ 人面鱼纹彩陶盆

期的临潼姜寨遗址中，发现了一个十六七岁的少女墓葬，随葬品除了成组的陶器、玉石耳坠外，骨珠竟达 8000 多颗。

半坡遗址，是人类战天斗地艰苦历程的一个片断和缩影。半坡先民留下的文化遗物，在人类历史的宝库中永远闪烁着夺目的光彩。看！那一把把笨重的石斧，包含着先民敲打磨制的多少血汗；那小巧精致的骨制鱼钩、鱼叉，浸透着先民们摸索创造的多少甘苦；那一枚枚锋利的骨制缝衣针和陶体上的布纹，展示着中国纺织业不同凡响的开端；那些原始的刻画符号，记录着我们祖先"结绳记事"、"契木为文"，为创造我国古文字所迈出的重要一步；那两头尖、肚子大、形似枣核的尖底瓶，应用了力学中的重心与平衡原理，打起水来十分方便；那些绘于陶器上的鱼纹和鹿纹，显示了原始艺术家们的精湛技艺；彩陶的图案中，竟有着标准的等边三角形；圆形的房屋，表明半坡先民已懂得圆心、直径的最初知识；半坡的方形房屋，四角均成标准的直角，他们用什么方法做到这一点，还是一个不解之谜；半坡的陶埙，是我国现存最早的土制乐器；那蒸饭用的陶甑，是半坡人利用蒸气的最早实践……面对这一切，我们怎能不为我们中华民族的古老文明和创造精神而感到骄傲！

**仰韶时代的酒具**

过去，人们一直认为酒的酿造始于原始社会晚期。1988 年．在眉县出土了一批仰韶时代的酒具，有粗陶制成的葫芦状酒瓶、中型和小型酒杯．共 10 件，其小型酒杯与现代酒杯极为相似。这些酒具的发现，把我国酿酒业的历史提前了 1000 余年，证明在 6000 年前已有饮酒之习。有人认为，这一发明说明在仰韶文化时期，手工业已经从农业中分离出来。

## 人文初祖黄帝

从西安北上150公里，在今天的黄陵县城北侧的桥山上，有一座驰名中外的巨大陵墓。传说，中华民族的始祖——轩辕黄帝就埋葬在这里。

在原始社会，人类按血缘关系形成社会组织，同一血缘的一大家子就是一个氏族。随着生产的发展、氏族自身的繁衍扩大、班辈的区分以及通婚的需要，氏族不断分化，血缘关系相近或互相通婚的氏族又组成了更大的社会集团，就是部落。到了原始社会末期，各个部落之间的联系越来越多，或者为了共同对付敌人的军事行动，或者为了保障生存区域的安全，一些部落往往互相联合，组成部落联盟。黄帝就是这一时期的一位杰出的部落联盟首领。过去的历史学家常常以这一历史时期为分界线，把黄帝以前称为蒙昧时代，把黄帝以后称为文明时代，黄帝正是华夏族由蒙昧时代跨入文明时代的象征。相传黄帝原姓公孙，生于寿丘，

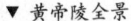
▼ 黄帝陵全景

长于姬水,因而又以姬为姓。居轩辕之丘,为有熊国君,号称轩辕氏或有熊氏。炎帝部落是与黄帝部落有通婚关系的另一部族。史书记载,黄帝和炎帝都是少典之子。历史学家都认为,少典是氏族或部落名称,非人名。据此看来,黄帝部落和炎帝部落都是少典部落分化而产生的。

黄河流域是中华民族的发祥地,黄土高原土质疏松,宜于农耕,在《尚书·禹贡》篇中被列为上上等土地,是发展农业生产的理想地区。黄帝部落在这里兴起壮大,他们按时令气候播种五谷草木,驯化饲养牲畜,把采集经济改造发展成为种植经济,完成了从游牧业向农业的转变,使生产水平大为提高,黄帝部落成为当时最强盛的部落,其他部落纷纷依附归顺,拥戴黄帝为首领。可能是由于黄帝对农业的贡献,人们才联系到与农业有密切关系的黄土,称他为黄帝的,史书把这叫作"以土德称王"。

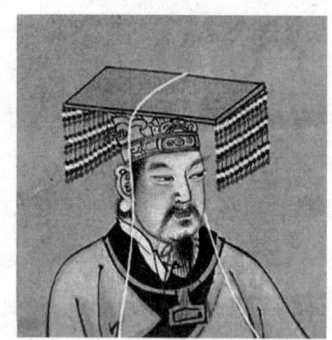
▲ 黄帝画像

黄帝部落强大起来后,势力不断扩展,一部分沿洛河南下,到达今天的大荔、韩城一带,东渡黄河,沿中条山和太行山麓向东北方向发展,最后一直到达今河北省和北京市一带。据著名古史学家徐旭生先生考证,今天的山西南部、关中东部、河南北部、河北一带,在西周以前就有大量的姬姓诸侯,他们当是黄帝部落向东迁徙时沿途留下的分族。

和黄帝同时期以姜水为姓的炎帝部落,兴起发展于今天的岐山、宝鸡一带,他们也完成了由采集经济向种植经济的转变,所以史书又称炎帝为神农氏。后来炎帝部落沿渭河向东,顺黄河向今河南省西南部发展,最后到达山东。

▲ 炎帝画像

黄帝和炎帝两个部落的东迁路线大致平行,一南一北。古代部落在迁徙中,难免发生冲突争夺,黄帝

▲ 国民党爱国将领程潜所书的"人文始祖"

和炎帝虽是近亲部落，但互相反目、磕磕碰碰也是有的。这两个部落终于在阪泉打了起来。阪泉是古地名，一说在今山西省运城市，一说在今河北省涿鹿县东南。黄帝和炎帝两个部落在这里进行了三次大规模战斗。最后黄帝部落取胜，炎帝部落兵败投降，组成了炎黄部落联盟。这一部落联盟，就是华夏部族的主体，并成为中华民族的雏形。因此，后代人习惯上也把中国叫作"华夏"，把中国人叫作"炎黄子孙"。

炎黄部落联盟在黄河流域发展起来以后，同东夷部族发生了剧烈冲突。东夷部族活动于今山东一带，其中最强的是蚩尤部落。当华夏部族沿黄河东进时，东夷部族也向中原扩展，两大部族为争夺中原，爆发了著名的涿鹿之战。

蚩尤据说有兄弟 81 人，可能是该部落有 81 个氏族，史载他们"兽身人语，铜头铁额，食砂石子，造立兵仗刀戟大弩，威震天下"，是以猛兽为图腾的游牧部落，较为凶悍好战。他们和炎黄部落打仗的涿鹿究竟在什么地方，有几种不同的说法，一说在今河北省涿鹿县，一说在今河北省涿州市，一说在今河北省南部巨鹿县。先是炎帝部落在这里同蚩尤部落打了起来，炎帝招架不住，丢掉了所有地盘，求救于黄帝，炎黄联盟全力以赴同蚩尤作战。古籍中给这次战争涂上了许多神话色彩。据《山海经》等书讲：黄帝在这场战争中任命应龙为主帅，应龙是掌握水的天神，打算水淹蚩尤军队。没想到蚩尤请来了风伯和雨师，用狂风暴雨来对付黄帝。黄帝没有办法，又从天上请下来一位很危险的女神旱魃，这位女神到了哪里，哪里就会断雨绝水，仗着她的神通，才止住了暴风雨。蚩尤一看势头不好，又做出遮天罩地的大雾，使炎黄联盟的军队迷失了方向。黄帝又命令风后制造了指南车引路，趁蚩尤不备而打败了他们，杀了蚩尤。

炎黄部落联盟打败了蚩尤后，东夷部族瓦解，一部分归附了炎黄联盟，一部分南下荆楚同苗蛮部族汇合。从此，黄帝成了黄河流域上古居民的最高首领。

传说黄帝在涿鹿之战时请下来了女神旱魃，战后却无法把她再送回天上去，结果不断地闹旱灾，人民无法生活。后来在另一位神话人物叔均的请求下，上帝把旱魃放逐到发源于昆仑山的赤水之北，也就是今天河西走廊北的大沙漠，所以那里后来就终年不雨。但是旱魃却不很安分，经常偷偷地跑出来。一旦中原闹起旱灾，老百姓就知道是旱魃又来了，便要举行祭奠仪式，请她再回到西北去。黄帝的大将水神应龙，在杀了蚩尤后到南方定居，这位水神却好静不好动，老是待在南方不挪窝。旱神居北，水神居南，因而北方多旱，南方多雨。

传说中除了将旱神与水神归属于黄帝部下外，黄帝本人也被大大神化了。一些传说把黄帝描绘成人和神的共同首领，说他是中央的上帝，长着四张脸，面对四面八方，哪里有坏人作恶，他就去加以惩罚。他在泰山召见诸鬼神时，前有风神雨师为他开路并洒扫路上的尘土，后有六条蛟龙跟随护卫，所乘之车由神象牵引，等等。

在后代人的心目中，黄帝是中华民族的始祖。他不仅是一位英雄、一位领袖，而且是文明的使者，是智慧的化身。中华民族迈进文明之门时期的许多发明创造，人们都归功于黄帝。传说黄帝命令他的部下仓颉创造了文字，隶首创造了数字，大挠创造了甲子，容成创造了历法，伶伦创造了乐律。黄帝的妻子嫘祖发明了养蚕缫丝，黄帝本人和岐伯、雷公发明了医学。其他如宫室建玩、车船工具、货币的发明等等，几乎都同黄帝有关。这正表明，黄帝时期是中华民族迎来文明曙光的重大历史变革时期。

据说黄帝在位 100 年，死于荆山。后人对他的死亡加上了神奇的色彩，说他并未死亡，而是在完成了治理大地的使命后，天龙下界来迎接他，黄帝跨上龙背，还有 70 多个大臣宫女伴同，在音乐声中冉冉升天。所以，相传的黄帝陵只是他的衣冠冢。

在《史记》《礼记》《帝王世系》等古代文献中，都把黄帝列为古代五帝之首。被历代统治者奉为圣贤的尧、舜、禹，以及进入阶级社会的夏、商、周三代祖先，据说都是黄帝的子孙后代。

今天的黄帝陵，景色如画，典雅古朴，陵墓周围古柏似海，绿茵如毡，山上山下，郁郁葱葱，苍黛相映，秀丽幽静。陵墓四周约1.3平方公里山地，共种植柏树八万多株。站在山上远远眺望，南面是清澈蜿蜒的沮水，北边靠苍莽起伏的群山。陵墓位于古柏环绕的中心，陵高3.6米，周长48米，陵前的祭亭竖有郭沫若手书"黄帝陵"三字的石碑。祭亭前有清代陕西巡抚毕沅所立的"古轩辕黄帝陵"石碑，祭亭后有明代唐锜所立的"桥山龙驭"石碑。陵墓南侧，有一个数丈高的土台，相传是汉武帝巡视朔方时，路过黄帝陵祭陵后所筑，人称汉武仙台。

桥山东麓有轩辕黄帝庙，据说是汉代初建，原来不在这里，北宋时迁到今天的位置。庙内古柏林立，高耸入云，千姿百态。最大的一株柏树相传是黄帝亲手所栽，高达58尺，下部周长31尺，中部周长18尺，上部周长6尺。当地人称这株柏树的周长是"七搂八柞半，疙里疙瘩不上算"，真可称得上是"柏树之王"。这株古老的柏树至今仍然枝叶繁茂，欣欣向荣。

◀ 黄帝手植柏

还有一株"挂甲柏",树身上瘢痕点点,流出来的树汁结成了点点鳞片,似乎有钉子断在瘢痕里边,民间相传这是黄帝征讨蚩尤回来后,把铠甲挂在树上而造成的,所以叫"挂甲柏"。黄帝庙内的殿堂金碧辉煌,悬有郭沫若所写的"人文初祖"牌匾。庙内过庭下有明清时期所立的祭祀和修庙的 70 多块石碑。

《史记·五帝本纪》和《礼记》称,黄帝"生而神灵,弱而能言,幼而徇齐,长而敦敏,成而聪明",就是说黄帝生下来就十分神奇,不满 70 天就会说话,少年时就智慧过人,无所不知,长大后德才兼备,成人后聪明能干。实际上,黄帝就是不畏强暴、热爱和平、勤劳勇敢、富有智慧的中华民族的象征。从古到今,黄帝一直是维系中华民族团结的纽带,以黄帝为代表的民族精神,激励着千千万万中华儿女献身祖国,献身人民。历代政府年年派人祭扫黄陵,追奠先祖。抗战时期,毛泽东同志还亲自撰写祭文,派陕甘宁边区政府主席林伯渠前往祭奠黄帝陵。中华人民共和国成立以后,国务院公布的全国重点文物保护单位中,黄帝陵是第一号古墓葬。黄帝陵,已成为中华民族巨大凝聚力的一个象征。

### 桥山祈仙台

(明)张三丰

披云履水谒桥陵,翠柏烟含玉露轻。
衮冕霞飞天地老,文章星焕海山青。
巍巍凤阙迎仙岛,渺渺龙车驻帝城。
寂寞琼台遗汉武,一轮皓月古今明。

# 周族的昌盛

沿着古都西安漫漫的历史长河溯流而上，很自然地就会追寻到最早在这里建都的时期——西周。西周王朝是怎样发展起来的？要了解这个问题，就必须谈一谈周原这个地方。

周原是我国历史上西周王朝的发祥地，其位置在今陕西省岐山县东北与扶风县交界一带，距离西安100多公里，包括现在岐山县的浦村、祝家庄、京当、青化、益店，以及扶风县的黄堆、法门等七个乡镇所在的范围。

周部族是居住在关中平原西部历史久远的一个氏族部落。周人的始祖原来的名字叫"弃"，意思就是"被抛弃的孩子"。为什么要起这么一个名字呢？据说，弃的母亲是黄帝曾孙帝喾的元妃，名叫姜嫄。有一天，姜嫄在旷野里踏了巨人的

▼ 武功教稼台

脚印，因而怀孕生下一个男孩。姜嫄怕这个没有父亲的孩子给自己带来灾祸，便想把他丢弃，谁知扔了几回，这个孩子却大难不死。姜嫄便改变了最初的念头，把他抚养成人。因为一生下来就想把这个孩子丢弃，因此给他起名叫"弃"。弃无父而生的传说，反映了周部族也曾经历过"知其母不知其父"的母系氏族社会。大约在"弃"的这个时候，周族就由母系氏族社会逐渐过渡到父系氏族社会了。

弃很会种庄稼，据说尧曾经把弃请来，任命他为管理农业的官。弃在百姓中推广自己种庄稼的方法，获得了大丰收，因而受到尧的奖励。在舜的时候，弃还参加了大禹治水的斗争。由于弃管理农业有功，被舜封在邰（今陕西省武功县）。邰地接近姬水，周族就以姬为姓。因为弃是担任管理种植黍稷的农官，所以人们便把他叫作"后稷"，后人奉他为农神。由此看来，周部族从一开始就是依靠发展农业而兴盛的。

从后稷以后又经过两代，周族的首领传到了公刘。公刘带领周族百姓迁徙到豳（今旬邑县、彬县一带）。这时的周族已经有较为发达的农业和家畜饲养业，生产品也有了一定的剩余，原始公社制度逐渐解体。到商代后期，周族首领传到古公亶父（历史上称为周太王）的时候，迫于北方獯狁族的侵扰威逼，古公亶父率领周部族向南迁移，来到今天岐山县箭括岭下的平原地区，这里就是周原。这块地方土质肥美，雨量充足，适宜农耕和狩猎，地势西北高，东南低，岐山山脉又是天然的防御屏障，古公亶父一下就看中了这个地方。他们写诗盛赞说："周原朊朊，堇荼如饴。"意思是堇和荼这样带苦味的野菜，生长在周原这块膏壤沃土之上也会像饴糖一样甜美。周族便在此定居下来，这就是历史上有名的"古公迁岐"。因为地处周原，姬部族的人从此就被称为周人，他们所建立的奴隶制国家就叫"周"。

周人在周原不断扩充自己的势力范围，一天天强大昌盛起来。但这时的周国还只是商王朝的一个诸侯国，周国的迅速发展，引起了商王朝的疑惧。于是商王文丁杀死了古公亶父的小儿子——周国国君季历，从而加剧和激化了商、周之间的矛盾。后来季历的儿子姬昌（即周文王，当时称西伯）继位。姬昌是一个很有作为的创业者，他节制游乐，勤于政事，礼贤下士，广罗人才，"士以此多归之"。他重用姜子牙等贤才谋划军国大计，更进一步发展生产，扩大领土，臣服了周围的许多小邦国，使周国逐渐发展成为与商王朝相抗衡的强大力量。后来，周文王灭掉了商在西方的重要盟国崇国（在今西安市户县），并从岐邑迁都于丰（今西安

▲ 周原遗址内的大型建筑基础

市西南一带）。由于周国主要是在周原发展起来的，在周原前后经营的有太王、季历、文王三代，共七八十年的时间，揭开了周族历史崭新的一页。《诗经》盛赞古公亶父的功绩说："后稷之孙，实维太王，居岐之阳，实始翦商。"就是把古公亶父定居周原作为翦灭商朝伟大事业的开端。

周文王死后，他的儿子周武王姬发又在沣河东岸建立了镐京。从此丰、镐二京成为周王朝的政治、军事、经济中心。但由于周原是周族文明的发祥之地，所以仍然是周王朝活动的重要地区。整个西周时期，这里的宗庙、宫室始终是完好的。周的许多奴隶主贵族死后，也都乐于埋葬在这块发祥地上，有的还世代居住在这个地区。武王灭商之战中的有功人员，也被安排在这个地区居住，王族和王室臣僚们还经常回周原祭祖。故都岐邑在整个西周都是存在的。从现今周原出土的文物来看，直到西周后期，岐邑仍然被称作"周"。

直到西周末年，平王东迁以后，由于戎狄入侵，岐邑才毁于战火。在战乱中，居住在周原的奴隶主贵族把豪华精美的珍宝器物埋藏地下，仓皇逃走，怎想到再也没有机会将它们挖出来。另外，原居住在这里的周族奴隶主贵族死后埋葬时，

▲ 周原大型建筑复原图

还要按当时礼制规定，把成套的青铜器随葬墓中。因此，后来这个地区出土的西周青铜器异常丰富，有我国"青铜器产地"之称。

中华人民共和国成立以来，党和人民政府组织大批文物考古工作者，对周原地区进行了有计划的科学普查和考古发掘，出土了大量的珍贵历史文物，为探索西周文化的渊源和进一步研究西周历史提供了极为宝贵的实物资料，也向我们展示了古公亶父迁徙之后周族在这里迅速崛起的图景。1976年，考古工作者在岐山县京当乡凤雏村南发掘一座建自早周的大型宗庙建筑基址。这座宗庙距今3100多年，是一组廊院式建筑群。虽地面上的建筑早已荡然无存，但地下部分保存却较为完好，全部房屋建筑在一个约1.3米高的夯土台基上，坐北朝南，有围墙和护卫的壕沟遗迹。这座宗庙基址南北长45.2米，东西宽32.5米，总面积约1500平方米，由11部分组成。它左右对称，结构严谨，布局整齐，规模宏大，很像一个大四合院。它的墙壁用夯土版筑而成，墙体内设木柱以加固版筑，来载负屋顶。墙面和地面用砂、黄土、石灰混合的泥浆涂抹得十分光洁平整。这是国内第一次发现的西周早期大型庭院建筑的完整遗址。在这座雄伟森严的宗庙里，西周的奴隶主贵族们很可能常来举行各种大典。他们或祭祀祖先神灵，祈求对他们的保佑；或进献战俘告捷，庆祝对戎狄战斗的胜利；或灼龟卜筮，占卜有关国事的疑难……这座宗庙是西周早期政治活动的中心。它的发现，证明了周国的早期国都岐邑位于以凤雏村为中心的一片地区。

考古工作者在凤雏村建筑基址的房屋堆积中发现了少量的瓦，由此推测屋顶的某些部分如屋脊等是用瓦覆盖的，这将我国使用瓦做建筑材料的历史大大提前了；在基址中，还发现了由陶质管筒连接而成的排水道，这种排水设施，在早周考古历史上也是第一次发现；宗庙墙体的建筑证明我国在这个时期已经具有高明的营造技术。所有这些生动地反映了我国古代劳动人民在建筑科学上所表现的创造才能。

在这个宗庙基址内的两个窖穴中，还出土了21000多片西周早期的卜骨、卜甲。从中清理出带字甲骨293片，共计900个字。这是中华人民共和国成立以来最珍贵的文物发现之一。中华人民共和国成立前，没有发现过西周甲骨文，中华人民共和国成立以后，尽管考古工作者发掘出一些，但数量极少，而在周原发现的甲骨是中华人民共和国成立以来所发现的数量最多，内容也最丰富的一批。这些甲骨每片上字数多少不同，少的一个字，多的30多个字。最大的字长8毫米，宽5毫米；最小的字长宽仅有1毫米。有一块只有指甲盖那么大的龟甲，上面竟刻了31个字，许多字像小米粒一般大，笔迹像头发丝一样细，不借助五倍以上的放大镜，用肉眼是难以辨认清楚的。这些字虽然很小，但结构严谨，锲刻刀法刚劲有力，有些象形字，寥寥数笔，像字又像画，技艺高超，意趣盎然，不仅是十分惊人的书法艺术品，也是雕刻技艺十分高超的微雕工艺品。过去，普遍认为我国微雕始创于明代，周原甲骨的出土以确凿的史实证明，我国的微雕至少发源于3000多年前的周初。这批甲骨，有的记载了周文王时期周与商王朝的关系，有的记载了当时对外用兵的情况，也有的是商王游猎的记录和当时的官职、天文、山川、人名、地名等，许多内容是史书上没有记载的。它们是研究西周早期历史的珍贵史料，引起了国内外学术界的极大重视。

《诗经·豳风·七月》中，有关于女奴隶修剪桑

▲ 周原出土的甲骨文

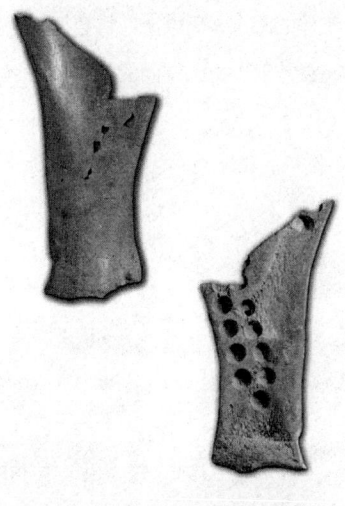

▲ 周原出土的兽骨

树和采桑养蚕的描写，那是文学作品给我们展示的织女图。那么，周初丝绸纺织工艺的实际情况到底如何呢？在周原贺家村出土了白、黄、红等颜色的西周丝绸残片，这是我国发现的最早着色丝织物。据中国科学院自然科学史研究所鉴定，这些丝织物的原料都是家蚕的丝，并且经过了精练与通练（即对抽好的蚕丝进一步处理和漂白）的工艺，在精练中还特意加入了钙，更便于脱掉蚕丝上残存的丝胶。这充分反映了我国在3000多年以前缫丝技术和养蚕业的高度发展水平。

在距凤雏村宗庙遗址以东不远的扶风县黄堆乡召陈村，还发掘出一座代表西周中晚期建筑水平的大型建筑基址。又在云塘村发掘出一个骨器作坊遗址，从中出土了大量牛、马、羊、猪、鹿等动物骨料，反映了当时农牧业及手工业兴旺发达的盛况。另外，在西周墓葬中还出土了77颗不同式样的白色和绿色玻璃珠以及漆器的残迹，这是研究我国玻璃和漆器发展史的珍贵资料。在周原宗庙基址中还清理出很多陶器、原始瓷器、玉石器等等，它们都反映出西周时期高超的工艺水平。特别是出土的一个方格纹的早周原始瓷罐，从初步复原来看，其质量之高、器形之大是早周考古史上所罕见的。

周原地下埋藏着极为丰富的历史文物，尽管多年的考古发掘已取得了很大收获，但从整个情况来说，还仅仅是一个开端。周原遗址是国务院公布的全国重点文物保护单位，在这里还专门设立有考古研究机构。随着科学技术的进步和考古工作的深入，周原遗址将会得到更大规模的科学发掘和更为系统全面的科学研究，将会放射出更为绚丽的光彩。

**早周世系表**

弃（后稷）——不窋——鞠——公刘——庆节——皇仆——差弗——毁隃——公非——高圉——亚圉——公叔祖类——古公亶父——季历（公季）——昌（西伯、文王）——发（武王）

## 姜子牙与钓鱼台

自从明代许仲琳的长篇小说《封神演义》问世以来，姜子牙的大名几乎家喻户晓、妇孺皆知。甚至于旧时农村的一些房梁上，都用笔墨端端正正地写有"姜太公在此，诸神退位"几个大字，借这位封神者的威力去镇恶避邪。当然，这些不过是神话传说与迷信罢了。然而，在商末周初的中国历史上，确曾出现过一位运筹帷幄之内、决胜千里之外的姜子牙，而且这位满腹经纶的贤才，据说还是被周文王在关中西部宝鸡陈仓区的钓鱼台请出山的呢。

▼ 姜子牙塑像

陈仓区东南15公里的秦岭峡谷中，幽篁邃密，林木繁茂，石壁高深，人迹罕至，有一条名叫蹯溪的小河，在河东岸，一块巨大的青石突兀而立，石下是一泓清冽的潭水。登上青石，可见在平坦的石面上，清晰地留有一处双膝跪坐和放置钓竿的印痕。特别是两个膝印，足足有几厘米深。这就是传说中的姜子牙钓鱼台。身临其境，不禁使人想起李白"君不见朝歌屠叟辞棘津，八十西来钓渭滨"的诗句来。

　　李白诗中的屠叟，指的就是姜子牙。为什么姜子牙要以80岁的高龄，千里迢迢地从京城朝歌，跑到这个幽僻的山谷来钓鱼呢？这还得从头说起。

　　姜子牙姓姜名尚，字子牙。他的先祖在大禹时代是地方部落大首领"四岳"中的一位，因为辅佐大禹治水有功，受封于吕地（今河南省南阳市一带），因此，姜子牙又叫吕尚。到姜子牙时，家道早已衰落，他不得不去做一点小本买卖糊口。他曾在朝歌当过屠夫，在孟津开过饭馆，无奈他本不精于此道，终于生意折本，落到穷困潦倒的境地。后来，他到朝廷里去做一名小官，但又看不惯殷纣王的胡作非为，便弃官到海滨去过隐居生活。

　　这时候，西伯侯姬昌，就是后来的周文王，被殷纣王囚在羑里，随时都有被处死的危险。西伯侯手下的大臣散宜生和闳夭素知姜子牙足智多谋，便到海滨找他商量营救西伯侯的办法。三人密谋一番，决定利用殷纣王贪婪好色来做文章。他们分别以重金购来了有莘国的美女、骊戎、有熊等国的良马，还有许多其他珍宝，买通了殷纣王的近臣费仲，进献给殷纣王。殷纣王一见献给他的礼物，果然十分欢喜，说道："有这样一位美女，就足以释放西伯侯，何况还送来好多财宝呢。"结果殷纣王不但释放了西伯侯，并且还给他弓矢斧钺，授予他自行征伐小国的权力。

　　姜子牙早就听说西伯侯姬昌礼贤下士，周国有一套养老敬老的制度，这次与散宜生、闳夭接触以后，就下决心到周国去。当然，他去的目的并不在养老，而想实现兴周灭商的雄心大志。姜子牙懂得，为了施展自己的抱负，必须要取得周王最大的尊敬和信任。因此，他没有直接去周都岐邑，而是去了渭滨山林，隐居在那里，等候西伯侯去请他。

　　传说，姜子牙住在钓鱼台东南的一个石室里。他与一个叫毋忌的樵夫很谈得来。隐居的生活虽很清苦，却也十分闲暇。有一天，他坐在那块大青石上，试着钓起鱼来。谁知他垂钓三天三夜，竟没有一条小鱼上钩！姜子牙气得火冒三丈，干脆把衣服也脱了，帽子也甩了。这情形刚好被一个过路的农夫瞧见，便对他说："您再钓一次试试看。这次一定要把鱼线换成细的，鱼饵装上香的，缓缓地下竿，轻轻地投钩，注意不要吓着了鱼儿。"姜子牙照着去做，果然一下钩就钓上了一条鲫鱼，再下钩又钓上了一条鲤鱼。姜子牙真是喜出望外，这不仅是因为自己的劳动有了收获，更重要的是，通过钓鱼，他悟出了兴周灭商所应采取的策略。

再说西伯侯姬昌被释放回到岐邑以后，就积极做灭商的准备。他感到最重要的，是要有一位能出谋划策、辅佐他灭商的军师。到哪儿去找这样的人才呢？就在这时，樵夫毋忌到岐邑来卖柴，向西伯侯推荐了姜子牙。西伯侯早已从散宜生和闳夭那里听说过姜子牙的大名，却没想到他就住在眼前，文王立即下令禁卫军整装出发，南渡渭水，赶到磻溪去。

这一个有意在等待，那一位有心来相会，周文王与姜子牙终于在钓鱼台上见面了。姜子牙皓发银须，精神矍铄，滔滔不绝地纵论天下大事。周文王洗耳恭听，对这位老人佩服得五体投地。姜子牙告诉周文王：要达到灭商的目的，必须表面上不露声色，暗地里发展势力，等到力量积聚到足以推翻商朝时，再行征伐。万不可打草惊蛇，使敌人事先有所觉察。这就是他通过钓鱼悟出的道理。姜子牙一席话，使西伯侯茅塞顿开，他兴奋地紧握着姜子牙的手说："我们先君太公曾经预言，有一位圣人将要到我们这里来振兴周国。您就是这位圣人哪！我们太公盼您盼得很久了！"从此姜子牙又被尊称为"太公望"。

西伯侯请姜子牙坐上自己的车辇，他亲自在前拉了一段路的车，以示恭敬虔诚。回到岐邑后，西伯侯封姜子牙为太师，委以重任，对他言听计从。根据姜子牙的决策，西伯侯先后出兵征服了犬戎、密须、耆、邘、崇等周围的小国或部落，巩固和扩大了周国的统治区域。到西伯侯晚年时，已经取得了"三分天下有其二"的政治优势，在消灭了位于沣河流域的崇国以后，根据姜子牙的建议，开始大规模地营建丰京。丰京建成以后，西伯侯由岐邑迁都于此，这里靠近商朝边境，更便于出师伐商。

迁丰的第二年，西伯侯因病去世，周武王姬发即位，尊姜子牙为"师尚父"，军国大事依然倚重于他。周武王九年，武王与姜子牙计议，决定举行一次象征性的东征，以检阅部队的战斗力，试探诸侯的人心向背。周军出发前，作为统帅的姜子牙左手持金斧，右手执白旄，号令三军道："总尔众庶，与尔舟楫，后至者斩！"（我将率领你们，乘船渡河决战，落后者定斩不赦！）周军纪律严明，旗鼓整齐，开到黄河渡口孟津后，听到风声赶来参加伐商的诸侯竟有800之多。但是周武王认为商朝这时的实力还比较强，伐商的时机还不成熟，于是他下令班师撤军。过了两年，殷纣王更加荒淫无道，杀了自己的叔父比干，囚禁了贵族首领太师箕子，商朝的一些贵族大臣纷纷叛商奔周。看到殷纣王不但失去民心，也失去了大部分贵族的信任和支持，周武王与姜子牙认为时机终于成熟，便决定出兵伐商。但是行前在用甲骨占卜时，兆辞指出：征伐将对周国不吉利。恰巧这时暴风雨也突然袭击了丰镐。周人非常迷信"天意"和占卜结果，因此，几乎所有的大臣都感到恐惧和犹豫。唯有姜子牙一人不信天命，他坚持劝周武王不可坐失良机。周武王终于被姜子牙所说服，公元前1046年，武王发兵从孟津渡过黄河，各路诸侯也都率军前来助战，4000乘兵车列阵于距朝歌70里地方的牧野。殷纣王仓促武装70万（一说17万）奴隶和东南夷战俘进行抵抗，双方在牧野展开大战。姜子牙率领周军将士冲进敌阵。商军虽众，皆无战心，谁也不肯为殷纣王卖命，结果70万人一起掉转矛头，引导周军杀向朝歌。这就是历史上有名的"前徒倒戈"事件。殷纣王见大势已去，登上鹿台放火自焚，统治中原近600年之久的商王朝终于被推翻了。

周王朝建立后，在如何巩固新政权的问题上，姜子牙出了不少主意。如将鹿台聚集的钱财和钜桥粮仓存放的粮食散发给平民，打开监狱释放无罪的百姓，赢得了广大平民对周朝政权的拥护；又修护比干墓，释放箕子，封殷纣王的儿子武庚为侯以续殷祀，取得了殷商贵族的信任。这样，周王朝没有再花多大的气力就迅速而有效地控制了天下。

周武王在灭商以后大封诸侯，姜子牙因功劳最大第一个被封，他的封地齐国位于今山东省境内。

姜子牙到齐国后，顺应当时民俗，简化礼仪，充分利用靠海的渔盐之利，发展手工业和商业，不几年就使齐国变为当时东方的经济大国。周成王时，又授予姜子牙"东至海、西至河、南至穆陵、北至无棣，五侯九伯，实得征之"的权力。就是说，东至东海，西至黄河，南至淮南，北至辽西，在这一辽阔区域内的诸侯，若有不忠于周王朝的，齐国均有权征讨问罪。这样，齐国以发达的经济为后盾，成了诸侯国中举足轻重的军事大国。姜子牙也为开发我国山东地区做出了贡献。

据说姜子牙活到100多岁，死后葬于周，后迁葬于今山东省淄博市东北的临淄。相传身后有姜太公《兵法》85篇、《谋略》81篇、《言论》71篇传世。

姜子牙是我国古代一位杰出的政治家和军事家，然而，他的雄才大略能在历史舞台上施展发挥，与周文王举贤任能的政策是分不开的。因此，姜子牙与周文王最初相见的磻溪钓鱼台，就因贤臣遇明君这段佳话而成为历史名胜。

在磻溪的西岸，距钓鱼台约百余米处有姜太公庙。庙外有四株苍劲挺拔的千年古柏，庙内是一座气势不凡的三间大殿，当地农民俗称为"四柏三间庙"。钓鱼台往南不远有毋忌洞，相传为樵夫毋忌所居。从钓鱼台沿磻溪北行约五公里，有文王庙遗址。传说周文王为姜子牙拉车牵辇一直到此地。这里是磻溪入渭处，钓鱼台下的潺潺溪水就在这儿汇入渭河。渭河向东奔流不息，在姜子牙誓师东征的地方汇入黄河。黄河向东咆哮而去，在姜子牙长眠的齐国境内汇入大海。钓鱼台下流水的千里之行，像在默默地给人们讲述着这位历史名人的生动故事。

▼ 磻溪钓鱼台

# 丰京和镐京

在我国现有的古代都城遗址中,丰镐遗址是较大的一处。它位于今长安区西部,南临户县,西界咸阳,东、北两面与西安市接壤,总面积达88平方公里。其中沣河西岸的客省庄、马王村、张家坡、大原村、冯村、曹家寨、西王村一带是一个约6平方公里的西周遗址,沣河东岸的洛水村、泉北村、普渡村、花园村、自家庄、斗门镇一带又是一个约4平方公里的西周遗址。二者文物遗迹十分丰富,据学者推测,丰镐二京就在这里。从公元前11世纪到公元前8世纪,这里作为古代华夏政治、经济和文化中心,长达近300年之久。

▼ 西周丰京、镐京位置示意图

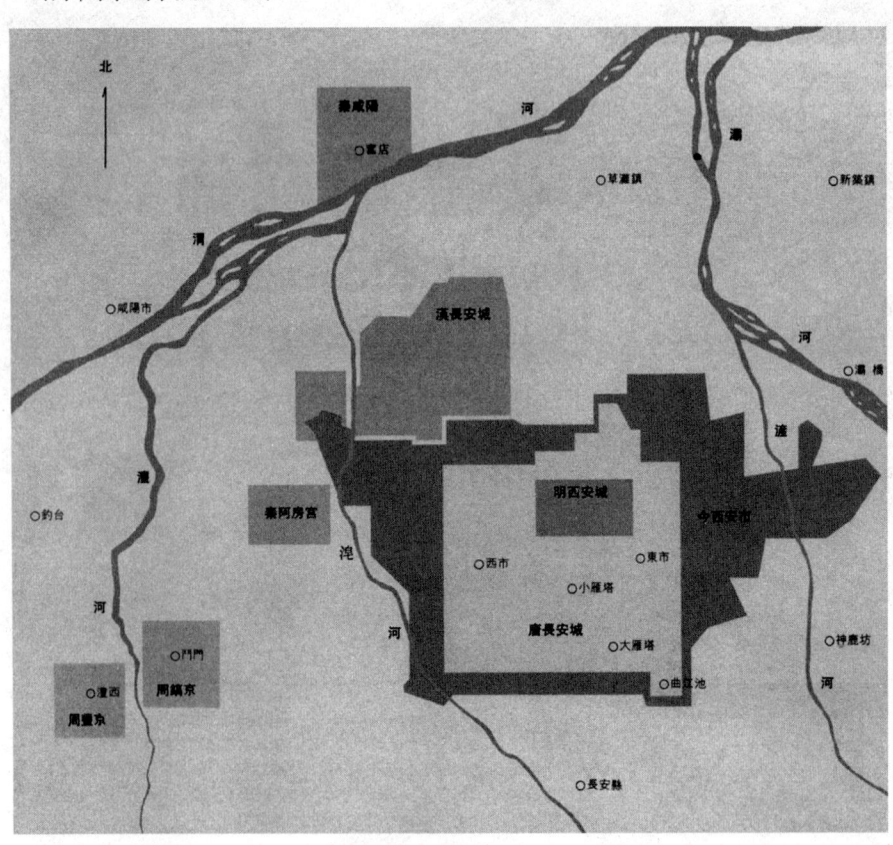

▲ 丰镐遗址

　　位于渭河流域的姬周部族，约在4000年前开始跨入了农业社会，并以发达的农业为基础，积蓄实力，逐步向东发展。据史书记载，周族在建立全国性政权以前的十五代祖先中，一代祖后稷、四代祖公刘、十三代祖古公亶父，都对发展农业生产起了重大作用。《诗经·豳风》和《史记·周本纪》中，记述了公刘率领周部族在豳进行开发建设的业绩。他们不但开垦了大量耕地，种植麦、稻、黍、豆、瓜、瓠等粮食和蔬菜，并且养蚕种麻，饲养家畜。这时，产品已经有了一定的剩余，社会发生了分化，产生了阶级和剥削现象。正如《诗经·七月》中描绘的那样，贵族住着高大的房舍，穿着华丽的丝衣狐裘，享用着佳肴美酒，而农夫却以荼（苦菜）为食，以樗（臭椿）为柴，终年辛勤，难得温饱。

　　到了古公亶父的孙子周文王姬昌时，周部族更加强大，形成了与殷商王朝相抗衡的政治势力。文王广泛结交各地诸侯，一举灭掉了沣河一带的崇国。崇国是商朝一个强有力的封国，文王灭崇，为周族向东发展扫清了道路。同时，又在崇国旧地营建了丰京，实现了政治中心的东移。《诗经》里"既伐于崇，作邑于丰"的记载，就是指这一重大历史事件。

丰京位于沣河西岸，地跨今长安区西部灵沼街道办事处等和户县的秦渡、大王镇一带。丰京濒临沣河，靠近秦岭，南面是潏水、滈水等河流，北面是宽广平坦的关中沃野。沣河发源于秦岭，长度虽然只有40公里，但在古代，它水量充沛，流势平缓，河面最宽处达到500米以上，两岸水潭密布，并有不少沼泽，盛产鱼、鳖、螺、蚌和各种水生植物。沣河两岸在很早就有人类居住，这里不仅开发较早，而且物产丰富，是建立西周王朝的雄厚物质基础。再加上丰京距商都更近，所以，它成为周文王施展宏图大略，最终灭掉商朝的大本营。

文王在丰京建都以后，进行了多方面的建设。丰京有无城郭至今还没有得到考古材料的证实，但建有祭天祭祖的辟雍、宗庙以及居处施令的大型宫室，则是可以肯定的。据成书于战国时期的《周礼·考工记》记载，当时王城的建制一般是九里见方，每面开设三门，城左建立宗庙，城右建立社稷，南有国君听政的朝宫，北有国人交易的集市。丰京虽然不一定如此完备，但却具备了古代都城的基本内容。

丰京的宫殿早已沦灭，而周原考古队所获得的资料可用来比照。周原西周早期大型宗庙遗址的布局：四面房屋都面向里边，形成一个封闭的空间。南面正中有影壁，绕过影壁是大门，院内正中横坐一间大厅，把院落分为前后两个部分。后院中间有过廊，过廊往北通后室。前后院周围有回廊，东西两侧为厢房。整个建筑坐北向南，以大门和过廊为中轴线，东西两边严格对称。这一布局，印证了丰京的宫殿建筑形制。

丰京附近的灵台，位于沣河西岸，在今户县秦渡镇北约500米。这是一块自然台地，附近沼泽密布，风光十分优美。周文王在这块景色如画的台地上开辟了号称七百里方圆的范围，作为游乐休憩的场所。这里既有高台式的楼阁建筑，也有养鹿的草场和养鱼的池沼。低空里翱翔着洁白的水鸟，蒲苇中腾跃着肥硕的大鱼，麋鹿悠闲地在树下嬉戏，百姓随意在河边渔猎。《诗经》和《孟子》把这里描写为周文王与民共享的乐园，虽然出于美化，却可以说明当时丰京的范围不像后代帝王禁苑那样神圣不可侵犯。

沣河东岸的镐京，是周武王伐纣以后营建的新都。由于建立了全国性政权，"诸侯宗之"，所以镐京又称"宗周"。正如丰京之名来自沣水一样，镐京之名来自滈水。它的遗址南到秦岭北麓，北至今长安区以北，东达细柳、义井一带，西跨沣河，把丰、镐二京连在一起。在西周王朝300年左右的统治期间，这一带的经济和文化达到我国奴隶社会的顶峰。

周人是传统的农业部族，正是西周王朝奠定了我国古代"以农立国"的基本国策。武王的继承人成王，是历史上有名的"守成之君"。他在叔父周公旦的辅佐下，循规蹈矩，勤政重民，把丰镐地区建成了著名的农业基地。到汉代，人们还赞叹"其民有先王遗风，好稼穑，务本业，故豳诗言农桑衣食之本甚备"。《诗经》中有大量西周的农事诗，反映了当时农业发展的概况。

《周颂·噫嘻》记载：成王在镐京下令，方圆三十里内开始播种，一次就出动20000名劳力。

《载芟》和《良耜》记载：秋收季节，一垛垛的禾捆高似墙壁，密如梳齿，需要设立大量粮仓来贮存。

《周颂·大田》全面再现了丰镐一带的农业生产面貌。诗中不仅讲了精耕细作和田间管理，而且论及防治虫害，说明当时农业已经达到了较高的水平。

经过成王以及后来的康王着力经营，丰镐地区发展得非常富庶。统治集团的祭祀宴飨豪华隆重，贵族们钟鸣鼎食，生活奢侈。他们残酷掠夺奴隶的劳动成果，把丰镐建成了奴隶主的乐园。但是，由于统治阶级的残暴和腐化，周厉王以后，丰镐地区成为阶级矛盾和统治集团内部斗争的中心。公元前841年，镐京的国人暴动，赶走了厉王。公元前771年，申侯勾结犬戎侵入丰镐，结束了西周的

▲ 利簋

▲ 鸟纹璜

统治。平王东迁洛阳之后，丰镐的宫殿成了一片废墟。《诗经·黍离》记载了东周大夫重返丰镐的情景。他们看到故都昔日的繁华已经烟消云散，怀旧感伤，用凄凉的诗句为丰镐故都唱出了一首挽歌。

西周以后，秦建阿房宫，汉凿昆明池，马援和冯异相继屯垦于上林苑，使丰镐遗址遭到了严重破坏。现在，丰镐的地面建筑除灵台台基外，其余均已荡然无存。

中华人民共和国成立以来，考古工作者在丰镐遗址进行了大量的调查和发掘工作。1956—1958年，在沣西客省庄进行了系统发掘。1973年夏季，发掘了40余座西周墓葬，出土大型铜器80多件，有鼎、盂、簋、盘、钟等多种器物。这些铜器铸工精良，外形美观，不少带有铭文，显示了西周时期青铜文化的独特风格和高超技艺。

镐京遗址上的上泉村，是沣河东岸唯一残存的西周居住区。这里出土的大型板瓦，给研究西周建筑提供了宝贵的实物资料。这里还发现了不少陶窑，有助于我们了解西周的手工业生产情况。

丰镐遗址是国务院公布的全国重点文物保护单位。随着考古工作的深入开展，丰镐故都的面貌必将得到进一步揭示。

## 小资料

**西周世系表**

武王（姬发）——成王（姬诵）——康王（姬钊）——昭王（姬瑕）——穆王（姬满）——恭王（姬繄扈）——懿王（姬囏籍）——孝王（姬辟方）——夷王（姬燮）——厉王（姬胡）——共和时期——宣王（姬静）——幽王（姬宫涅）

# 周穆王西行

在距今1700多年前的西晋太康二年（公元281年），有一天，汲郡（今河南省汲县）一个名叫不准的盗墓贼，偷偷挖开了战国时期魏襄王的墓钻了进去。墓里黑得伸手不见五指，不准随手一摸，身边有不少烂竹片，他用这些竹片做成一个火把，将墓中随葬的财宝盗窃一空。而那些烂竹片则被西晋政府派人用几十辆大车拉了回去，后来经过一些著名学者的整理，发现这原来是一批散失了的战国时期的古籍。《汲冢书》就这样被发现了。《汲冢书》包括《穆天子传》《竹书纪年》等珍贵古籍，"穆王西行"就是记载在《穆天子传》一书中的富于神话色彩的故事。

周穆王姬满，是西周王朝的第五代君王。他游兴颇浓，可称为我国古代一位大旅行家。据《穆天子传》记载，他乘着八匹骏马拉的车子远行，跨越了千山万水，足迹远至今天的中亚细亚一带，为西北兄弟民族地区带去了中原人民的友好情谊，也给我们留下了许多优美动人的故事。

公元前989年，周穆王率领大批随从，带着大量金银玉器、丝织品和手工艺品，西行巡游出访。穆王一行浩浩荡荡，从今天西安附近的镐京出发，先向东去，经今河南北上，出雁门关，然后沿黄河一直向西而去。一路上，他们经过了犬戎、䣙、赤乌、曹奴、剞闾、鄪、韩等许多兄弟民族居住的地区。每到一个地方，周穆王一行都受到热情、隆重的接待。这些兄弟民族的首领为周穆王举行盛大的宴会，陪同他游览当地的风景名胜，并赠送给他大量的黄金、玉器、海贝饰带和周王朝高级贵族才能乘坐的轩车。传说旅途中，穆王还曾经会见了水神河伯，游览了昆仑之巅轩辕黄帝居住过的宫殿。

漫长的旅途并非总是一帆风顺的。在黑水这个地方，周穆王一行遇上了七天七夜的大雨。长途跋涉加上恶劣的天气，夺去了一些随从的生命。穆王把死去的人埋在黑水，并把这里叫作"留骨之邦"，然后继续前进。

最后，他们来到了弇山，传说这里是太阳落下的地方，也就是西王母统治的地方。西王母隆重接待了穆王，并且赠送给穆王许多珍贵礼品，穆王也回赠了玉圭、

▲ 画像砖上刻画的穆王西行场景

玉璧和彩色丝带等礼物。第二天，穆王在风景秀丽的瑶池设宴招待西王母。在宴会上，鼓乐齐鸣，宾主频频举杯，祝颂友谊。西王母还即席高歌：

　　　　白云在天，山陵自出。

　　　　道里悠远，山川见之。

　　　　将子无死，尚能复来。

意思是说，白云飘在天上，山顶高入云端。遥远的道路被山川阻隔。希望你能长寿，再来我们这里作客。

充满深情的歌声，使穆王非常感动，他也即席和歌一首：

　　　　子归东土，和治诸夏。

　　　　万民平均，吾顾见汝。

　　　　比及三年，将复尔野。

意思是说，我就要回到东方去治理华夏了，等到人民安居乐业的时候，我再来看你。三年之后，就是我再来的日子。

宴会结束后，西王母陪同穆王参观游览。他们并肩登上了弇山顶，穆王逸兴遄飞，挥笔书写了"西王母之山"五个大字，命人刻石立碑，留作纪念。穆王还亲手栽种了一棵槐树，作为友谊的象征。今天国际间友好交往，往往题词以资留念，植树以示友谊。这些礼仪，恐怕可说是渊源于周穆王吧。

经过多日的参观游览，周穆王一行满载西方各族人民的深厚友谊和珍贵礼品，准备踏上归程。临别之日，西王母又忧伤地唱了一首惜别的歌，大家才互道珍重，依依而别。

周穆王这次西行，往返行程达35000里，历经今天的陕西、河南、山西、内蒙古、宁夏、甘肃、青海、新疆等省区，然后跨过昆仑山脉直达中亚细亚。以当时的交通条件来说，可称壮举，旅途中的艰难险阻是不难想见的。艰苦的努力培育了丰硕的友谊之果。穆王与西北各族人民友好交往，互通有无，加强了中原和西北地区的经济文化联系，使中原人民与西北人民之间的友好关系得到增强与发展。流传至今的有关奴隶社会的记载中，以征战讨伐为主，而周穆王西行的故事在其中别开生面，难能可贵。它表明，不论是山川的阻隔，风俗的差异，还是兵火的侵扰，都不能割断以宗周为中心的中原人民与西北各族人民联系的纽带。

《穆天子传》这本书以优美而富于浪漫色彩的笔调，有声有色地记述了周穆王西行的故事，可称为中国小说的开端，在我国文学史上占有一席地位。不仅如此，《穆天子传》还记载了许多山川、湖泊、关隘以及西北少数民族的风土人情等等，对研究古代地理、民俗等有比较重要的参考价值。

穆王西行的故事不一定是真实的，然而，这个优美的故事却反映出早在3000多年以前，西安就有了与西北边疆各族人民友好往来的通道。

穆王西行的故事也富有象征意义。它突出地表明我国各族人民迫切要求和平与友谊的强烈愿望，这个愿望始终贯穿在我国历史发展的长河之中。这种愿望，是建立一个安定团结、和睦友爱的多民族国家的凝聚力，是世世代代鼓舞我国各族人民争取祖国统一的巨大力量。

小资料

### 西王母之谜

史籍中关于西王母的记载扑朔迷离。按《山海经》的说法，西王母"豹尾虎齿而善啸"，蓬头散发，面目狰狞，毫无可爱之处。但后人却把西王母描绘成"天姿掩蔼，容颜绝世"的绝代佳人。《竹书纪年》《穆天子传》与《史记》，均记载了周穆王西行遇见西王母一事，从而引起了古今史学界对西王母其人的长期争论。

一种观点认为，西王母确有其人，根据史料推断，西王母应是帕米尔地区一个古国的女君主，周穆王西巡之事当属真实。另一种观点认为，《尔雅》称西方极荒之地为西王母。因之，西王母当指地名，人们以讹传讹，遂成典故。

# 国人暴动与共和行政

我国历史上的西周王朝，在成王、康王、昭王、穆王至恭王统治时期，达到了鼎盛阶段。到懿王时，由于社会内部矛盾的不断激化，周王朝逐渐走上了衰败的道路。

在王朝内部，大小奴隶主之间弱肉强食、相互倾轧的现象已经十分普遍和严重。这时，在辽阔的北方，猃狁族日益强盛起来，他们经常向南侵袭，成为周王朝的严重威胁。周夷王时，双方曾在距丰镐二京不远的洛河北岸激战一场，震动了京师。为了防御猃狁，西周统治者采取向人民转嫁负担的做法，使周人处于沉重的赋税和兵役压力之下，更加深和激化了周王朝本身固有的各种社会矛盾。

就在这种情况下，周厉王姬胡继承了王位。周厉王是一个贪婪暴虐的君主。一个名叫荣夷公的大臣，就因特别能搜刮民财而得到了厉王的赏识。

在厉王即位前，山川林泽的物产归全体周人共有，就连周文王为君主游猎划出的苑囿，也允许普通贵族和平民去里边渔猎樵采。但周厉王却听从了"好专利而不知大难"的荣夷公的建议，宣布山林川泽归周王室所有，垄断了其中的一切收益，实行"专利"。这个规定一出，立即引起了广大平民的强烈不满。

西周的统治区域有"国""野"之分。"国"指的是城堡都邑，居住着大小奴隶主和与贵族同宗的自由民，被称为国人。国人以平民（即自由民）为主体，"野"指的是距城较远的郊外，那里居住着大量奴隶。由于贵族的分化和平民生活水平的下降，国人中蕴藏着对周王室的强烈反抗情绪。而这些人的状况，又直接关系着政权的安危。当时有的贵族已经认识到了"为王之患，其惟国人"的局势。芮良夫（其封地在芮，即今大荔县朝邑城南，故得姓。名良夫）就劝厉王说："荣夷公只知道搜刮民财，一点也不考虑后果。山林川泽中的物产，本来是自然生长的，如果王室把它们都垄断起来，断绝了一般平民的财源，势必会招致国人的反对。如果继续重用荣夷公，您的统治也长久不了。"但周厉王一点也听不进这些劝告，依然我行我素，更加信任荣夷公。

▲ 画像砖中描绘的国人暴动

  国人中的绝大多数平民，本来就被沉重的赋役压得喘不过气来，厉王的"专利"政策，进一步损害了他们的利益。于是，国人怨声载道。厉王听到国人的一些议论批评后，大发雷霆，命令卫巫监视国人的活动，禁止国人谈论政事，违者一律处死。在这种恐怖统治下，诸侯们见周厉王已失去人心，不再来朝见。国人不敢公开讲话，只有在道路上相遇时以目示意，表示对苛政的愤恨。

  愚蠢残暴的厉王认为他的恐怖政策行之有效，得意忘形地对大臣召公夸耀说："我能'弭谤'吧！你看，再也没有人敢私下说我的坏话了。"召公很冷静地对厉王说："这只是一种表面现象罢了。把民众的嘴封住，就好比把河流堵住一样。水积聚得越多，一旦决口，危险也就越大。对待国人也是相同的道理。不让民众说话，这种暂时的平静能维持几天呢？治理河流要用疏导的方法，治理国家要让所有的人都敢于提意见，这样才能顺应事理啊！"但厉王对召公的忠告置若罔闻，反而变本加厉，进一步推行恐怖政策。

  过了三年，镐京城里几乎没有人敢在公开场合高声说话了。一天，厉王又下令杀人，在旁围观的人们感到实在忍无可忍，不知谁喊了一声："反了吧！跟国王拼了！"这一声，就像号令一样，霎时间，一传十，十传百，镐京的国人、工匠、胥徒都行动起来，连卫戍王宫的军卒也加入了暴动的行列。大家纷纷拿起武器、棍棒，呐喊着冲向王宫。愤怒的人群如潮水一般，涌进王宫。这时厉王吓得浑身发抖，慌慌张张从后门逃走，被暴动的国人一直赶过黄河，跑到彘地（今山西省

▲ 元年师兑簋及其铭文

霍县东北），再也没敢回到镐京来。

国人赶跑了厉王，又听说厉王的太子姬静藏在召公家里，便包围了召公家宅。召公万般无奈，最后狠心把自己的儿子冒充太子交给国人，才使太子保住了一条性命。

"国人暴动"是发生在古代西安地区的第一次重大的群众暴动事件。这次暴动显示了平民的力量，迫使周王朝废除了山林川泽的专利政策，不仅赶走了周厉王，而且动摇了西周的统治基础。

厉王出逃后，西周王没有了君主，出现了"共和行政"的特殊政治格局。关于共和行政有两说：一种说法是贵族推举周公和召公共同执政，主持国事。还有一种说法是国人推举共伯和（卫国的一位诸侯，名和）执掌政权。共和元年，即公元前841年，是我国历史上有确切纪年的开始。

共和十四年（公元前828年），厉王死于彘，太子姬静即位，即周宣王。宣王力图扭转周王朝的颓势，被封建史学家誉为中兴之主，但他最终也未能挽救西周的衰亡。到了周宣王的儿子周幽王时，西周王朝终于灭亡了。

## 小故事

### 伯夷、叔齐的故事

据说，伯夷、叔齐是商代所封孤竹国的后代。其父死后，两人相让，谁也不肯当国君，逃往外地。伯夷和叔齐在逃亡途中，听说周国的姬昌（即周文王）在关中治国有方，尊老爱贤，两人便一同前来关中归附于周。当他们到关中之时，文王姬昌已经去世了。武王姬发用车载着文王的灵位，浩浩荡荡向东进发，要去攻打殷纣王。伯夷和叔齐看到这一情景，拦住武王的马头叩谏道："父亲死了不去安葬，而是大动干戈兴兵作战，能算是孝吗？"武王的左右卫士要杀掉这两个不知死活的老头，被姜子牙挡住了，说："这两人是义士呀。"扶起他们让他们自己离开了。

武王灭商以后，天下都成了周朝的。但伯夷、叔齐耻于当周朝的属下，发誓不吃周朝的粮食。于是，两人隐居首阳山，靠采野菜维持生命，最后饿死在首阳山。

## 成语典故

### "吐哺握发"的故事

西周初年，有一位杰出的政治家，他辅佐武王组织灭商战争，代替武王处理军国政务，率军东征，平定三监之乱，制礼作乐，奠定周朝一代大业。他就是赫赫有名的周公姬旦，因其初封于岐山周地而得名。至今岐山周公庙依然香火鼎盛。相传周公礼贤下士，善于用人，"一沐三捉发，一饭三吐哺，起以待士，犹恐失天下之贤人"。就是说，他沐浴时听说有贤士求见，不待浴毕就握发而起，吃饭时听说有贤士求见，吐出口中的食物立即出迎，屡屡如此，以求贤能。此后，就留下"吐哺握发"这一成语，以形容统治者求贤若渴之情形。曹操曾以周公自比，作诗道："山不厌高，海不厌深，周公吐哺，天下归心。"

# 烽火戏诸侯

西安东边的骊山，青松亭亭，芳草萋萋，登临极目，视野辽阔。渭水如银练蜿蜒于天边，秦川如百里长幅画卷展现在眼底。传说当年周幽王戏诸侯的烽火台，就设在骊山的最高峰上。

西周晚期，周宣王在讨伐太原戎、条戎、奔戎和姜戎等部落时，连续吃了败仗。由于长年征战，国力疲敝，宣王甚至不得不"料民于太原"，以实行清查人户的方法来补充兵力和财力的不足。在这种情况下，人民的负担愈来愈沉重，周王朝的统治已经呈现出风雨飘摇的迹象。当时，镐京城内谣言纷纷，有一首在民间广为流传的民谣这样唱道："檿弧箕服，实亡周国"（檿：桑木；弧：弓；箕：木名；服：箭囊）。这句民谣的意思是：桑木弓，箕箭筒，引得周朝亡国灭种。周宣王听到这首民谣后，下令缉查捕杀那些卖桑木弓和箕木箭筒的人。

▼ 骊山烽火台

传说有一对卖桑木弓的夫妇逃脱了追捕,在逃亡的路上,他们拣到一个被人遗弃的女婴。这对夫妇翻山越岭,历尽千辛万苦,最后在今天陕南汉江一带的褒国定居下来,从此,一心一意地抚养他们拣到的女孩。十几年以后,这位女孩长大成人,出脱得窈窕妩媚,如花似玉,成为褒国境内最有名的美人。褒国是夏朝开国君主大禹的后裔所建,族姓姒,于是这位绝代佳人就被褒国人称为"褒姒"。

公元前781年,周宣王去世,他的儿子姬宫涅继承王位,即周幽王。周幽王是我国历史上有名的暴君。在他即位的第二年,关中平原一带发生了大地震,但他却置地震给老百姓带来的灾难于不顾,于即位第三年发动了对褒国的战争。结果,褒国战败,献出了美女褒姒。

昏虐荒淫的周幽王得到了褒姒这样的美人,高兴得真不知道该怎样宠爱才好。什么北地的白狐裘,南疆的孔雀帔,东海的夜明珠,西山的昆仑玉,凡是人间能够搜罗来的奇珍异宝,他全都送给了褒姒。听说褒姒爱听撕绸缎的声音,他便令人抱来一匹匹绸缎,撕给褒姒听。尽管如此,这位美人好像还是不称心,她整日双眉紧锁,愁容戚戚,任周幽王用尽千方百计,却不能逗她莞尔一笑。越是如此,周幽王越是急于想看看褒姒笑一笑是什么模样。有一天,他终于挖空心思地想出了一个举烽火戏诸侯以娱褒姒的"绝招"。

我国古代的边防要塞,每隔一定距离筑有一座高台,台上设有一种可以牵引上下的木制机具,叫作桔槔,也称吊杆。在桔槔的头部装有一种类似筐笼的大金属盛器,叫作兜零,里面堆放着大量的薪草或狼粪。高台上专门派有士兵驻守,日夜进行监视瞭望。一旦发现敌寇入侵,白日则点狼粪燔烟,夜间则点薪草燃火,通过桔槔将兜零高高地举起报警。一台报警,邻台相递燃举烽燧。各地驻军望见警报信号,就能及时行动,奔赴增援。这种报警用的高台设施就叫烽火台或狼烟台。西周时规定,如果周的国都受到敌人威胁,各国诸侯得到烽火台警报后,必须立即率军赶来勤王,保卫京城。对于不到者,事后周王将会同各诸侯共同向其兴师问罪。因此,举烽火报警,是一个很严肃很重要的军事行动。然而周幽王为了博得褒姒一笑,将此举视作儿戏。他下令骊山烽火台放烟报警。一时狼烟滚滚,遮天蔽日,各地诸侯接到警报,立即召集军队,人不卸甲,马不停蹄,日夜兼程，浩浩荡荡地奔赴镐京而来。不料赶到一看，毫无动静，一打听，原来是周幽王在同他们开玩笑，诸侯们真是啼笑皆非，有苦难言。而褒姒看到受愚弄的千军万马从四面八方汇集到一起的浩大场面，再看到虚惊一场的诸侯们一个个灰垢满面、气喘咻咻的狼狈相时，不禁开怀大笑起来。

褒姒终于笑了，周幽王更乐得心花怒放，他一再玩起了举烽火的游戏。起初两次诸侯们还半信半疑地按约守信，率军而来，以后就再也没有人来上当受骗了。

周幽王整日在后宫与褒姒花天酒地，寻欢作乐，把国政完全交给了大臣虢石父。虢石父为人佞巧，善谀好利，他想尽办法加重徭役，剥削人民，搞得国内怨声载道。《诗经·瞻卬》描写当时黑暗的社会政治道：

人有土田，汝反有之；人有民人，汝复夺之；此宜无罪，汝反乏之；彼宜有罪，汝复脱之。

意思是：老百姓的田地，都被你们霸占；老百姓的奴仆，又被你们抢夺；本来无罪的人啊，竟被你们拘捕，真正有罪的人啊，却被你们释放。

《诗经·小雅》有一首当时的民谣这样唱道：

匪兕匪虎，率彼旷野。哀我征夫，朝夕不暇。

诗的大意是：我们不是犀牛老虎一类的野兽，却被迫露宿于旷野。可怜我们这些服劳役的征夫，从早到晚做苦工不得闲暇。

国内形势已如鼎镬汤沸，周幽王还要再次发动对外战争。他遣大将伯士讨伐六济之戎，结果周军大败，伯士被杀，周朝的国势从此便日薄西山，气息奄奄了。

后来，褒姒为周幽王生了个儿子，取名伯服。于是周幽王废掉了王后申氏及太子宜臼，立褒姒为王后，伯服为太子，并想进一步杀掉宜臼。宜臼被迫逃离周地，到他外公申侯那儿去避难。周幽王的做法，激怒了申侯。

申侯是西申的首领，统治区域在今陕西省与山西省的交界地带。申侯为维护女儿和外孙的地位，决定联络西北地区的犬戎，共同攻打周幽王。

犬戎一直是周王朝西方的一支劲敌，据《帝王世纪》记载，周文王时，犬戎袭周,甚至"一日三至周之东门"。周文王和穆王在国力强盛时,也先后征伐打败过犬戎。长期以来,犬戎对周朝一直虎视眈眈,准备伺机攻周。申侯与犬戎结成军事联盟以后,两个部族同时迅速发兵,从东西两面夹击镐京。骊山烽火台发现敌情后,立即点火报警求援,但各国诸侯以为周幽王又捉弄他们,谁也没把报警的烽火当作一回事。结果周幽王眼巴巴地盼不到诸侯们的一兵一卒来救驾,只好携带褒姒仓皇出奔,他们逃到骊山脚下的戏水边时,幽王被犬戎的军队赶上杀死,褒姒也做了犬戎的俘虏。

犬戎的军队攻入丰镐二京后,到处烧杀抢掠,周朝开国200多年来积聚的财货宝物,被劫掠一空,丰镐二京变成了一片废墟。《诗经·黍离》一章以哀痛凄楚的笔调,为我们描绘了一幅丰镐二京劫后的荒凉景象。诗中写道:

彼黍离离,彼稷之实。行迈靡靡,中心如噎。知我者,谓我心忧。不知我者,谓我何求。悠悠苍天,此何人哉!

诗的大意是:昔日繁花似锦的丰镐京城呵,如今被一眼望不到边的谷物所覆盖。我步履沉重地徘徊在这田间道路上,心中难言的悲愤使我潸然泪下。懂得我的人,能体会到我为什么忧伤不已。不理解我的人,还以为

▼ 烽火戏诸侯图

我是在为个人的失意而哀愁。悠悠苍天呵，请你回答我，究竟是什么人造成了这一场国破家亡的灾难！

诗人在这里含蓄而强烈地谴责了周幽王的昏乱荒淫，指出他是使丰镐二京遭受浩劫的千古罪人。

随着周幽王的被杀和丰镐京城的毁灭，西周王朝的历史从此宣告结束了，这一年是公元前771年。

犬戎撤兵退走以后的第二年，即公元前770年，周幽王原先的太子宜臼被申、鲁、许等国诸侯所拥立，在西申登上了王位，他就是周平王。周平王看到镐京一带已处于戎狄势力的包围之中，很不安全，就在各国诸侯的保护下，迁都到洛邑（今河南省洛阳市），中国历史从此进入了东周时代。

西周灭亡的直接原因，在于周幽王的暴虐统治。他宠爱褒姒，任用奸佞，对内无休止地加重剥削，对外连年发动侵略战争，这样，国内阶级矛盾和各种社会矛盾被空前激化，从而给外族的入侵以可乘之机。烽火戏诸侯这一事件，正是西周最终灭亡的先声和导火线。

经过几千年的沧桑变化，原来的骊山烽火台早已不复存在了，周幽王烽火戏诸侯的故事也已成为一则千古笑谈，而真正使人感慨系之的，倒是烽火台本身。2700多年以前的周代，科学技术的发展水平还很低，如何解决敌人入侵时迅速报警的问题呢？当敌军千骑万乘突袭而来的时候，即使是骑上"火焰驹""千里马"去飞驰调兵，也会远水不解近渴而最终贻误军机。然而，周人却发明了烽火台！你看，一台举火，两台、三台、十台、二十台……便相递呼应，转瞬间消息就传到了几十里、几百里，甚至千里之外。烽火台，大概要算世界上最早以光来传递信息的设施了。联想到此，我们便不能不从心底里高声赞叹我国古代劳动人民的聪明才智。

# 灿烂的西周青铜器文化

青铜，指铜与锡的合金。我国古代冶炼青铜制作器皿的历史，可以追溯到商代以前，然而我国青铜器文化发展的鼎盛时期，还要算商代晚期和西周时期。特别是西周的青铜器，具有数量大、种类多、造型复杂、铭文史料价值高等特点，尤为人所乐道。了解一些青铜器知识，有助于我们了解和认识我国古代文明，热爱祖国的文化遗产。

在商代晚期，我国制造青铜器的技艺便达到了很高的水平。1939年在当时河南省安阳县武官村出土的司母戊大方鼎，通高133厘米，重875公斤，是现存最大、最重的商代青铜器。公元前11世纪中叶，周武王灭掉了商王朝，从此，全国的政治、经济和文化中心，便移到了关中中部的丰、镐二京。

据载，周武王十分重视继承殷商的文化传统，他曾在战俘中挑选出大批懂得采矿、冶金、铸造技术的工匠，将他们迁居到丰、镐二京，发展西周的手工业生产。周武王还下令对手工业工匠采取保护措施，不得任意杀死他们。这些措施，使得西周的青铜器文化更为发展。关中地区也自然成为我国西周青铜器文化遗存最丰富的地区。许许多多著名的西周青铜器都先后在关中出土，像清道光年间出土于宝鸡的虢季子白盘，长130.2

▲ 毛公鼎及其铭文

▲ 何尊

▲ 大盂鼎

厘米，宽82.7厘米，高41.3厘米，是迄今所见最大的西周青铜盘。1976年出土于今临潼区零口的周武王时期的利簋，是至今发现有确切年代记载最早的西周青铜器。1979年出土于淳化县石桥乡的兽首鋬大鼎，通高122厘米，重226公斤，是至今发现的西周圆鼎中形体最大的一件。

在周原地区，更有集中于窖藏中的大批西周青铜器不断被发现。清光绪十六年（公元1890年），岐山县任家村发现的一处窖藏，出土青铜器竟达120余件。其中的毛公鼎，器身铭文有497字，是现存最长的铜器铭文。1976年扶风县庄白村出土的窖藏"微史"家族铜器群，共计103件，是中华人民共和国成立后出土的数量最多的一窖青铜器。其中的史墙盘铭文，共284字，是新中国成立以来所发现的铜器铭文中最长的一篇。

中华人民共和国成立以来，在陕西出土的西周青铜器已达3000余件，其中的礼器和乐器，仅有铭文的即达六七百件。这些有铭文的西周青铜器又大部分出自关中地区，特别是在西周的统治中心丰镐、周原及其邻近的一些地方，先后出土已逾400件。可以毫不夸张地说，我国是世界上出土和保存青铜器最为丰富的国家，而关中地区又是国内之最。

各式各样形体迥异的西周青铜器，按照它们的用途，大致可以分为八类。一是烹饪器，包括鼎、鬲等；二是饮食器，包括簋、豆、盂、盨、簠等；三是酒器，包括尊、卣、彝、壶、盉、罍、爵、角、觥、觚、瓿、斝、觯等；四是水器，包括盘、匜等；五是乐器，包括铙、钟、钲、铎、句鑃、铃、錞于、鼓等；六是工具和农具，工具包括斧、凿、刻镂刀、

▲ 编钟

削、锯、锉、锥、钻、钓钩，农具包括犁铧、铲、镢、锄、镰、锛等；七是兵器，包括戈、矛、钺、戟、刀、剑、镞等；八是车马器，包括辖、衔、轭、镳、毂、銮、当卢等。

可以看出，青铜器的使用，已经渗透到当时人们社会生活的各个方面，无怪历史学家把使用青铜器最为广泛的奴隶制社会又称为"青铜时代"了。

在这些形形色色具有不同用途的青铜器中，我们想简要介绍一下鼎与钟。

鼎在西周时期作为烹饪器用来烹煮肉类，作用相当于今天的锅，形状多为圆腹、双耳、三足，在西周奴隶主进行朝聘、征伐、祭祀、宴飨、婚冠、丧葬等活动举行礼仪时，鼎作为礼器被陈列于殿堂之上或宗庙之中。据史书记载，西周的用鼎制度相当严格，按照礼制规定，天子用九鼎，其余"诸侯七、大夫五、士三"，臣下越制便会被视为大逆不道。因此，这种按规定组合起来的"列鼎"有标志身份等级的特殊意义。周天子所用的九鼎，代表着天下冀、兖、青、徐、扬、荆、豫、梁、雍等九州。九鼎，是中央政权的象征。国都在哪里，九鼎就安置在哪里，所以我国古代把定都称为"定鼎"，后来又引申为建立新政权。正因为九鼎是最高政权的象征，当东周时代王室衰微、列国强大之际，楚庄王就曾经向周定王的大臣王孙满打听九鼎的大小轻重，以此来表露自己取周天子而代之和称霸中原的意图。后来人们就把觊觎政权的企图和行为称为"问鼎"。

钟是西周中期开始盛行的一种礼乐器，按照造型可以分为三类，即甬钟、钮钟和镈钟。钟在使用时以大小相次成组悬挂，称为编钟。编钟的数目可以有几个、十几个，甚而有几十个的，各有不同的音阶、音准。有的大钟单独悬挂，作为定音之用，称为特钟。达官贵族们为了炫耀富贵，连平日吃饭也要列鼎而食，鸣钟佐餐，"钟鸣鼎食"这个成语，就是用来形容这种豪奢排场的。一些最有名的大钟，同鼎一样被视为社稷重器，随着改朝换代而千里搬迁。如周景王铸的"无射"大钟，原在周都洛阳，以后秦迁咸阳，汉迁长安，晋迁建康，隋又迁回长安。可惜这件传世千年的国宝，后来竟被隋文帝以"多为妖变"的罪名下令销毁了。

由于鼎和钟在西周青铜器中富有代表性，所以人们习惯于把青铜器铭文通称为"钟鼎文"。西周各类型的青铜器上面，经常镌铸有篇幅长短不等的铭文。这些铭文，有的可以印证历史事实，有的可以填补史书的空白，修正史书的错讹，在研究西周社会的政治、经济、军事、文化、法律、土地制度、民族关系等方面，具有极高的史料价值。

临潼县出土的利簋铭文，记载了周武王灭商的确切时间是在甲子日那天的早上。1976年扶风出土的一件铜方鬲，全器分上下两部分，上部为烹饪器身，下部为一炉膛，有可以开闭的两扇炉门，在门边铸有一

牛尊 ▶

个受过刖刑、失去左足的守门人，据文献记载"刖者使守囿"，是说受过刖刑的人，丧失了强体力劳动的条件，就用他们来守门。这一铜鬲，以实物印证了古文献的说法，形象地向我们展示了一幅西周社会奴隶悲惨命运的图景。

西周究竟是什么性质的社会，我国史学界历来有奴隶社会与封建社会两种对立的意见。西周青铜器铭文提供的史料，有力地支持了奴隶社会说。如岐山县出土的大盂鼎，铭文记载了周康王一次赏赐给贵族禹的奴隶达1700多名，其中包括有从事农业生产的奴隶、养马赶车的奴隶和管家的奴隶。在扶风出土的大克鼎铭文中记载了周王将臣妾等奴隶连同土地一起赏赐给贵族的内容。传世的曶鼎，铭文记载了五名奴隶的身价只抵一匹马加一束丝。这些都说明了西周社会存在着大量的奴隶，他们担负着主要的社会生产劳动，他们可以被奴隶主当作牲口一样买卖，甚至作为殉葬品随意被杀死或活埋。

西周实行的是"普天之下，莫非王土"的奴隶主国家所有制，奴隶主贵族除有权支配自己封地上出产的收获物外，没有土地所有权。值得注意的是，西周中、晚期的一些青铜器铭文里，记录了西周土地制度变化的情况。例如，岐山出土的西周中期的五祀卫鼎，铭文有执政大臣们同意贵族邦君厉租给裘卫400亩田的内容；西周中期的格伯簋，铭文有格伯以良马四匹换得倗生30亩田的内容；西周后期的散氏盘，铭文记录了夨划田移付给贵族散氏所订的契约。土地的出租、交换、转让这些新情况的出现，说明随着西周奴隶制度的逐渐衰落，封建制的萌芽已经开始在奴隶社会内部孕育和生长了。

对于青铜器铭文所包含的丰富内容来说，以上的介绍只能说是管中窥豹，略见一斑。如果你因此对青铜器铭文的研究产生浓厚的兴趣，那么，请你不妨去参观西安、临潼、咸阳、宝鸡、扶风、岐山等地的青铜器陈列馆吧！当你步入这些陈列馆中的时候，你会感到犹如置身于一个伟大的历史书林之中！面对琳琅满目、目不暇接的青铜器，你会感到这里面蕴藏着取之不尽的知识宝藏。

在你俯下身，仔细研读青铜器器身铭文的时候，你一定还会发现，在这些凝重结实、古朴浑厚的青铜器上面，有的铸着目射凶光、贪食饕

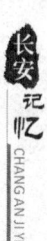

饕的面形，有的铸着张口卷尾、独角单足的夔的身姿，铸龙蜿蜒舞爪，铸鸟翅冠展翅，铸蚕则卧桑而食，铸蝉则振翼欲鸣，这些西周青铜器上最常见的动物纹饰，神态各异，形象逼真，大有脱壁而出的趋势，给人以强烈的艺术质感。它们的存在，更加烘托显示出青铜器主体的造型美。

### 小资料

**民国时期陕西出土西周青铜器三劫**

晚清至民国时期，陕西曾出土了大量西周青铜器，约1600余件。但在当时，这些珍贵文物得不到相应的保护和研究，有许多历经浩劫，不知所终。

1926年，西府军阀党玉琨在宝鸡斗鸡台盗掘古墓九座，共获青铜器1000余件，其中完整者740件，运送到凤翔城内收藏。1928年，陕西省主席宋哲元围攻凤翔，击毙党玉琨，掳获全部青铜器，除将一部分送给其上司冯玉祥外，其余运至天津英租界宋哲元家中，并将其中的一些青铜器卖到国外。1941年太平洋战争爆发后，日军占领天津英租界，查抄了宋家，这批青铜器遂落入日本人手中。后来，宋哲元的亲属仅索回数件，其余均下落不明。

1933年，扶风上康村康克勤父子在村东土壕挖土时发现一窖西周青铜器100余件，即函皇父器和伯鲜器群。康克勤将其卖掉了一批，藏起来一批。后来，土匪为了抢走这批铜器将康克勤父子枪杀，而其所藏青铜器时隔70年后才得以重见天日。卖掉的铜器见于著录者有函皇父鼎、簋、壶、盘等10件，伯鲜鼎、盨盉、匜、钟等10件。

1940年，扶风任家村任登尚、任玉等人在村西南挖土时发现一窖西周青铜器100余件，即梁其器群。青铜器出土后，遭到土匪多次抢劫，8位农民或为此丧生，或终身致残。所出土青铜器多数下落不详，见于著录者仅20余件。

# 第二章 帝国回忆

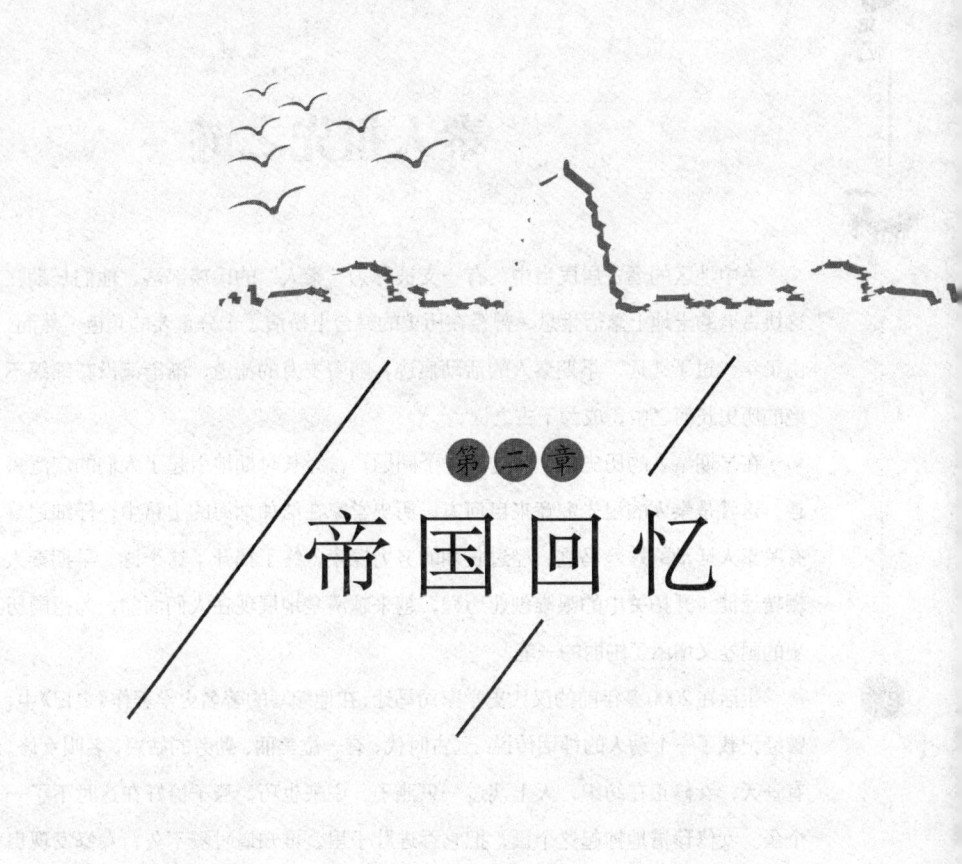

# 秦人祖先之谜

关中地区的远古居民当中，有一支被称为"秦人"的氏族部落。他们长期在这块古老的土地上繁衍生息，曾经在历史的舞台上扮演了十分重要的角色。然而，由于年代过于久远，早期秦人的活动痕迹，随着岁月的流逝，渐渐淹没在绵绵不绝的历史长河之中，成为千古之谜。

在早期秦人的历史中，有这样一个问题，曾经长时期地引起了人们的广泛兴趣。这就是秦人的祖先究竟来自何方。历史学家在浩如烟海的史籍中，仔细追寻有关秦人活动的蛛丝马迹。经过长期的努力探索，终于揭开了这个谜。早期秦人辗转迁徙、开拓关中的艰难创业历程，越来越清楚地展现在人们面前，为祖国历史的画卷又增添了绚丽的一笔。

生活在2000多年前的汉代史学家司马迁，在他编写的著名史学著作《史记》中，曾经记载了一个动人的神话传说：远古时代，有一位美丽、勤劳的姑娘，名叫女修。有一天，女修正在纺织，天上飞过一只燕子。说来也巧，燕子恰好在这时下了一个蛋。女修珍惜地拣起这个蛋，把它吞进肚子里。谁知道时隔不久，女修发现自己竟然怀孕在身。经过十月怀胎，一朝分娩，她生下一个健壮的男孩，取名叫作大业。根据司马迁的记载，大业就是传说中秦人最早的祖先。

这个神奇的传说，当然不会是事实。但是，它的产生绝不是偶然的。透过它荒诞的外衣，我们可以看到一些历史真实的影子。它间接告诉我们：如同我国其他古老部族一样，秦人祖先在踏入阶级社会的大门之前，也曾经历了母系氏族公社时期的漫长道路。从大业之后，秦人祖先开始由母系氏族公社阶段过渡到父系氏族公社阶段，在同大自然的搏斗中，秦人祖先不断增长了聪明才干，逐渐形成了以畜牧业为主的生产传统，社会生产力有了新的发展。

根据远古时代的传说，秦人祖先曾经协助大禹治理过水害，并且为舜帝驯养过鸟兽。因为"鸟兽多驯服"，舜帝特地赐秦人祖先姓"嬴"。这些传说反映出早在原始社会后期，秦人祖先同中原地区的其他古老氏族，就已建立了比较密切的联系。然而，种种迹象表明，此时秦人祖先的活动地区并不在关中，而是在遥远的东海之滨,也就是在今天的山东省境内。他们同活动在这一地区的另一支氏族部落——商人一样,过着游牧、狩猎的生活,并且共同把燕子敬奉为自己的祖先(图腾)。

大约从公元前21世纪开始,我国的原始公社制度逐步瓦解,历史迈进了奴隶制时代。此后1000多年中,在黄河中下游地区,先后兴起了夏、商、周三个奴隶制王朝。在这期间,秦人祖先的命运也发生了多次重大的变化。这支古老的部族,走过了一条坎坷不平的发展道路。

夏王朝时期,秦人的祖先同夏代奴隶制政权之间,仍然保持着千丝万缕的联系。夏代晚期,统治者的残暴,激起了各地人民的反抗,同时也引起了不少诸侯国的叛离。商人部落的首领商汤乘机举起了反夏的大旗,率领军队向夏王朝统治的中心地区发动了进攻。秦人的祖先积极参加了推翻夏王朝的战斗,为商汤灭夏立了汗马功劳。商王朝建立后,秦人祖先受到了商代统治者的优待,他们的不少首领先后担任了商王朝的大臣。从此,嬴姓的秦人祖先,便成为商代一支显赫的氏族。

在夏、商两代,秦人祖先的社会进化较为迟缓。当夏、商这两个强盛的奴隶制政权建立时,秦人的祖先还没有完全摆脱原始公社制度的枷锁,始终在奴隶制时代的门槛之外徘徊。由于秦人祖先的部分首领进入了商代统治者的行列,他们的氏族内部便开始出现了阶级分化。

商代末年,统治集团越来越奢侈腐化。当时的最高统治者商纣王是我国历史上一个著名的暴君。广大奴隶不堪忍受他的残暴统治,纷纷起来反抗。统治阶级内部也出现了分崩离析的局面。面临着日益尖

▲ 春秋时期金啄木鸟

▲ 战国时期鸟盖瓠壶

▲ 甘肃礼县大堡子山遗址

锐复杂的各种社会矛盾，商王朝的统治陷入了风雨飘摇的境地。就在这反商风暴即将来临的时刻，秦人祖先的首领——蜚廉和恶来父子俩，却违背历史发展的潮流，死心塌地追随着商纣王，帮助他干了不少坏事。

公元前11世纪，居住在渭水流域的周人开始向东扩张。大约在公元前1046年，周人的首领周武王率兵讨伐商纣王。经过一场激烈的战斗，周人一举攻克了商王朝的都城。商纣王走投无路，自焚而死。助纣为虐的蜚廉和恶来父子俩，也同他们的主子一样，遭到了灭亡的下场。

商王朝灭亡之后，秦人祖先的地位一落千丈，整个氏族全部沦为周王朝统治者的奴隶。周代初年，嬴姓的秦人祖先追随商纣王的后代，发动了一次大规模的反周叛乱。周王朝在平息了这场叛乱之后，为了巩固自己的统治，强迫那些参加叛乱的部族从各自的活动区域迁移出去。秦人的祖先也被迫离开东海之滨，开始向遥远而荒凉的黄土高原西部迁移。他们一路跋山涉水，风餐露宿，从今天的山东省境内，一直被赶到了周王朝统治疆域的西陲，最后在今天的甘肃省天水地区定居下来。由于他们定居的地方当时叫作"秦"，所以这支嬴姓氏族便被人正式称为"秦人"。从此,秦人揭开了开拓关中的序幕,他们以新的面貌,活跃在历史舞台上。

秦人西迁以后,仍然保留着畜牧生产的传统。在有关史籍中,留下了不少秦人为周王朝的统治者养马的记载。同时,由于实行了定居,秦人的传统游牧经济开始逐步向农业经济转变。随着秦人实力的增强,他们的首领渐渐受到周王朝统治者的重视。周宣王统治时期,秦人的首领秦仲被封为大夫。当时,在关中西部地区,还有一些被称为"戎""狄"的游牧部族,他们时常向东侵扰,给周王朝造成了很大的威胁。秦仲被封为大夫之后,便奉命带领秦人同戎、狄作战,以保卫周王朝的西部边疆。在同戎、狄的战斗中,秦人的力量不断壮大,他们的活动范围逐渐达到关中地区的西部边缘。

公元前771年,犬戎攻占了西周王朝的都城丰镐二京,在位的周幽王被杀死在骊山脚下。继位的周平王被迫将国都向东迁往今天河南省境内的洛邑。整个关中地区便不再是周王朝统治的中心地带。中国历史从此翻开了新的一页,进入了春秋时代。

周平王东迁之后,将秦人的首领正式册封为诸侯。这就是说,秦人内部的阶级分化,迟至春秋初期才告完成,奴隶制的国家政权终于取代了氏族部落组织。秦国的诞生,使当时中国境内众多的诸侯国家中又增添了一名新成员。

秦国刚刚建立时,周平王下令将岐山以西的土地赐给秦国。然而这仅仅是一纸空文,因为当时整个关中地区还在戎狄的控制之下。秦国为了取得名义上属于自己的土地,就必须同戎狄进行艰苦的斗争。经过将近100年的征战厮杀,秦国才逐渐战胜了关中境内的戎狄部族,占领了整个渭河流域。

富庶的关中平原,为秦国农业生产的发展,提供了有利的条件。再加上周人农业生产传统的影响,秦国的农业经济逐步超过了其畜牧经济,而在整个社会经济中占据了主导地位。

春秋战国时代,秦国经历了由小到大、由弱到强的发展过程,进行了较为彻底的封建改革。经过长期的兼并战争,秦国终于战胜了其他国家,在公元前221年完成了统一中国的大业,建立了我国历史上第一个统一的、多民族的、疆域辽阔的封建专制主义国家——秦王朝。

从秦人西迁到秦王朝的建立,这中间经历了800年的漫长岁月。在这800年中,秦人为古代关中文明的繁荣，做出了杰出的贡献。后世的人们始终缅怀和纪念秦人开拓关中的历史功绩。

自古以来，人们一直把关中地区简称为"秦"，直到今天，"秦"仍然是陕西省的代称。

随着秦王朝的强盛，秦的威名当时就远扬天下，逐渐传到了遥远的西方世界。于是，"秦"也就成了外族、外国对中国的称呼。在现代欧洲、亚洲许多国家的语言中，"中国"一词就出自"秦"这个字的音译。这表明秦人的历史不仅在中华民族的光辉史册上占据着重要的一页，而且在世界历史上也产生了深远的影响。

小资料

## 强国墓地

从1974年起，宝鸡市博物馆在茹家庄、竹园沟、纸坊头等处发掘和清理了一批西周墓葬，出土铜器、陶器、玉石等近3000件。茹家庄有较大墓葬两座，据其中陪葬的铜器铭文，一座为强伯之墓，一座为强伯之妻井姬之墓，两墓均有殉人，另有车马坑陪葬。竹园沟共发掘了18座西周墓葬，其中一座墓的铜器铭文表明，墓主人为强季。纸坊头发掘西周初期墓葬一座，其中有强伯铭记的铜器。

强国的历史文献失载，据学者推断：纸坊头强伯处于文王晚年至武、成之世，竹园沟渔伯格和强季处于康、昭之际，茹家庄强伯处于昭、穆之际。强国的中心区域在渭水以南的清姜河两岸。关于古强国的族属，有氐族说和巴族说两种不同见解。这些强国墓地出土的器物，有的是典型的西周器物，有的与巴蜀文化器物极为相似。因之，强国墓地的发掘，提供了有关西周时期不同民族，不同文化交流与融合的重要实物资料，对研究古代关中与巴蜀的关系具有十分重大价值。

# 圣都雍城

关中西部的凤翔县，在唐代以前一直被称为雍。它是我国古代一座著名的城市。在春秋时代到战国中期以前，雍城是秦国的都城。从秦德公元年（公元前677年）到秦献公二年（公元前383年），雍城作为秦国的都城长达294年，历经19个国君。秦国一代又一传国君就是以这里为中心，苦心经营，巩固了奴隶制国家政权，为向封建制过渡准备了条件。

雍城位于关中西部的渭北高原上，在古代，这里的地理位置十分重要。它南控进入汉中、四川的通道，西扼通往河西走廊的门户，纸坊河、雍河、白起河、凤凰泉环绕四周，河川纵横，土地肥沃。整个雍城的平面略似正方，南北长3200米，东西长3300来，总面积约11平方公里。其规模之大，超过了当时作为全国政权象征的东周洛阳王城。隋唐以后，这里曾多次发现过秦国文物。中华人民共和国成立以来，经过考古工作者的不懈努力，现在已经弄清了雍城旧址的范围和四面城墙的建筑位置，并发现了残存的一部分城墙遗迹。雍城东凭横水河，西依灵山，南临汧河、渭水，北靠君坡山，地势险要，易守难攻。优越的地理条件使雍城成为春秋战国时期的一个理想都城。

雍城及其附近地区，有着优越的自然条件。西周末期到春秋初期，关中地区曾是各个游牧部族激烈争夺的地方。秦国定都雍城以后，占据了汧河流域和渭河平原。这里水草丰盛，便于畜牧，更是周文化的发祥地，有着悠久的农业和手工业传统。秦国建都于此，既占据了有利的地理条件，又吸收了西周的文化遗产，因而得以迅速兴旺发达，征服周围部族，建立起一个强盛的奴隶制国家。建都雍城以后几十年内，秦国就把领土扩展到今天的陕西、甘肃边境和陕北地区，后来又向东发展，威逼中原，进而渡过黄河，出击当时势力强大的晋国，跻身战国七雄之列。古人曾评论说，雍城的所在地是"成周兴旺之地，嬴秦创霸之区"。史实充分说明，雍城在秦国发展史上有着很重要的地位。

据文献记载，秦国的历代国君先后在雍城兴建了四处较大的宫室，这些建筑都相当豪华。在城西北的姚家岗，近年来先后出土了三批青铜建筑构件，共60多件。

这批青铜构件多是由铜板和框架组成的箍套，用作宫殿壁柱上的装饰元件。铜板表面刻有花纹，形状不一，有拐弯处用的曲尺形、梁柱尽头用的尽端形和梁柱中间用的中段形等多种。铜构件花纹图案绮丽，制作精巧，达到了很高的工艺水平。这种用金属构件装饰梁柱的工艺，对后来的建筑产生了很大的影响。史书里记述过这样一件事：秦穆公时，戎族部落的使者由余来到秦国，看到宏伟壮丽的宫殿，深为感慨地说："使鬼为之，则劳神矣；使人为之，则苦民矣！"从这些话里，也可想见到当时秦国宫殿的豪华和建筑技术水平的高超。

规模宏大的宫殿区，在雍城共发现了三处。除了前面提到的姚家岗以外，在马家庄、铁丰两地也发现了大型的宫殿遗址。马家庄的建筑群是秦国的宗庙遗址，其中包括祖庙、昭庙、穆庙三座宗庙，以及中庭、回廊、散水、大门、围墙等重要建筑遗迹，总面积在五六千平方米以上，而且保存得比较完整。整个宗庙坐北面南，在中庭的180多个祭祀坑里发现有人、牛、羊、马、车等祭祀物。在古代，

▼ 雍城遗址出土的青铜建筑构件

▲ 秦公一号大墓

宗庙在政治上有相当重要的作用，许多重大事件往往是在宗庙中研究决定的。因此，这个宗庙还是秦国统治者政治活动的重要场所。关于这个地方，有一个著名的故事。据说，秦哀公统治时期，伍子胥带领吴国兵马攻占了楚国的都城。楚国大夫申包胥奔来雍城向秦国请求援助。开始，秦哀公不同意，申包胥便一连哭了七日七夜，滴水未进，终于感动了秦哀公。他派出500乘战车驰援楚国，解了楚都之危。这个故事曾被司马迁写进《史记》，后来又编为历史剧《哭秦庭》而广为流传。据考查，申包胥当年所哭的"秦庭"，就是现在的马家庄宗庙遗址。这个遗址的全面发掘，使我们得以目睹中国古代这种兼具宗教、政治两种意义的建筑物的真实面貌，对于研究先秦的宫室、礼仪制度，以及中国建筑发展史，都提供了宝贵的资料。而且，马家庄宗庙遗址在建筑风格上，承商周，启秦汉，弥补了扶风周原的西周遗址和咸阳东北的秦代宫殿之间的空白，成为我国古代建筑发展系列中一个极为重要的环节。

雍城之南不远的三畤原，就是春秋早期所称的"北园"所在地。北园一带，地势坦荡辽阔，土层深厚，林木葱郁。因此，这里曾被秦国历代统治者选作国君的墓葬区。1976年到1981年，考古工作者经过六年的勘察，在北园中发现了13座秦公陵园，共44座大型墓葬。每座秦公陵园由不同数目的大墓组成，有的陵墓的墓主及其陪葬墓还被两条壕沟围绕着，以保护陵园的安全。秦公的大墓从平面形状上可以分为"中"字形、"甲"字形等5种形状，形状的不同反映着墓葬等级上的差别。"中"字形墓是秦国君主的墓葬，"甲"字形墓的等级比"中"字形墓略低一些。其他形状的墓坑则是用来埋车马、奴隶的殉葬坑。考古工作者在凤翔城南的南指挥乡发掘了一座大墓，也就是南指挥一号大墓，是迄今所知我国发掘的先秦时期最大的一座墓葬。

从已经发掘的一号大墓看，秦国陵墓与商代陵墓有着明显的继承关系。这对于进一步研究战国陵墓、秦始皇陵以及从先秦至汉代陵墓制度的发展演变，都具有重要的意义。

在对秦公墓的考察中，人们感兴趣的一个问题是当时秦国君主的尸体是如何保存的呢？通过对雍城遗址的发掘，这个疑问得到了解答。1976—1977年，在凤翔姚家岗发掘了一座春秋时期储藏天然冰的库房——凌阴。《诗经·七月》中有"二之日凿冰冲冲，三之日纳于凌阴"的诗句，就是描写冬季储存冰块的劳动景象。可见西周早期已经有"凌阴"这种设施了。姚家岗的凌阴遗址像一个倒置的长方形棱台，实际上是一个大坑。坑底铺着片石，坑口四周有用于搬运冰块的回廊，回廊四面筑墙，上面有屋顶。通向凌阴的通道中装有五道横门，其作用是排除冰水，而且能隔绝室外暖空气对凌阴的影响。这座凌阴的容量很大，可以储存190立方米的冰块。这些冰块，除了夏天供统治者食用、降温以外，主要用于遇到丧事后冰尸防腐，等待安葬。因此，姚家岗的凌阴遗址可以说是我国迄今所见最早的卫生用冰储存遗迹。

位于雍城对面的北园，既是秦国君主的墓葬区，又是秦国贵族的狩猎场。《诗经·秦风》中的《驷驖》三章，就描写了秦国统治者在北园狩猎的情景。诗中以形象的语言描绘了秦君驾车驭犬、逐鹿其中的生动场面。秦国统治者对狩猎极为重视，因为它也具有军事训练的意义。当时，秦人曾写过许多赞美狩猎活动的诗，这不但是研究秦国早期历史的宝贵资料，也是我国古代文学宝库中的一颗明珠。秦国人把这些诗文刻在像鼓一样的石头上传之后世，这就是今天驰名中外的石鼓文。这是我国最早的文字石刻，它的文字在我国汉字发展史上占有重要的地位。唐代初期，古人才注意到了石鼓的重大价值，特别是经过中唐诗人韦应物、韩愈等人作诗称颂，更引起了世人的瞩目。但是由于年代久远，石鼓散失比较严重。唐人李吉甫在其《元和郡县图志》一书中说："石鼓文在县南二十里许"，这恰好是北园的所在地。我们期望在雍城的考古调查与发掘中，传来新的石鼓出土的消息。

雍城是秦国早期历史的一个见证，在这里，秦国的政治、军事实力和社会经济得到了比较迅速的发展，奠定了称霸中原的基础。当秦国凭借其雄厚的实力开始迅猛东进、与诸侯争雄之时，雍城则由于地理位置不能适应形势的需要，完成了它的历史使命，而让位给更加著名的秦都咸阳。

## 成语典故

### "东道主"的由来

公元前630年，晋文公利用秦穆公急于向东方扩张称霸的心理，借用秦的兵力，联合攻打郑国。秦晋两军将郑国首都围得水泄不通，指日可下。这时，郑国派烛之武出去解围。

烛之武半夜从墙上悄悄下去，见到秦穆公，对秦穆公说道："今天，郑国肯定要亡国了，如果郑国灭亡后有益于秦国，那也罢了，但郑国亡国对秦国没有任何好处，只是扩大了晋国的势力。晋国越强，对秦国的威胁就越大。如果保存郑国，在东方的道路上作为主人，则秦国的使节往来，郑国可以好好招待一番，何乐而不为呢？晋国贪得无厌，向东占据了郑国后，势必向西扩张，如果向西不侵占秦地，它从何处得到疆土呢？晋国之强是秦国之害，请您好好考虑吧！"

秦穆公听了烛之武的这番话语，越想越觉得有道理，于是，便撤回了包围郑国的军队。后世则借这一典故，把招待客人叫作"做东"，把待客之主叫作"东道主"。

# 秦国从此转折

战国时期，是我国先秦史上一个急剧动荡的时代。经过春秋以来的长期兼并战争，先后形成了齐、楚、燕、韩、赵、魏、秦七个势力较大的国家，史称"战国七雄"。当时，各诸侯国内部旧的奴隶制度已土崩瓦解，新的封建制度正在形成，社会制度发生着重大的变革。关东六国进行了一系列变法，例如魏国的李悝变法，楚国的吴起变法等，都致力于社会改革，促进了封建制度的确立。变法使它们的社会经济比春秋时期有了更大的发展，很快变成了头等强国。

这时候，地处关中的秦国还是老样子，地广人稀，发展缓慢。中原各国都瞧不起秦国，把它看成是落后国家，连诸侯会盟也不约它参加。魏国还多次进攻秦国，夺取了秦大片土地。

公元前384年，秦献公即位。他想改变秦国落后的境况，把国都从雍城（今

▶ 战国七雄形势图

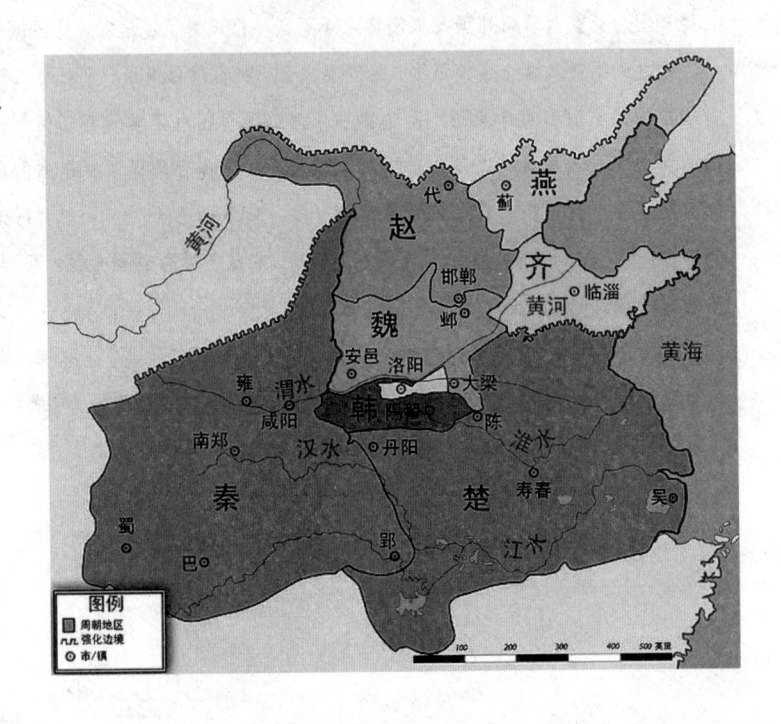

陕西省凤翔县）迁到了东部前哨的栎阳（今陕西省临潼区北），目的是便于向东方发展和接受关东六国比较先进的经济文化影响，摆脱旧势力的干扰，进一步整顿内部，加强国力。但是，秦献公还没有完全实现自己的抱负就死去了。

公元前361年，21岁的秦孝公嬴渠梁继位，他很想有一番作为，即位不久，就下了一道求贤令。在求贤令中，秦孝公追述了近百年中秦国兴盛与衰退的情况，表示要继承献公未竟之志，重振穆公之业，继续奋发图强，恢复秦国的霸业。并提出："谁能出奇计，使秦国富强起来，就封给他高官，赏给他土地"。

这道广泛招揽人才的求贤令一下，当时在魏国的商鞅便带着李悝写的《法经》，很快赶到了秦国。

商鞅本名叫公孙鞅，原是卫国的贵族子弟，所以也叫卫鞅。商鞅年轻的时候，非常热心地学习和钻研过李悝、吴起等人的法家学说，佩服他们从事改革的精神。特别是李悝的《法经》，对他影响很大。后来，因为他对秦国有功，秦孝公赐给他商（今陕西省商州区东南）这块地方为食邑，因此人们就习惯叫他商鞅。

商鞅起初在魏国做事，年纪轻，资历浅，又没有什么名望，所以得不到魏王的赏识和重用，只是在魏国相国公孙痤手下当一个叫作中庶子的小官。到秦国后，商鞅通过大臣景监见到了秦孝公。这时商鞅还不了解秦孝公的真正打算，便在第一次见面时，把道家学说讲说了一通，孝公根本不感兴趣，听得直打瞌睡。第二次，商鞅又求见孝公，改为大讲儒家学说，孝公仍然不愿意听，十分生气地对景监说："你的客人简直太迂腐了，我哪能用他呢！"可是商鞅却由此而摸透了孝公的思想，知道孝公是想使秦国尽快富强称霸，而不愿意顺着一般人的想法慢慢去实行德政王道。于是当商鞅第三次见到孝公时，就大讲自己最精通的"霸道"，也就是法家学说中的富国图霸之术。这一下可把秦孝公的心给打动了，俩人谈得特别投机，孝公对商鞅的话非常感兴趣，听着听着，不知不

"商"字瓦当 ▶

商洛商鞅塑像 ▲

徙木立信

觉地把身体都靠了过去。俩人连续谈了好几天，孝公还觉得没有谈够，觉得商鞅的"强国之术"对于秦国的振兴是行之有效的。于是，准备重用商鞅，改革秦国的制度，变法图强。

秦国的贵族和大臣们听说秦孝公要重用商鞅，改变旧的制度，纷纷出来反对，弄得孝公犹豫不决。当时秦国有一个惯例，凡是国君一时不能决断的大事，允许在朝廷上公开争论，以便国君择善而从。于是，孝公在栎阳宫召来反对变法的两个代表人物，与商鞅辩论变法的问题。这两个人一个叫甘龙，另一个叫杜挚，他们都是秦国的大夫。

在辩论中，商鞅首先针对秦孝公瞻前顾后的思想，直截了当地指出："若要变法，就不要怕有人反对，而要使国家富强，就必须变法。只要能够有利于国家和人民，就不要被旧的习惯和制度捆住手脚，更没有必要完全遵守老规矩。"秦孝公听了这番话，喜形于色，连声说"好，好！"可是，站在另一旁的甘龙却接着说："不对！按照老规矩来治理国家，官吏和百姓都很习惯，不会出现乱子，如果要改变法度，不守旧制，恐怕天下的人都会议论国君的长短，希望你好好想一想。"商鞅反驳说："这完全是一派世俗之言。平常人总是安心于旧的习惯，而那些学究们又往往局限于那一套听熟了的老框框，这两种人只会墨守成规，根本不能和他们谈论变法的大事。"另一个守旧派杜挚沉不住气了，急忙站出来说："依我看，没有百倍的好处，不可以变法；没有十倍的功效，不可以改制。遵守古法不会有过错，依照旧礼不会出偏差。请国君三思，千万不可轻举妄动！"商鞅听了这些话，针锋相对地反驳说："治理天下不能只按一个道理，为了国家富强兴盛，不一定非要效法以前那一套。

何况各个时代不同，你效法哪个古人？历史在不断前进，你遵循什么时候的礼法？"接着，商鞅提出了"变法要有决心，违反古制，不一定受到非议；四平八稳，因循守旧，也不值得赞扬。"商鞅这一席话，说的甘龙、杜挚张口结舌，无法对答。秦孝公对商鞅大加称赞，并坚定了变法的决心，任用商鞅为左庶长，开始着手进行改革。

公元前359年，商鞅在秦孝公支持下制定了变法令。在公布新法之前，商鞅担心人们不相信，就在栎阳城的市场南门立了一根三丈长的木头，并宣布，谁能把这根木头搬到北门，就赏给他十金。这么大的赏额，使人们莫名其妙，看热闹的人越围越多，就是没人敢动一动。过了中午，商鞅又宣布，谁能搬走赏额再增加五倍。大家更疑惑不解了，有一个人大着胆子把木头扛到北门口，商鞅立即当众赏给他五十金，表示令出必行，决不相欺。这件"徙木赏金"的新鲜事，很快就在秦国传开了，大家都知道了商鞅执法如山，说话算数。这时，商鞅从容不迫地陆续颁布了变法令。

新法的主要内容：第一，废除旧的世卿世禄制，按军功确定爵位和等级；第二，重农抑商，鼓励耕织；第三，奖励军功，禁止私斗；第四，实行编户制和连坐法；第五，鼓励个体小农经济。

新法令一条条公布以后，国都里议论纷纷，好像一次狂风袭击，把奴隶主贵族们祖传的高官厚禄、富贵荣华、世袭特权一下子都给刮走了。这引起了旧贵族们的疯狂反对。在栎阳城里就有上千个旧贵族公开反对新法。太子驷那时还很小，他的两个师傅公子虔、公孙贾故意唆使他犯法。为了保证新法的贯彻执行，商鞅毫不犹豫地下令将公子虔处以刑罚，在公孙贾脸上刺字，并在渭河边一次就杀了

▼ 废井田　开阡陌

700多个反对新法的贵族，还把随便议论新法的人流放到边远地区。这样，再也没人敢对新法说三道四了。商鞅的新法推行十年，取得了显著的成效，秦国出现了道不拾遗、城乡大治的局面，并开始日益强盛起来。

因为商鞅变法有功，秦孝公又提拔商鞅担任了秦国最高的官职——大良造。公元前350年，秦国把国都迁到了咸阳，商鞅在这里又开始了第二次变法，把政治、经济上的改革进一步推向深入。这次变法的内容主要有：第一，在全国设立了31个县，推行县制；第二，废井田，开阡陌，奖励垦荒，承认土地私有，允许土地买卖；第三，统一度量衡，促进国内经济联系；第四，制定刑律，公布全国；第五，焚烧儒家诗书，禁止到处游说求官。这些法令在当时具有重大的意义，它使封建制在秦国确立下来，改革成果得到巩固，同时使封建经济得以迅速发展。秦国从此变成了战国七雄中首屈一指的强盛国家，别的诸侯国再也不敢小看秦国了。据史书记载，商鞅变法以后"秦民大悦"、"家给人足"、"乡邑大治"，秦国"兵革强大，诸侯畏惧"。这在一定程度上反映了秦国由弱变强、由落后到先进的一片生气勃勃的景象。

商鞅的第二次变法，同样遭到了旧贵族的激烈反对，他的冤家对头更多了。公子虔再度犯法，被商鞅割掉鼻子。有一天，一个叫赵良的人来见商鞅，他指责商鞅变法是"积怨蓄祸"，奉劝商鞅道："你还不如早点让位，退还封地，拣个偏僻的地方种种地，浇浇花，也许还能保全生命，要不然，你的下场可危险哪！"商鞅没有理睬他这些话。

后来，秦孝公得了重病而死，太子驷即位，即秦惠文王。他本来就同商鞅有私仇，公子虔的手下又乘机诬告商鞅要谋反，惠文王于是下令逮捕商鞅。听到这个消息，商鞅化装成老百姓模样，打算跑到别国去。到了边境一家客店，商鞅要投宿，但是店主人却说："根据商君之法，你没有证件不能留宿。"这件事，给后世留下了一个"作法自毙"的成语。

商鞅又想逃往魏国，可是他以前是从魏国逃至秦国的，在秦国时，商鞅曾率军大破魏军，活捉了魏军统帅公子卬，吞并了魏国的河西之地，魏国非常仇恨他，所以也不准他入境。商鞅没有办法，只好回到自己的封地商邑，准备起兵反抗，结果兵败被俘，不仅商鞅本人被用残酷的"车裂"之刑处死，他的家族也同时被害。商鞅之死，只是地主阶级内部的矛盾所致，他制定的代表封建制度的那些法令，却没有被废除。因此，商鞅虽然死了，变法的成果却保留下来，在我国历史上留下了深远的影响。

## 帝王广厦千万间

秦孝公十二年（公元前350年），秦国为了便于沿渭河东出函谷关进取中原，克服栎阳地理位置偏北、离渭河较远的缺陷，将国都由栎阳迁至商鞅主持督造的咸阳。新都咸阳成为秦国东进发展的中心。其建都之初，规模就十分宏大。公元前221年，秦统一全国，作为国都的咸阳，更成为当时全中国最大的城市和政治、经济、文化中心。

咸阳地处九嵕山之南，渭河之北。古人把山的南坡和水的北岸称为"阳"，咸阳就是皆占山水之阳的意思。这里倚山面水，地形险要，利于防守；土地肥沃，漕运方便，具备发展成为大城市的条件。而地处今临潼区北的栎阳，四周无名山大川，难于防守，取水不易，地多盐卤，在城市发展上受到很大的限制。作为都城来说，咸阳的地理条件显然比栎阳更为优越。

秦咸阳故城，在今天咸阳市东北约10千米。今天所能探测到的，大致包括以窑店地区为中心，占地约45平方公里这样一个范围。关于秦咸阳城的建制布局，史书没有直接明确的记载。2000多年来，渭河河道向北迁移约有4千米，临河而建的咸阳城逐渐被河水冲毁，考古工作者至今还没有找到咸阳的城垣遗址。所以，今天要确切地了解咸阳城的具体布局，已经十分困难。但是，我们可以根据史书的有关记载和其他考古发现，

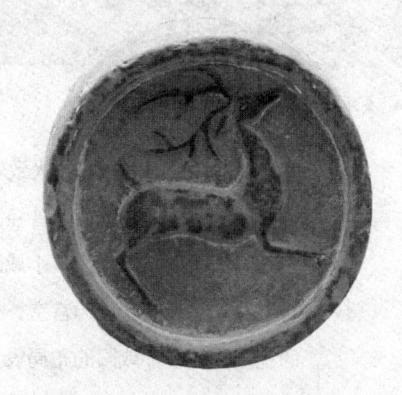

▲ 秦国瓦当

▲ 秦砖

▲ 秦咸阳宫一号宫殿复原图

间接地推知咸阳城布局的大致轮廓。

　　秦惠王在灭蜀以后，曾经派张仪按咸阳的建制布局修筑成都城。由于成都城"与咸阳同制"，所以被称为"小咸阳"。另外，《吕氏春秋·安死篇》在谈到秦的陵寝制度时说："其设阙庭，为宫室，造宾阼也，若都邑。"秦始皇陵园便是按照"事死如生"的礼制，仿秦都咸阳的布局设计的。从对秦成都城的记载和对秦始皇陵园的探测可以推知，秦咸阳城由小城和大城结合组成，小城是王城，大城是居民区。按当时的礼制，以西方为尊，即《礼记》所说的"南向北向，西方为上"，所以小城建在大城之西，它的东城墙就借用大城的西城墙。据《华阳国志》一书记载，秦成都城"周围二十里，高七丈"。那么，咸阳城的规模应该比其更大，城墙也应更高。秦二世曾经打算将咸阳城墙全部用油漆漆一遍，宫内的侏儒优旃讽刺他说："好啊！漆城费用浩大，虽然老百姓会为此而发愁，但的确是件好事情！漆城以后，会显得更加气势浩大，敌人来了，必然会被吓得不敢攻城。即使他们真敢爬城而上，也会沾上一身漆的。就是一件事麻烦，荫干油漆的房子太难盖而已。"秦二世这个荒唐的想法并没有付诸实施，但从优旃的话中不难想象，咸阳的城墙是十分雄伟的。咸阳城四面有门，据《史记》记载，秦大将白起就是在距咸阳西门约五公里的杜邮被迫自杀的。

　　汉长安城出西头第一门名横门，出横门渡横桥达渭水北岸，有棘门。据《水经注·渭水》条引孟康曰：棘门为"秦时宫门也"。棘门所处的方位，说明秦咸阳城的西南部建有宫殿。根据秦始皇陵墓位于整个陵园的西南部，以及汉承秦制，汉的朝宫未央宫也位于汉长安城的西南部来推断，位于秦咸阳城西南部的这座皇宫应是咸阳宫。宋敏求《长安志》也说："长安盖古乡聚名，在渭水南，隔渭水北对秦咸阳宫，汉于其地筑未央宫。"

可见，咸阳宫临近渭水，南对未央宫，其方位正处于秦咸阳城的西南角。为什么秦汉皇帝之居要选择西南方位呢？原来，当时的人们认为，世界以西北为乾，西南为坤，乾代表天，坤代表地，西南在十二支中又属于"未"，所以"未央"便是地的中央之意，而地上的皇帝自然要在所谓地的中央来建造他们的朝宫了。

秦阿房宫以宫北磁石门为正门。汉未央宫以北阙为正门，咸阳宫也应与它们相同，以北阙为正门。咸阳宫的北阙门称为"冀阙"。冀在古代九州中指中国北部正中的地区，阙是当时皇宫专设的门观建筑，它建在宫门之前，夹上朝的大道左右而立，下为高台，上起楼观。冀阙是咸阳城中重要的建筑物，商鞅变法的新法令就是在冀阙的墙上公布以晓喻天下的。

咸阳宫内部的情况，在《史记》关于荆轲刺秦王的记述中尚可窥知一二。公元前227年，秦王嬴政听说燕国使者荆轲携带秦逃亡将领樊於期的首级和准备割让的燕督亢地图前来向秦国称臣，他感到十分高兴，下令在咸阳宫陈设珍藏的文物宝器，以最隆重的礼仪接见燕国使者。咸阳宫殿前的广场和台阶上，排满了全副武装的宫廷侍卫。这浩大的场面和威严的气势，吓坏了荆轲的副使秦舞阳，当他踏上咸阳宫正殿高高的台阶时，已经两腿发抖，面无人色了。进入宽敞的殿内，文武百官按部就班，分列左右。秦王着朝服，端坐在中央宝座上。他接过荆轲所献地图，铺开来观看，当地图展开到卷末时，藏在里面的匕首露了出来，荆轲抢上前去，左手扯住秦王的衣袖，右手抄起匕首就照他胸口刺去。秦王吃了一惊，猛地抽身而起，挣断了衣袖，急忙去拔佩剑，由于剑长，仓皇中怎么也拔不出来。荆轲追杀秦王，秦王绕柱而跑，最后在大臣们"王负剑"的提醒中，秦王把剑推至背上，才反手将剑拔了出来。他一剑下去，砍断了荆轲的左腿。荆轲倒地，将匕首向秦王掷去，只听见"啪"的一声，火花四迸，匕首没有击中秦王，却打在他身后的铜柱上。秦王与众卫士上前，乱剑砍死了荆轲。在这一事件的描写中，我们可以由秦王绕柱而跑，想见殿柱的粗壮，从而想见咸阳宫的宏伟高大，并且也可以从殿柱为黄铜铸就，想见咸阳宫是何等金碧辉煌。

在咸阳的大城里，有纵横排列的大道，大道两旁是整齐的居民区。城内东部，有店铺林立的商业区，称为"市"。市有市门，吕不韦当年组织门客编成《吕氏春秋》一书，就是公布于市门上，以"易一字赏千金"来炫耀自己的权势。这里也是朝廷处决重要犯人的地方，丞相李斯和秦二世的兄弟12人，都在这里被处死示众。城外的西北地区，发现有秦代的陶窑和冶铜、炼铁、制陶等作坊遗址，说明这一带是秦咸阳的手工业作坊区。

▲ 秦咸阳宫驷马拉车壁画

　　秦始皇即位以后，对咸阳城进行了大规模的扩建。在咸阳城北的原上，建造了以湖光水色著称的兰池宫。兰池水引自渭河，池中按神话传说筑有蓬莱、瀛洲等岛屿。池边有大型石刻鲸鱼，据说有200丈长。一天晚上，秦始皇身穿便服，带了四名随身武士在咸阳察看民情，行至兰池宫时，突然遇到了强盗。始皇为强盗所逼，情况十分危险，幸而随行武士奋力搏斗，才将强盗杀死。秦始皇为此事曾下令在关中大索二十日，捕拿强盗的同党。

　　在统一六国的战争中，每攻灭一国，秦始皇就让人在咸阳原仿建一座该国的宫殿。这些六国宫殿建筑形式各具特色，为咸阳城增添了浓郁的异乡情调。考古工作者曾对咸阳北原的秦宫遗址进行了部分发掘，了解到这些建筑在夯土高台上的宫殿分为三层，上层为大殿，中层和下层为便殿、廊房和服务役所。

　　渭河南岸有秦的上林苑，其范围大致包括今西安市郊和所属渭河南岸的几个县。秦灭六国以前，苑中有秦的祖庙和章台宫等建筑，蔺相如完璧归赵的故事，就发生在章台宫内。统一全国后的第二年，就像生前为自己预建陵墓一样，秦始皇在上林苑中为自己修建了宗庙。这组宫殿式建筑先称"信宫"，后改称"极庙"。极庙内长年奉献着全国各地的特产，并按时杀牲供祭。从极庙专门修了一条驰道，连通骊山的秦始皇陵，便于秦始皇死后的灵魂从陵寝中到宗庙去接受祭祀的典礼。后来，秦二世在召集群臣议尊始皇庙时，又将极庙改称为"帝者祖庙"。

　　秦始皇还在今西安西北郊阁老门一带，营建了兴乐宫。兴乐宫中的鸿台，高达40丈，秦始皇在台上弯弓射雁。汉代改兴乐宫为长乐宫。

秦始皇三十五年（公元前212年），开始大规模营建阿房宫。阿房宫是中国建筑史上空前壮丽的宫殿建筑群，前殿遗址在今三桥镇以南，地理位置正好处于扩建后秦咸阳的西南角。秦始皇曾经准备在阿房宫建成后，将政权中枢移到这里来。

秦始皇还打算将专供皇帝游猎的上林苑，向东扩大到函谷关，向西扩大到今凤翔、宝鸡一带。优旃讽刺他说："好极了！多放些禽兽在苑内，敌人从东方来，让麋鹿用触角就足够抵抗他们了。"秦始皇听了优旃的话，才打消了扩苑的计划。

在咸阳周围，秦的离宫别馆星罗棋布，共计有270处。其中比较著名的，有今淳化的林光宫、三原的曲梁宫、泾阳的望夷宫、咸阳塔尔坡的雍门宫、临潼的步寿宫与步高宫、西安曲江的宜春宫、户县的萯阳宫、周至的长杨宫、凤翔的蕲年宫等。这些宫殿都有复道、甬道相连。咸阳城外数十里内，道路纵横交错，交通十分便利。

在渭水上有横桥飞渡，将南北两岸连接起来。横桥是我国文献记载中渭河上最早的桥梁。《三辅黄图》说秦始皇时代，"渭水贯都，以象天汉"，意思是说渭水穿城而过，就像银河横贯天空一般。这说明当时的咸阳，已经发展成为一座地跨渭河两岸的大都市了。

咸阳的人口已不可考。据史书记载，六国亡后，为了便于对各亡国贵族进行

▼ 阿房宫前殿遗址

直接控制，秦始皇迁徙了天下富豪12万户到咸阳定居。这些富豪大户，三妻四妾，奴仆成群，如果按每户五口人这个比较保守的数目计算，也得60万人。加上咸阳原有的人口数，则秦始皇时代，秦都咸阳大约共有100万的人口。

刘邦入关以后，立刻被秦都咸阳的豪华建筑和壮丽景象所吸引，准备住进咸阳宫。张良劝谏说："因为秦君无道，您今天才能到此地。现在您刚入咸阳，便要学着秦君的样子寻欢作乐，这就是所谓的助桀为虐。"刘邦被张良提醒，想到天下未定，不能失掉民心，便查封了咸阳国库财宝，率军退守霸上。时过不久，项羽入关，纵兵血洗咸阳，将财宝美女掳掠一空后，放火焚烧秦的宫室，大火整整延续了三个月还没有熄灭。繁华的秦都咸阳，就在这场人为的火灾中毁灭了。

从秦孝公迁都咸阳起，中经惠王、武王、昭王、文王、庄襄王、秦始皇直到胡亥时秦朝灭亡，秦都咸阳先后被经营了144年之久。它是我国第一个统一的封建王朝的首都，是当时我国最大的城市。作为政治、经济、文化的中心，许多重大的历史事件在这里发生和演变，直接影响了全国局势的发展和变化。因此，在中国社会发展史和城市发展史上，秦都咸阳都占有重要的地位。

## 成语典故

### 秦镜高悬

据《西京杂记》载：秦始皇有一方镜，宽四尺，高五尺九寸。据说该镜十分奇异，里外均可照人。人直来照之，则人影倒现。如果以手扪心而来照之，则可以看见肠胃五脏。如果人体内有疾病，则掩心照之，立即可知疾病所在。如果妇女有淫邪之心，用该镜照之可见其胆张心动。传闻秦始皇常以该镜照宫人，如有胆张心动者则杀之。后来，人们借其明察隐情之意，衍化为"秦镜高悬"这一成语，用于称颂审案断狱不枉不纵。

# 焚书与坑儒

公元前221年，秦王嬴政凭借强大的军事实力翦灭六国，建立了我国历史上第一个统一的、多民族的、封建专制主义的中央集权国家——秦王朝。为了巩固秦王朝的统治，他在登基以后的第四年和第五年，采取了一项残暴的措施，来加强对思想、文化的封建专制，这就是在中国历史上一直引起人们的愤恨、震惊和批判的焚书坑儒。

秦始皇为了维护和加强封建大一统的专制制度，不仅在政治上建立起一套完整的封建统治体系，还实现了文字、度量衡、货币、法令的统一，修筑了驰道和长城。但是，春秋战国以来，百家争鸣，各种不同学说广泛流行的状况还在延续，儒、墨、道、法等各派不同的政治思想还在全国传播着。一些儒生方士引经据典，议论朝政，对秦始皇进行诽谤和攻击。这一切，同已经建立的全国统一政权是不相适应的。于是，作为地主阶级总代表的秦始皇，运用封建国家机器的威力，焚书坑儒，企图以此达到统一思想的目的，进而保证统一政权的其他措施的贯彻执行。

焚书坑儒的导火线，发自一次宴会上的辩论。秦始皇三十四年（公元前213年），嬴政在咸阳宫中设宴，庆贺自己北筑长城、南戍五岭，实现了全国安定统一的功绩。当时，博士们都上前祝贺。仆射周青臣说："过去，秦国不过千里之大，现在，靠陛下您的英明和神圣，平定了海内四方，赶走了蛮夷。您像天空中的太阳和月亮，您的光芒所照的地方，没有不臣服的。如今天下安乐，没有战争，您的江山必然会万世相传。从上古到现在所有的帝王中，没有一个人能达到您这样的威德啊！"秦始皇听了这段恭维话，心中非常舒服，十分得意。但是，就在这时，博士淳于越却唱起了反调，他引用诗书，以古论今，说："我认为，殷周帝王的基业都达到一千多年，这是因为他分封了自己的子弟和功臣作辅助的缘故。现在陛下统一了全国，没有封子弟为王，没有人辅助您，这怎么行呢？做事不以古人为师而想长久，我没听说过。现在，周青臣又当面恭维您，这是加重您的过错。他阿谀奉承，不是个忠臣。"这番话，给正在兴头上的秦始皇泼了一瓢冷水。他心里很不高兴，于是，就把这种意见传下去，让大臣们讨论。这时，已经当了丞相的李斯说："古代五帝不是互相重复的，夏、商、周三代也不是一成不变的，每个朝代都有各自的治国方针，这并不是它们要互相抵触，而是因为时代变了，政治制度也要随着变化。现在，陛下创大业，立大功，建立万世的基业。对于这些，愚蠢的儒生们是理解不了的。淳于越所说三代的事，有什么可以学习的呢？过去，诸侯分立，互相争霸，所以用很多钱招聘有知识的人来游说。现在，天下统一，法令应该出于一家，这就是皇帝的意志。百姓应该努力务农做工，学者应该学习法令。这些博士不以今天为榜样，而去赞颂古代的东西，诽谤今世，迷惑人民。我认为，现在的这些学者私下传授学问，非议朝政，让人民听了，就会引起思想混乱，街谈巷议，颂古非今，如果不加以禁止，皇帝的权势就要下降，结党营私的现象就会出现。"但怎么禁止呢？李斯的具体意见：历史典籍，不是《秦纪》的一律烧掉；全国民间所有收藏的诗书百家著作，都交到各郡的治所，由郡守统一烧毁；如果胆敢互相谈论诗书，就要杀头；以古非今的要灭族；令下之后，30天内不烧书的要判罪；有想学习法令的，以官吏为教师；医书、药书、卜卦、种树的书可以不烧。

秦始皇批准了李斯的这个建议。焚书的命令一下，全国各地，烈焰腾空而起，许多先秦典籍和当时的著作，就这样被大火吞没了。唐朝罗隐在《焚书坑》一诗中说：

千载遗踪一窖尘，路旁耕者亦伤神。

祖龙算事浑乖角，将谓诗书话后人。

烧书的地方在哪里？根据《史记》所记，当时，诗书是由各郡的郡守和郡尉负责收齐后烧毁的。因此，遗迹应该遍布全国。西安市附近，秦时属内史地，烧书的地方究竟有多少处，已经不可查考了。宋朝人宋敏求写《长安志》时，曾见到过渭南县西南五里有一个地方，叫灰堆，高三丈，周围一百步，相传是秦代烧书的地方之一。

焚书后的第二年（公元前212年），方士卢生和侯生私下认为秦始皇贪于权势，刚愎自用，专任狱吏，虽有博士而备员不用，大臣百官尽畏于刑杀而不敢尽忠，不可相处，两个人就逃走了。秦始皇知道以后，大发雷霆。再加上他原先曾经派方士徐市（福）等人到海外去求长生不老的仙药，也一去不回，使他更为恼怒。他说："我召集这批儒生、方士，是想用他们来使国家太平，给我求长生之术。但是徐市给我求不死药，费了很多钱也没有得到。

我待卢生这伙人也不错,他们还在底下说我的坏话。我派人考察儒生方士,发现他们妖言惑众,扰乱人心。"于是,他派御史追查、审问这些儒生、方士,将查出的"犯禁"者共460多人,全部坑于咸阳。

还有一种说法是,秦始皇让人冬天在骊山硎谷的温泉边种上瓜,使瓜在温室条件下长大,同时召全国儒生700多人去实地考察,说出为什么冬天还能结出瓜的道理来。正当这伙书生气十足的儒生们争议不休时,早已埋伏好的军队向他们射出无情的长箭,厚厚的黄土又将他们永远埋在了山谷之内。

因此,汉代人关于坑儒的数字有两说:一说坑了460多人,一说坑了700多人。也有人认为是坑了两次,一次在咸阳,一次在临潼,所以有两个数字。据有关材料记载,现在西安市临潼区西南10公里的洪庆堡,

▼ 秦坑儒谷遗址

可能与坑儒的地点有关。汉代把这里叫愍儒乡，唐代叫旌儒乡。唐玄宗时，还在这里修了一座庙，叫旌儒庙，立有《旌儒庙碑》，由贾至撰文，大书法家颜真卿书碑。到了宋朝，这个地方叫横坑，但《旌儒庙碑》已经不见了。宋代大中祥符三年（公元1010年），按照原碑文字，又另刻了一面碑文。这面碑石在"文化大革命"中被毁掉了。清朝时，这个地方叫灭文堡，中华人民共和国成立前叫兴文堡，现在叫洪庆堡。近年来，在这个地方发现了不少秦汉时期的文物，有带字的瓦片、筒瓦、板瓦、铁器、铜器，还发现有唐代的一尊石雕文人像，可能是旌儒庙的遗物。

秦始皇的焚书与坑儒，反映了封建统治阶级为了达到政治上的统一，在思想文化领域所采取的专制主义措施。战国时期，各国君主曾因为各种思想流行有碍于自己的政权的巩固，所以提出要"皆去其籍"。秦孝公时，商鞅在变法时便提出"燔诗书而明法令"。以后，历代帝王为了统一思想，都曾采取过不同的方式排斥、打击不利于自己统治的学说，镇压有不同看法的书生。汉武帝采取"罢黜百家，独尊儒术"的措施，明清王朝有严酷的文字狱。这些同秦始皇的焚书坑儒都是一个性质，即为了维护自己王朝的统治，而采取毁灭异端思想文化的专制手段。

秦始皇的焚书与坑儒，是封建专制主义从一开始就带有愚昧和残暴性的具体表现。它的目的是为了推行愚民政策，维护封建王朝的统治。然而结果恰恰相反，"坑灰未冷山东乱，刘项原来不读书"，残暴的统治，反而使阶级矛盾和社会矛盾更快激化。焚书坑儒后没有几年，就爆发了陈胜、吴广起义。连孔子的后裔孔鲋，也怀抱祖先的典籍投奔了农民起义军，并当了农民军的博士。秦王朝迅速覆灭于农民大起义的烈火之中，焚书与坑儒事件，应该是引起这熊熊大火的原因之一吧。

## 秦代的驰道与秦始皇出巡

公元前220年，就是秦刚刚统一之后的第二年，秦始皇便下令以京都咸阳为中心，修筑通往全国各重要城市和边境地区的驰道。命令一下，各地郡县迅速调集了几十万苦役，日夜加紧筑路施工。在皮鞭的笞责和剑戟的威逼之下，在夏日酷灼的骄阳和冬天凛冽的寒风之中，成千上万的劳苦大众，逢山开路，遇水搭桥，用他们的辛勤汗水和累累白骨，筑起了对当时政治、经济、军事都有重要意义的四通八达的陆上交通网。

根据有关资料统计，秦代著名的驰道共有九条，其中以咸阳为中心的驰道有：出今高陵通往今河北、山东的东方道；出今陕南通往湖北的武关道；出秦岭通往

▼ 秦直道发掘现场

秦直道遗址

今四川的栈道；出陇县通往今宁夏、甘肃的西方道；出淳化通往今内蒙古的直道。直道由大将蒙恬监修，起自咸阳，终止九原，全长1800里。它的修建，是为了一旦北方的劲敌匈奴南下侵扰，中央能够以最快速度从京师调兵增援边防。另外，今云南、贵州地区也修筑了五尺道。在进兵百越时，修筑了攀越五岭的新道。

据《汉书·贾山传》记载：秦代驰道的规格"道广五十步，三丈而树，厚筑其外，隐以金椎，树以青松，为驰道之丽至于此"。秦代以六尺为一步，也就是说，除山路外，驰道一般宽300尺（约合今69米），道两边用金属椎夯筑有厚实的矮墙，每隔三丈距离，种植一棵青松。驰道筑成后，青松栉比排列，绿荫相接，亭亭如盖；路面宽展坦荡，笔直伸延，直达天际。千里驰道，景象壮观，这确是秦代劳动人民的一个伟大创造。

驰道的修筑，是秦始皇加强统一的重要措施之一，它对于消除封建割据，加强中央集权，发展封建经济和文化，都有重要意义。然而，对于秦始皇本人来说则主要是利用驰道"亲巡天下，周览四方"，到全国各地去耀武扬威，向海内百姓炫示他不可一世的赫赫皇威，以加强和巩固他的统治。同时借机寻仙访道，觅求长生不老的仙药，企望千秋万代做天下的主人。

从公元前220年开始，在十年的时间里，秦始皇就沿着这些驰道频频出巡达五次之多，并且最终死在出巡的路上。五次出巡的具体路线：第一次由西方道巡行至北地、陇西，回来时仍走西方道。第二次由东方道巡行至峄山、泰山、琅邪山、湘山等地，回来时走武关道。第三次由东方道巡行至芝罘山、琅邪山，回来时走临晋道。第四次由东方道巡行至碣石、长城，回来时走上郡道。第五次由武关道巡行至会稽山、琅邪山、荣成山等地，西归时秦始皇在今山东省平原县黄河渡口得重病，行至今河北省广宗县的沙丘平台时病死。出巡队伍在胡亥与李斯、赵高的指挥下绕道九原由直道回到咸阳。

秦始皇出巡的场面是极其排场的。他笃信战国时齐人邹衍的"五德终始说"，自谓秦得水德，故而"衣服旄旌节旗皆尚黑"。他的出巡车队，即以黑色为主调。车仗的最前列以辟恶车开道，专管皇帝车驾的太仆站在车上，手执桃弓苇矢，以驱除不祥。接下来是担任警戒的羽林铁骑兵，前后护卫着皇帝的车驾。秦始皇头戴通天冠，身着帝服，足登望仙鞋，手按太阿剑，端坐在六匹骏马挽驭的金根车上。金根车后，备有供皇帝立乘的五色高车和卧乘的五色安车，各驾四马，其后有属车八十一乘，由文武随员分乘。属车均蒙有虎皮，最后两辆上悬以豹尾。这个长长的出巡队伍宛如一条游龙，在宽阔的驰道上迤逦行进，气势的确十分肃穆而壮观。无怪乎后来泗水亭长刘邦远远望见秦始皇的出巡仪仗时，想当皇帝之心油然而生，他无比羡慕地叹了一口气说："男子汉大丈夫就应该是这个样子！"

秦始皇是一位极端迷信的人，在出巡途中，他导演了一系列虚妄荒诞的迷信活动。他第二次出巡登泰山，是为了行封禅礼，祈求天地对秦王朝的保佑。"封"是在泰山上积土为坛祭天，"禅"是在泰山旁边的梁父山上辟地为坛祭地。秦始皇行过封礼以后，从泰山上下来，突遇暴风雨，幸而附近有一棵枝繁叶茂的大松树，他躲在其下，才没淋成落汤鸡，他便认为此树有心护驾，功劳不小，特下诏封此树为"五大夫"。车驾到达琅邪，有齐国人徐市上书，说渤海中有蓬莱、方丈和瀛洲三座神山，山上有黄金白银造成的宫阙，里面住着专炼长生不老丹的仙人。秦始皇对此深信不疑，立即派徐市带领童男女数千人，入海寻仙药。出巡车队路过彭城（今徐州）时，听说周朝的九鼎沉没在泗水中，秦始皇便斋戒祈祷，派千名水手下河打捞，结果一无所获。找不到九鼎踪影，他心里总不踏实，因为自古以来，九鼎是政权的象征，谁拥有它，就意味着谁

▲ 秦始皇东巡雕塑

拥有天下的权力。他回到咸阳后，用著名的和氏璧，制了一方镌有"受命于天，既寿永昌"八个篆字的玉玺，代替九鼎象征政权，这就是历史上有名的传国玺。秦始皇南下乘舟渡长江，到洞庭湖畔的湘山祭祀湘君。渡江时正值风急浪大，几乎无法靠近南岸。秦始皇问身边的博士，湘君是什么神？这位博士回答说，湘君是古代舜帝的两位妃子娥皇和女英，她们听说舜帝病死在苍梧的消息后，便投湖自尽，死后埋在湘山。秦始皇闻言大怒，心想我身为统一江山之主，这等小神也竟敢兴风作浪，阻挡我的去路，便下令派3000刑徒将湘山上的树木全部伐光，表示惩罚湘神，以儆效尤。

秦始皇在第四次出巡途中，又先后打发卢生、韩终、侯公、石生等方士去寻找仙人，求取长生不老之药。

秦始皇第五次出巡到琅琊，徐市两手空空，从海上归来见驾。几年来，耗资几万而仙人仙药还是茫然，徐市生怕秦始皇降罪于他，就编谎说："臣渡大海，蓬莱仙山已经遥遥在望，但几次被大鲛鱼所阻，不能靠近。请陛下选派神箭手与臣同去，射死鲛鱼，方可成功。"秦始皇不但又一次相信了徐市的鬼话，派他携带捕鲛网具再次出海，甚至给自己也准备了连射的弓弩。他沿海北上，千里迢迢不无耐心地寻找大鲛鱼，从琅琊到荣城，从荣城到芝罘，好不容易碰上了一条鱼，秦始皇弯弓搭箭,将其射死。他高兴万分,自以为长生之药不久就会到手,岂不知徐巿自忖再难蒙混过关,早已带领着童男童女以及百工,携带五谷种子,扬帆出海,一去不复返了。传说徐巿东渡到了日本,弃舟登岸,率领部下在澶洲定居下来,以后繁衍生息,蔚为日本的一大部族。

秦始皇在出巡途中,凡过名山胜地,如经峄山、泰山、碣石、芝罘、琅琊、会稽等处,无不立石勒铭,为自己歌功颂德。他那"天之骄子"妄自尊大、踌躇满志的情态溢于辞表。例如琅琊刻石上这样写道:

皇帝之明,临察四方。尊卑贵贱,不逾次行。奸邪不容,皆务贞良。细大尽力,莫敢怠荒。……六合之内,皇帝之土。……人迹所至,无不臣者。功盖五帝,泽及牛马。莫不受德,各安其宇。

大意是说:我以皇帝的圣明,亲临视察四方。尊卑贵贱各有等级,没有人敢超越界限。不安分守己的奸邪刁民绝不宽容,老百姓都已做到忠君驯良。无论大事小事都在尽力而为,谁也不敢怠慢违抗。普天之下,都是我的土地,四海之民,都是我的臣仆。我的功德盖过五帝,我的恩惠泽及牛马。老百姓无不受到我的好处,他们都安居乐业。

天下苦秦,怨声载道,高高在上做皇帝的秦始皇哪里知道这些。正当他自以为秦王朝的统治固若金汤的时候,一场吓破秦皇之胆的行刺事件在博浪沙发生了。

位于今河南省原阳县的博浪沙,地形险要,人烟稀少。在秦始皇第三次出巡途中,其祖五世相韩的贵族子弟张良为报亡国之仇,以重金买通了一名力士,他们随身携带120斤重的大铁锤,埋伏在驰道旁。秦始皇东巡车队的辘辘响声由远及近,力士放过前卫,跃身而起,将铁锤向目标掷去。这时正值风沙骤起,天昏地暗,轰然一声,铁锤误中了秦始皇身后备用的空车。等羽林军反应过来,一齐向铁锤飞来的方向追去时,张良和力士早已在风沙弥漫的掩护下,逃得无影无踪了。秦始皇这一惊非同小可,他立即下令在全国进行持续十日的大搜捕,结果连刺客的姓名也没查出来。

秦始皇第一次出巡过会稽,项羽和他的叔父项梁也在观望的人群中看热闹。当看到耀武扬威的秦始皇时,项羽妒愤不平地说道:"彼可取而代也。"就在秦始皇死后仅仅一年,即公元前209年,陈胜、吴广在大泽乡揭竿而起,点燃了我国历史上第一次大规模农民起义的烽火。三年之后,沿着秦始皇修筑的武关道和东方道，刘邦和项羽相继率兵进入关中，推翻了秦朝的统治。

秦始皇修驰道巡游天下，一没有达到千秋万代帝业永传的目的，二没有找到梦寐以求的长生不老之药，但却便利了秦汉时代的交通，在促进全国经济、文化的交流发展，开发边远山区和巩固边防等方面，起到了重要的作用。

### 小资料

#### 秦离宫别馆

秦国在关中建国立都，经营多年，形成了一大批离宫别馆。秦始皇统一后又大兴土木，广修宫殿。因此，关中的秦代离宫别馆不可胜数。其中较为著名者有：

蕲年宫：位于秦雍城之外。据考古调查判定，蕲年宫遗址在今凤翔县长青乡孙家南头的堡子壕，是秦的祭祀用宫殿。秦王政成年后开始亲政的加冕礼就曾在此举行。

棫阳宫：位于秦雍城区，据考古调查判定，棫阳宫在今凤翔县城南的南古城、东社、史家河一带的范围内。秦王嬴政平定嫪毐之乱后，即把他的母亲软禁于棫阳宫。

长杨宫：位于今周至县终南镇的竹园头村附近，是专为秦王狩猎而修建的离宫。

梁山宫：据考古调查，梁山宫位于今乾县乾陵西北瓦子岗，是秦始皇修建的避暑离宫。秦始皇曾在此看到丞相李斯车骑过奢而流露不满。

兰池宫：据考古调查，位于今咸阳市东秦都宫殿区遗址附近的柏家嘴。秦始皇曾在此遇"盗"。

望夷宫：位于今泾阳县余家堡东北，北临泾水，南望咸阳，距咸阳一号宫遗址八公里。秦二世即被赵高之婿阎乐逼杀于该宫。

此外，考古调查及文物资料还证实了关中地区的秦离宫有羕阳宫、平阳宫、橐泉宫、林光宫、宜春宫等。

# 世界奇迹秦兵马俑

秦始皇兵马俑坑发现和展出以来，吸引了千千万万的国内外游客，它的宏大气势和杰出的艺术成就轰动了全世界，因而被誉为"世界第八奇迹"。

## 秦俑坑的发现

我国伟大的历史学家司马迁在《史记》一书中，对秦始皇帝陵墓规模的巨大、建筑的富丽、陪葬的豪华等情况，做了详细的记述，但是，却没有提到兵马俑坑。历代的历史著作也对兵马俑付之阙如。可是，兵马俑却并没有因为史无记载而甘愿沉默。后世居住在这里的人们，在打井、打墓时往往能挖出大型陶人或陶人的肢体，当地群众叫它们为"瓦人""瓦瓦爷"，赶紧埋掉，以避不祥。直到1974年春天，当地群众在打大口机井时，发现了许多破碎陶人。这种情况立即引起当地政府的重视，随即考古工作者被派来进行探测。经过几年的工作，这里共发现三个大型俑坑，总面积20000多平方米，据推算可出土大型陶俑7000多件，战车100余乘，挽马400余匹，乘马100余匹，骑士俑100多件，兵器数十万件。这一重大发现，立即震惊了世界。1978年，前法国总理希拉克参观后说："世界上有七大奇迹，秦俑的发现可以说是八大奇迹了。"于是，"世界第八奇迹"的誉称不胫而走。这朵迟开的秋菊，放出了馥郁的芳香。1979年，秦始皇兵马俑博物馆建成开放，每天迎接国内外成千上万的观众。开馆30多年来，已经有国内外数千万人次参观了兵马俑。中国的党政领导人邓小平、叶剑英、李先念、江泽民、李鹏、胡锦涛、李瑞环、朱镕基等也先后来兵马俑博物馆参观指导。国外的国家元首和政府首脑里根、李光耀、克林顿、竹下登、科尔、希拉克等100余人也曾来秦俑博物馆参观。部分秦兵马俑及秦俑坑出土的文物也在这30多年中越洋跨海，在美国、日本、法国、德国、英国、意大利等50多个国家巡回展出，充当着中外文化交流的使者。

## 秦俑坑的概貌

秦俑共有三个坑，按发现先后编为一、二、三号坑。

一号坑是一个东西长230米，南北宽62米，面积14260平方米的长方形俑坑。坑内有次序地排列着陶俑、陶马和战车。俑坑的东端是一个长廊，站着三排面向东的战袍武士俑，每排68尊，共204尊，他们是一号坑的前锋部队。长廊后面，南边有一排面向南的武士俑，是主力部队的右翼；北面有一排面向北的武士俑，是主力部队的左翼；西头有一列面向西的武士俑，是主力部队的后卫。整个坑的中部，是38路面向东的主力部队，每四路中间都排列有驷马战车。一号坑东端以北20米是二号坑。二号坑平面呈曲尺形，面积6000平方米。整个俑坑分为四个单元。第一个单元是俑坑左前方的小方阵，这是一个步兵方阵。它的东西两侧各有两列立射武士俑，南北两侧各有两列立射武士俑，共计172尊。它的中部是

▼秦兵马俑一号坑

4个呈坐姿射箭的4个纵队，每队2列，每列20尊，共160尊坐姿射俑。所谓坐姿，是古代军士单兵训练的一种姿势，即右腿贴地，单腿跪地，所以也叫跪射俑。这个方阵的后面，是个大型多兵种方阵。南部为第二单元，排列着8列战车，每列8辆，共64辆战车，组成庞大的战车方阵。这个方阵以北是第三单元，由3列战车组成，每辆车后有8尊或36尊车卒，其后有少量骑兵。挨着这个方阵的是第四单元，也是车兵与骑兵，不过前面是两辆战车，车后是8队骑兵，每队4列。

二号坑是一个由车兵、步兵、骑兵组成的多兵种的集团军。

三号坑在二号坑以西、一号坑以北25米的地方，平面呈"凹"字形，面积为520平方米。三号坑中部有一组战车，北部、南部、东部分别面对面站着武士俑，共64件。

这三个坑，由南向北看，像一个倒写的"品"字形。这是一个庞大的军阵场面，它以军队阵列的形式安置在秦陵东城外驰道的北侧，象征着秦国屯戍咸阳的军队。现在，一号坑仅发掘了1/6，已出土了1087件陶俑，8辆战车，32匹车马。另外有1/6已经发掘，还未将陶俑清理出土，更未修复站立。残破的陶俑、陶马横卧在黄土中，更有一种残缺美，引人遐想。二号坑在1994年3月1日开始发掘，现在已经揭露到了棚木层，并出土了部分文物。而于1999年出土的几尊彩绘保存完好的彩绘跪射俑，则引起了世界的关注。这几件彩绘俑头鬓呈黑色、面、手部粉红，甲衣棕色，甲带红色，袍裤绿色。经两千多年的沧桑变化，依旧色彩鲜艳，也是奇迹。

## 秦俑坑的兵种和兵器

秦俑坑的兵种有三大类别，即车兵、步兵、骑兵。在一号坑中，是车兵和步兵联合编组，前锋、侧翼及后卫都是步兵，中心是车兵。二号坑中是车兵、步兵、骑兵联合编组，而各有部位，东部突出的部分是弓弩手出现的步兵。步兵后面是车兵和骑兵。车兵的数量很大。从这里，我们可以看到古代兵种变化的情况：一是骑兵的出现，二是步兵的独立。

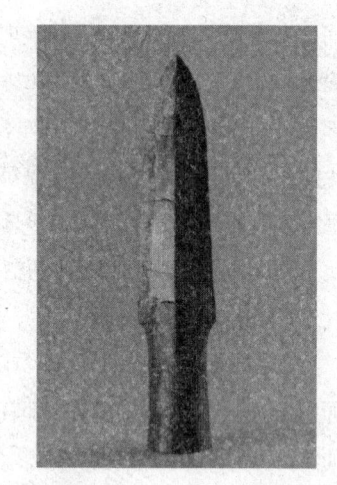

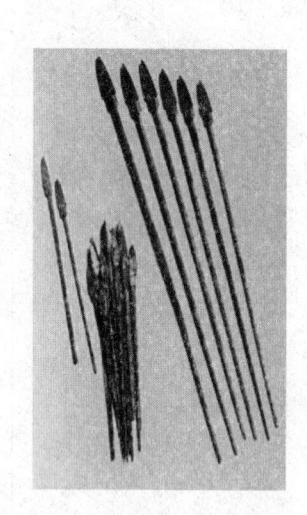

▲ 秦兵马俑坑出土兵器

我国秦代以前，作战主要是车战。两国打仗，动辄出动千百辆战车。殷周以来，都是这样。春秋以后，步兵、骑兵逐渐出现。秦国在秦穆公时已有"畴骑五千""步卒五万"，所以才能"益国十二，开地千里"，雄霸西戎。骑兵和步兵的出现是古代兵种的一大革命，也是古代战争发展的新阶段。秦俑坑中的兵种配置，说明骑兵已独立行动。二号坑北部共有116组骑兵。骑士站在马的左边，右手引缰，四组一排，形成骑兵队列，这是新兵种在秦俑坑的体现。另外，二号坑和一号坑中的步兵，已经从车兵中脱离出来，成为一个独立的兵种，单独执行任务。殷周之际，步卒仅是战车的附属，每车编制25名。公元前541年，晋国魏舒在同北方的几个少数民族作战时，"毁车以为行"，把车兵变成步兵方阵，取得了战争的胜利。战国以后，各国普遍都有了步兵建制。与此同时，战车所配的步兵也逐渐增加，每车的步卒编制已达75人。秦俑坑中战车前后的随车步卒已经达到95～120人。说明秦时战车所配的步卒编制已大大增加。这对我们考察古代兵种的变迁，提供了形象的实物资料。

秦俑坑的军队是一个多兵种的"集团军"，因之它的武器配备自然就要适应多兵种的要求而多样化。秦俑坑出土的兵器已经有数万件，古代兵器的类型几乎全部都有。短兵器有剑、吴钩，长兵器有矛、戈、戟、铍，远射兵器有弓、弩，礼兵器有象征权威的钺和执行仪卫的殳。

　　这些兵器绝大部分是用青铜制成的。它们制作精美，锋利异常。坑中出土的青铜剑长91厘米，锋利锃亮，闪着逼人的寒光，现在仍可削断头发，使每个看到它的人都赞叹不已。

## 秦俑坑的阵列

　　所谓阵列，就是军队在作战或驻守时所采取的队列形式。殷代有右、中、左的军事部署。武王伐纣时要求他的部队向前走几步就停下来整顿队列，打仗时向前刺击几次就停下来整理队列。这种队列要求，也就是阵。这时的阵，还是一种简单的大排面出击的队列形式。所以，古时把"阵"字写作陈列的"陈"字。

　　春秋战国时期，战争十分频繁，兵种也有了变化，因此要求作战的队形也要相应变化。这一时期出现了一批军事学家，如孙武、孙膑、吴起等，也出现了许多兵书专著。《孙膑兵法》中列举了方阵、圆阵、数阵、锥行之阵、雁行之阵等10阵。汉朝时，人们便知道孙吴兵法六十四阵。这些阵，提出了军队在攻与守、驻与进方面因形势和环境不同而采取的不同的队列形式。

　　秦俑坑军阵是以军队屯聚的形式安排在陵园东部，象征着秦帝国的军队，它是一种常阵的布防。不过它是明器，象征着秦始皇陵地下王国的冥军罢了。

　　什么是"常阵"？《尉缭子》一书说："常阵皆向敌。"常阵中"有内向，有外向，有立阵，有坐阵"。一号坑是这个常阵中的一个方阵。方阵四面的前锋、侧翼、后卫是外向的，预防从外面来的袭击力量。俑坑中的陶俑都持立阵形式，手执武器，目视前方，警惕地注意着来犯之敌，准备随时出击。

　　二号坑东部突出的部分，是一个小方阵，立兵与坐兵相结合。四面是立兵，中间是坐兵。坐兵是部队持守势等待着作战时机的姿态。这个小方阵是整个常阵的左拒，也就是角，或者就叫左锋。它的后面是骑兵、车兵组成的多兵种的方阵。古代兵书《司马法》中说：在阵中，兵种要杂一些。这个方阵中，弓弩在前，车兵居中，骑兵殿后。车兵便于在战斗中撞击、大面积进攻和防御，骑兵则灵活机动，既可以截击，又便于巡守。

　　一般认为，三号坑是整个常阵的指挥机关。其中的武士俑相对而立，也就是"内向"，保卫指挥中心。这个坑出土有鹿角、兽骨，反映了古代战争中的一种祈祷仪式，叫作战祷。古时作战，战前要向神明和祖先祈祷，并且卜卦，看吉不吉，能不能取胜。古人对这一仪式是非常重视的。《左传》一书中，就有许多在作战前进行占卜和祈祷的记载。有的学者认为，三号坑平面是一个"土"（社）字加一个"且"（祖）字，属于军中祭祀的社宗性质。

如果说三号坑是指挥机关，则其中没有主将。这正是秦俑坑作为常阵布局在秦陵的性质决定的。它是国家部队的象征，不是打仗时的阵列。秦代在出兵打仗前，由皇帝任命主将。三号坑中没有主将，说明秦俑三号坑的主将尚未任命，虚位以待。也就是说，制作这一批俑的人，不敢私自随便雕塑一个人作主将。主将是谁，要由秦陵中的墓主人认为必要时才去选定。

## 走向成熟的秦俑雕塑

秦俑坑不但形象地再现了秦代的军队面貌，而且以它高超的雕塑和彩绘艺术闻名于世。

我国的雕塑艺术起源很早。6000年前半坡先民的陶人头、陶鸟、陶兽，5000多年前东北喀左的陶女神，殷周的玉俑以及青铜器雕刻，都是我国古代雕塑的精华。秦代的雕塑和彩绘艺术，继承并发展了前代的成就，以现实主义的手法，反映社会生活，反映真实的军事题材，这在内容上是一个重大的突破。秦代艺术家们以工艺画的形式，雕塑出了秦代壮丽的军事场面。它的特点可以用大、多、精、美四个字来概括。说它大，一是面积大，总体设计大。秦俑三个坑占地面积近40000平方米，气魄宏阔。二是兵马俑的形体高大，同真人、真马大小相同。这是前代陶俑所不能比拟而且后代所没有的，可谓空前绝后。说它多，是数量多。三坑约计可出土7000多个陶俑，500多匹陶马。这样众多的雕塑群体，在中外艺术史上是极为罕见的。说它精，是说它以写实的手法，既有工笔细雕，又辅之以写意的刮削，塑造出不同人物形象，各具神态，惟妙惟肖。秦俑雕塑对每个陶俑都精雕细刻，大至身体结构，小到头发眉毛，都一丝不苟。以坐姿武士俑来说，他右膝着地，左腿抬起，双目平视前方，正是古代坐兵的姿态。甚至连这个陶俑鞋底的针脚，也按两头细密、中间疏散的形式雕刻，完全符合真实的生活。说它美，是这些不同的陶俑，不但面貌各异，而且各具性格，显得栩栩如生。艺术作品能表现出人物的性格，引起欣赏者的共鸣，这是艺术审美的一个重要内容。秦俑坑中的军人形象，大约有三个级别。一类身份比较高，俗称将军俑。他们身负重任，指挥若定，反映在形象上，有的阴鸷凶悍，似乎严于执法；有的稳健沉毅，有儒将风度。下级军官则多数表现得老练沉着，英勇果敢。而广大的士卒，则因出身不同，经历不同，个性表现得更为复杂。有的愁眉苦脸，有的微微含笑；有的苍老瘦削，有的英俊年少；有的若有所思，有的豁达豪爽；有的像关西大汉，有的像异族同胞。反映出了不同身份、不同年龄、不同遭遇的人物的内心世界。

我们再看俑坑中出土的挽马和乘马。它们的形象逼真生动，马腿直立，四蹄攒地，马耳短促，状如削竹，跃跃欲奔，十分神骏。正如杜甫在咏良马诗中所描绘的："竹批双耳峻，风入四蹄轻。"站在这些高大的陶马面前，你会感到它们随时都可能驾起战车，飞奔风驰。秦人有着善于养马的传统，工匠们正是以丰富的现实生活为基础，才将马的形态雕塑得活灵活现。这表现了秦代雕塑艺术家们高超的艺术造诣和对现实生活的细致观察与深刻理解。

俑坑的陶俑原来都是绘彩的，手和脸是粉红色，衣服的袖子、领口有绿色、赭石色，衣襟有绿色、蓝色。马为棕色。在发掘现场，我们曾经看见过那些黏附在湿土上的大片颜色，虽然经过2000多年，仍然鲜艳夺目。

精湛的艺术成就，大大增强了兵马俑的气势和感染力。当你站在兵马俑坑前，便仿佛看到万马攒蹄，车轮滚滚，千军竞发的情景，似乎进入了"六王毕，四海一"的雄伟壮阔境地之中。

秦兵马俑精湛高超的雕塑艺术，为我国雕塑史写下了新的篇章，也以它的独特形式，步入了世界古代艺术之林。

秦俑的制作可以用四句话概括：塑模结合，分件制

▲ 跪射俑

▲ 立射俑

作，入窑烧成，最后绘彩。就是说，在制作陶人陶马时，大部件如腿、身躯是用泥条盘结，塑出大形后，采取刮、削、堆、捏、刻、划的办法，精雕细部。小部件如头、手、铠甲的甲札等，是用模子模制后，再用刻、削、刮、剔等手法成形。鼻、须、耳等部分，则用模制、堆捏、贴条或减地的手法，刻画细微。分件制成以后，安装套合，组成一体，送入窑中焙烧而成，然后再施彩绘色。值得注意的是，工匠们在塑造胎体时，就已为彩绘留下余地。墨划的眉、须，丝丝可见，十分得体。经过检验，陶俑的烧成温度为920℃左右。制作这样大型的陶俑是不容易的，以现在的技术条件，要制这样大的一件陶俑，也要经过反复的试验和多次的失败。可以想见2000多年前，我们的祖先是要以怎样顽强的毅力和艰苦卓绝的精神才能制成这些陶俑啊！

这些制陶工匠和艺术家的名字，现在已经无法考察了。不过，秦代有个制度，叫作"物勒工名，以考其诚"，就是在制作的器物上，要刻上制作工匠的名字。有的陶俑身上也的确有刻下或印上的文字，如"宫彊""安""得"等。这里的"宫彊""安""得"，便是这些工匠的名字。他们的名字应该写入中国的艺术史册。

## 秦俑坑所反映的秦代科技文化

秦俑坑是我国古代文化的宝库。它不但向我们展示了秦代的军事状况和艺术水平，也向我们展示了秦代科学技术的发展水平。

我国的制陶工艺源远流长。但是，烧制像秦俑这样大件的作品，在我国上下五千年的悠久历史中，仅仅有秦俑这一次发现，在世界考古史上也是绝无仅有的。1978年，有人曾想烧制原大的秦俑，五六个人干了两个多月，才烧制成一个陶人，陶马还未制成，可见其技术之难。因此，秦俑标志着我国的制陶水平在秦代已经达到了炉火纯青的高度。

秦俑坑中的青铜器，反映了我国秦代的金属冶炼、金属加工、标准化的要求以及防锈技术的高超水平。

我国冶金技术从殷周以来，一直比较发达。商代已经冶铸了重达875公斤的司母戊大方鼎。以后，冶金铸造技术越来越进步。《考工记》一书，总结了殷周到战国时期的青铜冶炼技术，提出了不同器物中铜与锡的不同比例。例如，对刀剑一类大刃兵器的要求是"三分其金而锡居一"。金就是铜，即铜锡之比为3∶1。

这个比例使器物既有一定的硬度，又有一定韧性，不容易折断。秦俑坑中的青铜剑，经过检验分析，铜占74%左右，锡占22%左右，它的硬度相当于调质后的中碳钢。从现代的角度来看，也还是比较科学的。

　　随着金属冶炼业的发展，金属加工工艺也相应发达起来。秦陵铜车马显示了秦代金属加工工艺的高超水平。它用十几种加工工艺，使铜车马至今风采不凡。秦俑坑中箭镞的制造工艺更具特色。镞是三棱锥形的，它的三个面和三个棱，被加工成抛物线形，也就是常说的流线型，像现在弹头一样，射出后阻力小，速度快，飞行平稳，命中率高。可见秦代的金属加工工匠，已经掌握了一定的流体力学知识（也可能是感性的），选择了箭头在空气中运行的最佳形状。

　　标准化是金属加工业和制造业发展到一定程度才出现的对器物的统一化的要求，它要求器物的系列化和具有互换性。这样，器物的制造就必须十分规范。秦俑坑的兵器，用标准化要求来衡量，在某些方面也具有较高的水平。比如，弩机的各个部件可以互换，箭头具有五个大小不等的系列，同一器物的规

▲ 金当卢

◀ 一号铜车马

▲ 二号铜车马

格程度高。有关标准计量单位曾对青铜镞的三个面做放大20倍投影，同一镞的轮廓误差不大于0.15毫米，不同的镞误差不大于0.2毫米。这样高的水平，在加工中没有一定的卡具和磨具，没有高超的技术水平，是不能达到的。

更令人惊叹的是秦代的防锈技术。我国古代劳动人民早已注意到了青铜防锈。春秋时期的越王剑表面，有一层硫化物可以防锈。秦人则利用铬盐氧化物防锈。秦俑坑中出土的青铜剑、青铜殳、青铜镞上，有一层氧化膜，起着良好的防锈作用，所以，到现在仍寒光闪闪，光洁明亮。经过化验，在这层氧化膜中含有2%的铬。满城汉墓的箭头上，也使用了这种防锈技术。这说明我们的祖先在2000多年前就已经掌握了这一技术，比西方国家要早2000多年，这无疑是世界冶金史上光辉的一页。

一个内容丰富的古迹，既可以告诉人们许多古代文化史的知识，也能给后人多方面的启迪。秦俑坑是强大和腐朽、耀武扬威和痛苦呻吟、专制统治和残酷压迫相结合的产物，也是秦王朝迅速灭亡的不祥先兆。如今秦始皇和他的王朝已经成为历史，而秦陵兵马俑作为中华民族文明史册上一颗璀璨的明珠，以它雄奇瑰丽的风貌，在世界古代文明殿堂中，永远闪耀着光芒，记录着我国古代劳动人民的聪明才智和创造精神。

# 秦末农民战争与戏水之战

在西安市东边的临潼区内，有一条古老的河流，名叫"戏水"。它发源于骊山脚下，由南向北蜿蜒流淌，流程不远便注入渭水之中。

2000多年前，就在这条古老河流的岸边，曾经发生过一场激烈的战斗。几十万揭竿而起的农民，在这里同秦王朝的军队浴血奋战。他们英勇而又悲壮的事迹，在我国古代农民战争史册中写下了光辉的一页，为戏水增添了历史的光彩。

戏水之战，发生在公元前209年。在此之前12年，也就是公元前221年，雄才大略的秦始皇完成了统一中国的大业，他的历史功绩是不可磨灭的。然而，秦始皇又是一个著名的暴君。他的残暴统治，给当时全国的劳动人民造成了深重的灾难。

秦王朝建立以后，兴修了许多规模浩大的工程。封建政权把各种无偿劳役强加在人民头上。成千上万的农民被迫告别亲人，离开了土地。他们冒着严寒酷暑，成年累月地从事各种艰苦劳动。宏伟的长城、豪华的宫殿、壮观的陵园，这一切都是在劳动人民的血汗和累累白骨之上建筑起来的。当时，秦王朝所统治的全部人口大约只有2000万，而每年所征发的兵役和劳役竟达300万人之多！如此沉重的徭役负担，逼得多少老百姓妻离子散，家破人亡！

为了支付各项工程的费用，为了满足统治阶级奢侈生活的需要，秦王朝横征暴敛，通过各种名目的赋税，不断加重对劳动人民的压榨。广大农民"男子力耕不足粮饷，女子纺绩不足衣服"，过着极其悲惨的生活。

面对日益激化的阶级矛盾，秦王朝企图通过各种残酷的刑法来镇压人民的反抗，维护自己的统治。劳动人民深受严刑峻法的危害，动辄获罪，丧失人身自由。秦始皇死后，即位的秦二世更加昏庸残暴，各种社会矛盾进一步激化。人民不堪忍受秦王朝的统治，纷纷起来进行各种形式的反抗。全国各地民怨沸腾，到处都迸发着仇恨的火花，一场农民革命的暴风雨即将来临。公元前209年，我国历史上第一次全国规模的农民大起义终于爆发了。

这一年七月，在今天安徽省与河南省的交界地区，有900名农民被征发服役。

他们在两个军尉的押送下,日夜兼程,向着遥远的北方进发。当他们走到今安徽省宿县境内的大泽乡时,遇到了连日大雨,道路不通,不能前进。按照秦王朝的法律:服役的农民如果不能在规定的日期到达目的地,就要被判处死刑。这900名农民被大雨耽搁了行程,眼看就要延误报到的期限。在这生死关头,有两位农民挺身而出,经过秘密计划,决心发动起义。这两位农民,就是在我国历史上英名永存的陈胜和吴广。

▶ 陈胜吴广起义

陈胜是个很有志气的贫苦农民。他不甘心于贫困的生活,对黑暗的现实社会充满了愤慨不平之情。有一次,他给地主耕地时,曾对同伴们说:"如果将来有谁富贵了,大家可别忘了今天的这些老朋友。"有人嘲笑他说:"你不过是个替人耕地的雇工,哪能谈得上什么富贵呢?"陈胜长叹一口气,回答说:"燕雀怎么会懂得鸿雁的志向呢!"

当他们被大雨困在大泽乡后,陈胜和吴广秘密商量说:如今赶到目的地或者逃亡都没有活路,不如趁此机会,举行起义。因为大泽乡所在的地区是战国时期楚国的故地,因此他们决定以"楚"的名义号召天下。为了鼓舞起义者的决心和树立领导者的威信,陈胜和吴广利用当时人们的迷信思想,采取了一些计策。他们在一块白绸条上写了"陈胜王"三个红色的大字，然后悄悄地把它塞进鱼肚子里。当大伙儿剖鱼发现这块白绸条后，都感到非常惊异。到了深夜，吴广又藏到附近一座破庙里，点起一堆篝火并模仿狐狸鸣叫的声音，高声呼喊："大楚兴，陈胜王！"第二天，大伙儿议论纷纷，互相传说着这件事情，认为陈胜一定能够办成大事。"鱼腹藏书"和"篝火狐鸣"的事件，进一步提高了陈胜在这 900 名农民中的威信，为起义大造了舆论。这种做法虽然带有一定迷信色彩，但在 2000 多年之前，像陈胜、吴广这样两位普通的农民，能够借助这种方法来发动更多的农民参加起义，则充分表现了他们的组织才能和首创精神。

那两个带队的军尉平时非常凶蛮，服役的 900 名农民对他俩十分仇恨。这一天，吴广利用军尉醉酒的机会，故意大声张扬要逃走。军尉一听，举鞭就打，还拔出刀剑进行威吓。吴广和陈胜奋起反抗，夺过刀剑，杀死了这两个平时作威作福的军尉。接着，陈胜把 900 名农民召集在一起，慷慨激昂地说："现在已经超过了规定到达目的地的期限，即使不被杀头，大家也没有活路，大丈夫不能白白送死，要死也得干出一番轰轰烈烈的大事，难道那些帝王将相都是天生的吗？" 900 名农民齐声欢呼，表示愿意接受陈胜的领导。他们拿起农具和木棒当武器，推举陈胜为将军，大伙儿对天起誓，决心推翻秦王朝的残暴统治。中国历史上第一次农民大起义的熊熊烈火，就在大泽乡燃烧起来了。

陈胜、吴广率众起义后，很快就攻占了大泽乡，不久又攻占了当时的一座重要城市——陈县（今河南省淮阳县）。这时，起义军已经拥有战车六七百乘、骑兵两千多人，步兵人数达数万。攻占陈县后，起义军在这里建立了以"张楚"为号的政权，立陈胜为王。从此，起义军以陈县为根据地，派出了三路西征大军，开始向秦王朝的统治中心地带进军。

在这三路大军中，有一路的率军主将名叫周文，也叫周章。他率领人马巧妙地避开了秦王朝军队的主力，集中兵力挺进关中。进军途中，他们得到了农民群众的大力支持，起义军的队伍空前壮大。

秦二世元年（公元前 209 年）九月，距大泽乡起义的爆发仅仅两个月时间，周文率领起义军已势如破竹地攻进了关中，屯兵在戏水岸边。这时，周文部下的起义军将士已达数十万人之多，拥有的战车也超过了千乘。戏水距离秦都咸阳不过百里之遥，这支几十万人马的农民起义军，已经直接威胁到了秦王朝统治的心脏。

陈胜、吴广雕塑

大泽乡起义爆发后，昏庸的秦二世起初并没有把起义的农民放在眼里。直到周文率领的几十万人马屯兵戏水，即将兵临咸阳城下的时候，秦二世这才慌了手脚，连忙召集大臣商议对策。经过策划，秦二世命令正在修建骊山墓的几十万刑徒武装起来，委派残忍凶暴的大臣章邯率领，企图一举消灭戏水岸边的起义军部队。

周文领导的起义军虽然人数众多，但大多是进军途中仓促集合起来的农民，缺乏必要的训练和战斗经验，几乎没有什么军事知识，武器也十分缺乏，再加上又是孤军深入关中，没有后备力量的配合和援助。面对强大的敌人，起义军明显处于劣势。而在这关键时刻，起义军内部又发生了分裂。当农民起义军的烽火席卷全国时，许多抱有野心和个人目的的旧贵族也纷纷加入了起义军的行列。他们对加速秦王朝的崩溃，虽然也发挥了一定的作用，但他们从旧贵族的利益出发，在起义军内部大搞分裂活动，并趁机扩充自己的势力。他们的所作所为，严重削弱了起义军的力量。当周文孤军奋战的时候，陈胜曾令一支由旧贵族领导的起义军前去援救。但他们拒不服从起义军的统一号令，拥兵自重，坐视不救，从而间接帮助了秦王朝对周文率领的起义军的血腥镇压。

戏水河边，秦军主力和农民起义军正面交锋了。周文率领起义军将士浴血奋战，英勇杀敌。然而，由于双方力量过于悬殊，农民起义军作战失利，被迫退出函谷关。

起义农民的鲜血洒红了戏水河畔。退出关中以后，周文顽强地坚持战斗，在今河南省的西部地区同章邯率领的秦军主力相持了两三个月时间。公元前209年十一月，这支农民起义军队伍终于因为寡不敌众，在渑池苦战了十多天后被秦军打败。周文宁死不屈，拔剑自杀，英勇牺牲。

戏水之战的失败，使整个农民起义军遭受了极其严重的损失。其他两路西征部队也先后被秦军打败。在秦王朝军队的疯狂反扑下，吴广和陈胜相继牺牲，农民起义转入了低潮。

戏水之战虽然失败了，但广大起义农民在战斗中所表现出的英勇悲壮的气概却光照千古，鼓舞着后世千千万万被剥削、受压迫的劳苦农民，为他们树立了光辉的榜样。

陈胜、吴广和周文牺牲了，但他们点燃的农民革命的烽火并没有熄灭。就在戏水之战两年之后，刘邦率领的起义军终于攻占了咸阳。残暴的秦王朝只存在了短暂的十五年，便被农民革命战争彻底推翻了。

包括戏水之战在内的整个秦末农民战争，是我国农民革命战争史上的第一座丰碑。它所建立的伟大历史功绩，永远记录在中华民族的光辉史册之中。

## 诗文欣赏

### 古 风（选一）

（唐）李 白

秦王扫六合，虎视何雄哉！
挥剑决浮云，诸侯尽西来。
明断自天启，大略驾雄才。
收兵铸金人，函谷正东开。
铭功会稽岭，骋望琅琊台。
刑徒七十万，起土骊山隈。

尚采不死药，茫然使心哀。
连弩射海鱼，长鲸正崔嵬。
额鼻象五岳，扬波喷云雷。
鬐鬣蔽青天，何由睹蓬莱。
徐市载秦女，楼船几时回？
但见三泉下，金棺葬寒灰。

# 完成统一大业的秦始皇

秦始皇是我国第一个统一的、多民族的、中央集权的封建王朝——秦朝的创建者，是我国古代史上杰出的政治家之一。他一生进行的主要事业，就是结束了从春秋战国以来长达500多年的割据称雄、大国争霸的混乱局面，建立和巩固了统一强盛的集权帝国，对于促进中国封建社会政治、经济和思想文化的迅速发展做出了不可磨灭的贡献。

秦始皇姓嬴名政，生于秦昭王四十八年（公元前259年）正月。当时，正值战国后期，经过长期的兼并战争，形成了齐、楚、燕、韩、赵、魏、秦七国争雄的局面。这七国之间出于各自的利益，经常厮杀，混战不休。此起彼伏、连绵不断的兼并战争，不但严重破坏和阻碍了社会经济的发展，也给广大人民带来了深重的灾难。千百万人的生命被吞噬，无法估量的物质财富被毁灭。古书上说的"争城以战，杀人盈城"，"争地以战，杀人盈野"，"民有饥色，野有饿殍"，就是这些兼并战争所带来的严重恶果的真实写照。尽快了结这些兼并战争，彻底结束混乱局面，实现祖国统一，不仅成了当时社会发展的客观需要，也是人民群众的迫切愿望。

公元前246年，秦庄襄王死，年仅13岁的嬴政继承父位，当了秦国国君。由于从秦孝公开始，就一直推行商鞅变法时制订的方针政策，所以，到嬴政继位时，秦国的国力蓬勃向上，日益富强。秦国所在的关中地区，不仅地势险要，有"四塞以为固"之称，而且土地肥沃，气候温和，物产富饶，再加上郑国渠的成功修建，更被誉为"陆海""膏壤"的"天府之国"。并且，秦国又相继取得了汉中、巴蜀以及黄河中游、汉水上游大片土地，国力之强，版图之大，居七国之首。所有这些，都为秦王嬴政最后完成统一大业，提供了有利条件。

▲ 秦始皇画像

按照秦国的惯例，国王在22岁举行了加冠礼以后，才能开始亲自执政。所以，嬴政即位之时，秦国的大权还掌握在太后和相邦吕不韦以及宦官嫪毐等人的手里。这几个人相互勾结，狼狈为奸，野心勃勃。特别是嫪毐，更是一个诡计多端、阴险毒辣的野心家。他用逢迎巴结等卑鄙手段，取得了太后的宠信，很快便从一个低级官吏一跃而变为长信侯，并得到了今天山西、陕西交界处和黄河以西的大片封地，权势之盛，炙手可热。他看到秦王嬴政逐年长大，便阴谋叛乱，企图夺取政权。

公元前238年，22岁的嬴政到故都雍城的蕲年宫（今陕西省凤翔县城南）举行加冠礼。嫪毐认为时机已到，便在国都咸阳举兵叛乱，预谋在秦王返回咸阳的路上把他杀死。对于嫪毐的叛乱阴谋，秦王早有察觉。当他发现嫪毐已经起兵叛乱以后，立即命令整装待发的优势军队向叛军发起进攻，一举取得了胜利。嫪毐兵败被俘，车裂而死。他的20多个党羽也被枭首示众。亲政以后，秦王嬴政又以相邦吕不韦有放纵之罪，免除了他的相邦职务。后米，吕不韦自杀而死。在不到两年的时间里，秦王便顺利地消灭他的两大敌对势力，初次展示了他的雄才大略。

为了进一步巩固君主权力，秦王嬴政选用了一大批精明强干的文臣武将，最著名的有尉缭和李斯。尉缭是魏国大梁人，西游秦国时，得到秦王的赏识，被任命为国尉，指挥全国军队。李斯是楚国上蔡人，曾向荀子学习过帝王之术。来到秦国后，被封为长史，协助尉缭工作。其次，还有王翦、王贲、蒙武、蒙恬等人，他们世代为将，能征善战。依靠这批人，秦王嬴政制定了一套远交近攻、离间外敌和各个击破的战略方针，向六国发动了进攻。

▼ 秦始皇帝陵

位于今天河南南部的韩国，离秦国最近，也是六国中最弱小的一国。为了扫除东进的障碍，公元前230年，秦王借口韩国同赵、魏两国"合纵"叛秦，派兵攻韩，一举俘虏了韩王，韩国灭亡。

第二年，秦王又大举伐赵。当时赵国的兵力在六国中最为强大。早在灭韩之前，秦、赵之间曾多次交战，互有胜负。这时，赵国发生了连年荒旱，国库空虚，军力削弱。秦王又派间谍潜入赵国，用重金收买了赵王的宠臣郭开，利用他离间了赵王和大将李牧的关系。结果，赵王中计，误杀李牧，自毁长城。这时，秦王派老将王翦出击赵军，赵军大败，赵王被擒。秦国的版图扩大到了河北南部，并对地处今天晋南、豫北的魏国形成了南、北、西三面夹击的形势。

在韩赵两国相继灭亡以后，秦王又把进攻的矛头指向地处北方的燕国。燕太子丹为了阻止秦军北上，派刺客荆轲谋刺秦王，但没有成功。公元前226年，秦王兴兵伐燕。燕太子丹又联合退守代地的赵公子代王，负隅顽抗。但在强大的秦军面前，燕军一触即溃，燕都蓟城很快被攻陷。于是，辽东以南的大片领土便为秦所有。

公元前225年，秦征服燕赵以后，又派王贲攻打魏国，很快便包围了魏国的都城大梁，又掘开黄河和鸿沟水堤，水灌大梁，魏王被迫出城投降。

位于长江中下游的楚国，疆域广大，实力雄厚，是唯一能够同秦国抗衡的大国。公元前224年，秦王派遣年轻将领李信挥师南下，攻打楚国。由于李信轻敌麻痹，指挥失当，结果大败而归，20万军队几乎全军覆灭。接着，秦王又派老将王翦挂帅出征，再次向楚国发起进攻。这一次，王翦接受了李信失败的教训，稳扎稳打，步步为营，结果大破楚军。楚国大将项燕兵败自杀，楚王负刍做了俘虏。接着，秦王又命令大军继续南下，先后征服了东南沿海和西南地区的瓯越、闽越以及两广一带广大地区，至此，楚国彻底灭亡。

公元前221年，秦王又派王贲为将，进攻地处山东沿海的齐国。秦军势如破竹，所向披靡，一举攻陷了齐国都城临淄，齐王被俘。到此，割据称雄的六国诸侯，全被消灭。从公元前230年到公元前221年，在不到十年的时间里，秦国先后灭亡了韩、赵、燕、魏、楚、齐六个国家，终于完成了统一大业。这既顺应了历史发展的必然趋势，也充分显示了秦王嬴政的雄才大略。

统一以后，秦始皇又采取了一系列措施，加强皇权，巩固政权。

他首先用皇帝代替了国王的称号。把传说中的三皇五帝的称号各取一字，合并而成，意味着他功过三皇，德超五帝。从此，"皇帝"作为历朝君主的称谓代代相承，而秦始皇便作为嬴政的尊称流传于世。

接着，秦始皇又把战国时代各国的官僚制度加以整顿，建立了一套从中央到地方的政权机构。中央设立三公、九卿。左右丞相协助皇帝处理全国政务，太尉管理军事，御史大夫监察百官，合称三公。九卿分别掌管各项具体事务。地方上废除了西周以来的分封制，全面推行郡县制。始皇把全国分为36郡，后来又增加到40郡。郡以下设立县、乡、亭、里等机构。所有中央和地方的行政长官都由皇帝直接任免。这样严密的统治机构，就像金字塔一样，通过层层控制，整个权力最后都集中到秦始皇一人手里，不但大大加强了封建政权对广大人民的统治，而且也极大地加强了皇帝对各级官吏的监督管理。

此外、秦始皇还统一了法律，统一了文字，统一了货币和度量衡单位，极大地促进了封建政治、经济和思想文化的发展。

从春秋战国以来，各诸侯国制订的法律极不统一。秦始皇在原来秦国法律的基础上，保留了"盗律""贼律""囚律""捕律""杂律"和"具律"等篇章，又增加了"田律"，"苑律""仓律""金布律"等一系列法律条文，形成了一部完整的《秦律》，并在统一后把《秦律》推向全国。1975年在湖北省云梦县睡虎地一座秦墓中发现了一批秦律竹简，包括《秦律十八种》《秦律杂钞》等一系列法律文书。从中可以看出，秦律是我国历史上第一部完整的封建法典，在中国和世界法律史上都占有重要地位。这批秦简不仅为研究秦史提供了丰富的资料，还提供了秦始皇伴随统一过程把秦律推向全国各地的实物证据。

秦始皇又下令统一全国文字，以秦国的大篆为基础，改造简化成为书写方便的小篆，第一次做到了汉字规范化。

▲ 两诏铜椭量

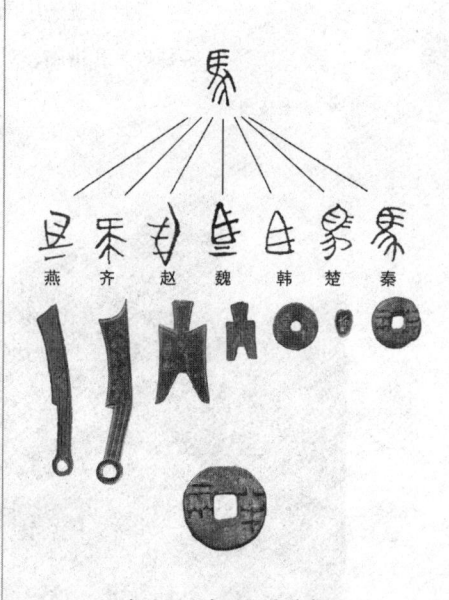

▲ 秦统一文字、货币示意图

这对我国思想文化的发展和传播起了重要的作用。

战国时代各国的货币形制不一，计量单位也不相同。统一后，秦始皇把原来秦国使用的以半两为单位的圆形方孔钱作为统一货币，在全国流通。又把秦国在商鞅变法时制订的度量衡标准作为统一制度，在全国推行。这对于促进商品的流通和经济发展都起到了极大作用。

"车同轨"是秦始皇采取的又一项具有历史意义的重要措施。他征发劳役，以国都咸阳为中心，修筑了四通八达的宽阔驰道，加强了咸阳同全国各地的交通往来，便利了全国的经济文化交流。

秦始皇还北筑长城。他先后征发了50多万人，将春秋战国时期秦、赵、燕三国修筑的古老长城连成一体，成为西起甘肃临洮，东至辽东碣石的万里长城。这项伟大的建筑工程是我国古代劳动人民血汗和智慧的结晶。它的成功兴建，阻止了匈奴的入侵，保卫了边境和中原人民的和平生产和文化发展。直到今天，它还是我国光辉灿烂的古代文明的伟大象征。

秦始皇统一中国，对我国多民族国家的形成做出了重要贡献，统一后实行的各种政策和措施，对中国历史的发展产生了深远的影响。

▼ 秦长城遗址

## 小资料

### 秦东陵

秦建都咸阳之初，国君墓葬有了封土成冢之制，开始称"陵"。当时，秦国君主的陵区位于咸阳都城西侧毕陌，包括秦惠文王的公陵、悼武王的永陵等陵墓。

从秦昭王开始，随着秦国向东方的扩展和都城咸阳的扩大，秦国君主墓葬在芷阳选择了新的陵区，同"毕陌秦陵"相对，形成了"芷阳秦陵"。这一陵区在咸阳及毕陌之东，故又称为东陵。

秦代芷阳县，北界渭河与弋阳县相接，南与蓝田县为邻，东傍骊山，西南跨越灞水与杜县连壤。经考古调查证实，芷阳县治在今临潼区油王一带。在芷阳陵区，即东陵区域内埋葬的秦国君主有：昭襄王与唐太后合葬的芷陵、孝文王与华阳太后合葬的寿陵、庄襄王与帝太后合葬的阳陵，还有昭襄王之母宣太后墓和悼太子墓。

本来，骊山修建的秦始皇陵也属于芷阳陵区范围。秦王政十六年，置丽邑县治以奉陵园。后人一般把秦始皇陵不包括在秦东陵范围内，实际上，秦始皇陵区在布局上，当是秦东陵区的延伸和扩展。

# 吕不韦和《吕氏春秋》

在战国后期，秦国有位很著名的政治活动家，名叫吕不韦。

吕不韦原是阳翟（今河南省禹县）的大商人，他活动的时期，在公元前三世纪。这个时期，商业有了很大发展。在当时的社会大动荡中，商人们不但坐列贩卖，囤积居奇，而且也跻身于政治斗争。他们凭借经商积累的财富，交结诸侯王公，干预军国大事，逐渐形成了一个特殊的社会阶层。吕不韦就是这种新兴商人阶层中的一员。据史书记载，他主要在赵国都城邯郸经商，所活动的区域跨越今天的山东、河南、陕西、山西等省，家产万金，是一个由经商起家的富豪。

当时，秦昭王的孙子异人被作为人质扣留在赵国。战国时期，各个国家为了防范其他国家的攻击，常常要他国国君的亲属子孙作为人质，公孙异人就是这样被送到赵国来的。吕不韦在邯郸经商的过程中，结识了异人，来往很密切，由此导致了他弃商从政的巨大转变。

吕不韦当时还是用商人的眼光来看待政治的。据说他同异人结识以后，同他的父亲有一段戏剧性的对话：

吕不韦问："当农民种田，能得到多少利？"

他父亲答道："最多十倍。"

吕不韦又问："贩卖珍珠宝石，能得到多少利？"

他父亲答道："大约一百倍。"

▲ 吕不韦画像

吕不韦又问："如果扶立一国之君，使某个人当上国王，那能得到多少利呢？"

他父亲大吃一惊，答道："那就不计其数了！"

最后，吕不韦下了决心，说："如今当农民一年辛辛苦苦，还不能丰衣足食。如果扶立一国之主，则可以为后代留下恩泽。我打算把秦国的公孙异人扶上王位，这是奇货可居呀！"从此，吕不韦便开始了他的政治投机事业。他当时仍然把异人当作商品，只不过是把他看作一件可以带来巨大利润的特殊货物罢了。我们常说的成语"奇货可居"，就是从这个故事来的。

吕不韦决定放弃商业，从事政治以后，就积极开始活动。一方面，他动用自己的家产帮助身处异国的异人，为异人提供生活费用，布置门面。另一方面，他带上礼品，亲自去秦国游说，为异人登上王位创造条件。当时，秦国的太子安国君，是秦昭王的法定继承人，安国君有一位很受宠爱的夫人，叫华阳夫人。这位夫人没有儿子。吕不韦到秦国后，用各种手段说服华阳夫人把异人收为自己的儿子。这样，就为异人在以后继承王位打通了第一关。

异人在赵国寄人篱下，是一位处境艰难、相当寒碜的落难王孙。秦昭王根本没把他搁在心上，再加上秦国屡次进攻赵国，赵国当然对他就十分刻薄，百般刁难。异人真是尝够了那种清贫困苦的软禁滋味，但他自己又无可奈何。在吕不韦的帮助下，他的处境有所好转，生活条件也有了改善，还娶了赵国的一个富豪之女为夫人。更重要的是，他得到了安国君的重视，有了登上王位的希望。所以，他对吕不韦感恩不尽，拜吕不韦为老师。公元前257年，秦国进攻邯郸，赵王想杀掉异人。吕不韦就给异人出谋划策，用黄金买通守城门的卫兵，逃离邯郸，回到秦都咸阳。公元前251年，秦昭王死后，安国君即位，就是秦孝文王。秦孝文王在位只有三天就死了，异人终于登上了王位，即秦庄襄王。庄襄王为了报答吕不韦，即位后马上任命吕不韦当了相邦，封为文信侯，并在雒邑（今河南省洛阳市）给他封邑十万户。"奇货可居"果然带来了巨大的收获，吕不韦花在公孙异人身上的本钱，给他换取了政治上的成功。此后，吕不韦成为秦国的显要人物，开始了他在秦国的政治建树。

吕不韦不仅善于经商，在政治上也是非常能干的。庄襄王在位只有三年，即位的秦王嬴政年仅十三岁，秦国的大权自然落到了吕不韦手中，就连嬴政也尊称吕不韦为"仲父"。吕不韦虽然出身于商人，但他执政时却非常重视

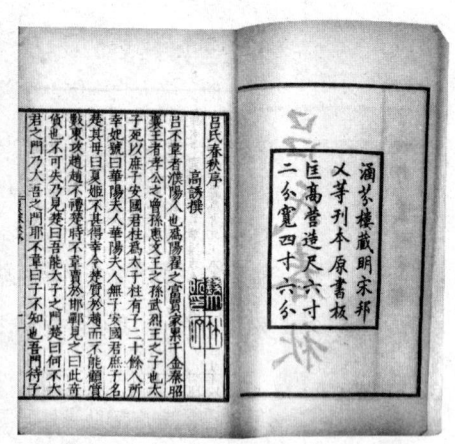

《吕氏春秋》书影

农业。关中地区著名的郑国渠，就是他任相邦时修建的。在他执政的十几年内，秦国的农业生产发展比较快，耕地面积不断扩大，生产技术也不断提高，特别是关中地区，成为当时天下最富庶的地方。另外，吕不韦也拉开了统一战争的序幕。公元前249年，他指挥了对东周的战争，打败了东周联合各诸侯国对秦的进攻，进而灭了东周，使秦国的疆域在中原进一步扩大，对秦国向东方扩展起了一定作用。

吕不韦在历史上的最大贡献，是他组织一大批学者，编撰了《吕氏春秋》一书。

春秋战国时期，各派学术活动非常活跃，诸子百家，各持己见，著书立说，互相争鸣。战国养士的风气特别盛行，如魏国的信陵君，楚国的春申君，赵国的平原君，齐国的孟尝君，都养有一大批宾客，形成自己服务的幕僚班子。吕不韦也效仿他们，以优厚的待遇广招天下之士，门下的宾客达3000人之多。这些宾客，多数是具有一定学识的文人说客，也有怀有一技之长的普通平民。这些人给秦国带来了各派学术观点，使儒、墨、道、法、兵、农等各种学术思想得以在秦国流行，促进了关中与关东六国思想文化的交流和发展。吕不韦把这3000门客组织起来，让他们各自撰写自己的见解，再加以剪裁整理，编成了《吕氏春秋》一书。

《吕氏春秋》是我国历史上第一部有组织、按计划编写出的文集。它规模宏大，分为八览、六论、十二纪，共26部，161篇（现存160篇），20多万字。它的内容，包括了战国诸子的各种观点，综合百家九流，畅论天地人物，涉及从自然到社会的各个方面，兼收并蓄，无所不有，号称包揽"天地万物古今之事"，集战国学术思想之大成，可以说是对百家争鸣的一个大总结。公元前239年，吕不韦将《吕氏春秋》这部著作的成稿公布于咸阳市门，并宣称不论是什么人，只要在这部书中加减更改一个字，就给予千金重赏，用这种方式来提高这部书在人们心目中的地位。"一字千金"这个成语，就是从此流传下来的。

《汉书·艺文志》中，把《吕氏春秋》列为杂家，事实上并不十分恰当。《吕氏春秋》固然广泛吸取了各家学说，但并不是照抄照搬，拼凑杂成，而是经过分析选择，各取所长，自成一家。尽管它有些内容不相协调，体例上也有所不足，然而这部书在当时有着极大的政治意义，在文化史上也有着很高的地位和价值。战国中晚期以后，全国走向统一已经是大势所趋，诸子百家在争鸣中互相吸收融合也成为一个必然趋势，《吕氏春秋》正是通过杂家的方式，试图把各种思想融为一体，吸取各家学说的合理成分，形成一个新的思想体系，用来指导秦国的政治。吕不韦当时在秦国有很大权势，他之所以用一字千金的方法来公布这部书稿，就是要引起人们的重视，树立这部书的权威，扩大它的影响，从而达到用这部书统一和指导秦国政治思想的效果。

《吕氏春秋》主张建立中央集权的统一王国。它分析了当时的社会形势，认为周室东迁以后，诸侯林立，弱肉强食，战乱不止，民不聊生，社会的动荡不安就是因为分裂局面造成的。只有用统一战争来结束割据状态，才是解决社会问题的根本途径。这种观点，反映了秦国当政者统一天下的愿望，符合历史潮流，有一定的进步意义。

《吕氏春秋》也在一定程度上反映了当时的重民思想。它把国家的根本归结到民众身上，要求统治者"忧民之利，除民之害"，重视民心向背，注意缓和阶级矛盾。对于暴君及其残暴统治，它进行了比较激烈的批判。

关于统一的封建国家建立以后如何进行统治，《吕氏春秋》提出了一些新的见解。它吸取了儒家和道家的思想，又融合了一些法家的观点，主张实行"德政"，辅之以刑罚，要德刑并用，恩威兼施，以德为主，以此来保持统治的稳定。《吕氏春秋》还特别强调任用人才和选拔官吏，反对君主独裁，推崇禅让制度。这些见解，反映了地主阶级在统治方法上的探索。

《吕氏春秋》还收集保存了许多历史资料，对于我们今天研究古代思想文化、科学技术和农业生产等都有着很重要的价值。

关于《吕氏春秋》应该如何评价，现在史学界仍然有许多争论。但有一点是可以肯定的，就是这部书对于怎样建立中央集权的封建统一国家及其统治方法，提出了自己的一套看法。书中的一些观点，在当时确实是进步的。

吕不韦在秦国的政治舞台上叱咤风云，显赫一时，起了相当的历史作用。但是，秦王嬴政长大成人后，同他发生了尖锐的矛盾。嬴政也是一个具有雄才大略的政治家。吕不韦的政治主张，是嬴政怎么也接受不了的。嬴政信奉法家的治国理论，主张以严刑酷法来治理天下，实行君主独揽一切大事的独裁统治，据天下为己有，这同《吕氏春秋》一书的政治思想是对立的。公元前237年，秦王嬴政同吕不韦的矛盾终于白热化，他削去了吕不韦的相权，把吕不韦贬回洛阳。此时，吕不韦的政治生命实际上已经终结了。一年多以后，秦王又命令吕不韦带上家眷迁到边远的蜀地。吕不韦认识到自己同秦王的矛盾已经不可调和，便饮毒酒自杀了。

秦始皇统一中国后，统治残暴，使阶级矛盾迅速激化。时隔不久，农民大起义就推翻了秦王朝。西汉王朝建立后，吸取秦朝灭亡的教训，改良政治，"无为而治"，让农民能够休养生息。西汉王朝的统治方法，在很大程度上是实行了《吕氏春秋》所主张的政治思想的，这也可说明《吕氏春秋》一书对后世的影响。

## 秦国著名军事家尉缭和王翦

战国末年,七国之间的兼并战争非常剧烈,随着战争规模的扩大和次数的频繁,涌现出一大批杰出的军事家,其中关中地区有代表性的是秦国的尉缭和王翦。

尉缭是魏国大梁(今河南省开封市)人,年轻时熟读兵法。公元前237年,他来到秦国都城咸阳。当时秦王嬴政刚刚亲政,正在招贤纳才,各国人才云集咸阳,他们纷纷向秦王嬴政上书建议,以求得重用。但秦王认为他们都是书生之见,不切实际,没有采纳。尉缭却与众不同,他看到当时诸侯国之间的兼并战争日益频繁,规模越来越大,迫切需要富国强兵,走向封建统一。因此,当秦王召见他时,他就全面陈述了自己的政见,他说:"战争的胜利取决于国家良好的政治制度和措施,只有国家富足而安全,才能战胜于外,威制天下。我主张,明确君臣职守,公正审理案件,开发荒芜土地,那样人民就会扬臂争事农战,也就无敌于天下了。"秦王嬴政连连点头称道。尉缭充满了信心,接着说:"大王的军队每到一地,应该使农民不离开自己的土地,商人不离开自己的店铺,官吏不离开自己的官府,只要'宽其政,夷其业,救其弊,则足以施天下'。"秦王听了,越发觉得相见恨晚,他恭敬地问尉缭:"依您看,怎样才能治理好军队呢?"尉缭面对现实说:"选拔将帅要清廉,'宽不可激而怒,清不可事以财',只要将帅以身作则,'号令明,法制审',就能激励士气,战胜敌人。"秦王觉得尉缭的话很有道理,就约他第二天再谈。后来,尉缭又对秦王谈了作战的指导方法,他说:"军队进攻前要研究敌情,充分准备,'先料敌而后动',战后要严明赏罚,鼓励战士奋勇杀敌,这样,秦国军队就可以所向无敌,统一天下。"这些话,正合秦王的心意,他对尉缭的见解大加赞赏。

尉缭在秦国积极谋划统一天下的大计。他分析了关东六国的情况,向秦王建议说:"如今各国大权都在大夫手里,这些大夫差不多都贪财爱地,没有远见。大王只要花上二三十万金,就能把他们收买过来。要是能够让各国的大臣服服帖帖地为大王服务,诸侯不就完了吗?"秦王一听大喜,当时就给尉缭金五万斤,让他放手施展谋略,向各国活动,破坏六国抗秦的部署,并任命他为秦国的最高军事长官——国尉。

在以后的十几年内，秦国横扫关东六国，基本都是按照尉缭的谋略而灵活采取行动的，所以，秦国最后统一全国，与尉缭的军事指导思想有很大的关系。

关于尉缭的生平事迹，史书上记载很少，他的军事思想，后来编成了一部书《尉缭子》。1972年，在山东临沂银雀山汉墓中，发现了与现在流传的《尉缭子》基本相同的残简，这就更加有力地证明，《尉缭子》至迟在西汉前期就已经广泛流传于世了。

《尉缭子》共24篇，涉及战争观、战争的指导原则、战略战术、队列编制、带兵方法、功过奖惩以及战争同政治、军事的关系。尉缭认为，战争的目的，是"诛乱禁暴"。"兵者，凶器也；争者，逆道也；将者，死官也；故不得已而用之。"所以，战争的胜负，取决于人事而不是取决于天命。只有符合道义，除暴安民，重视民心的向背，才能赢得战争的胜利。《尉缭子》还总结了战略、战术方面的经验，其中包含有许多唯物主义的思想。从这点上说，《尉缭子》不仅是一部重要的军事学著作，同时也是一部哲学著作。

《尉缭子》一书在中国古代军事史上具有很高的地位和很大的影响，其中许多观点和制度，为后代提供了参考资料。到北宋元丰年间，当时政府把《尉

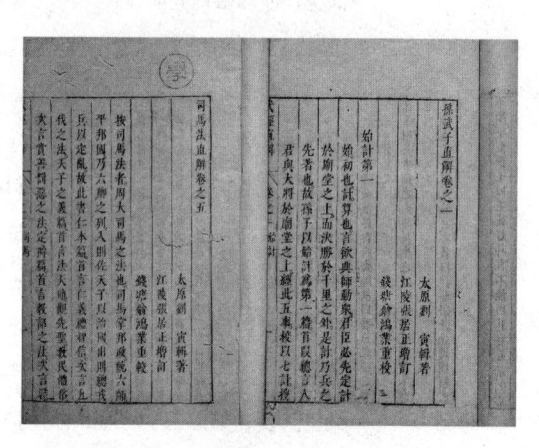

▲ 《尉缭子》书影

缭子》和《孙子》《吴子》《六韬》《司马法》《黄石公三略》《李卫公问对》合在一起编为《武经七书》，作为人们研究军事的必读书。

另一个与尉缭同时期、秦国历史上著名的军事家是王翦。

王翦，秦国频阳东乡（今陕西省富平县东北）人，生卒年月不详。史书记载他是世代将门之子，"少而好兵"，从青年时代起就投身于军旅之中，在长期的战争生活中立有赫赫战功。

秦王嬴政即位以后，对王翦十分器重，经常委以重任。公元前235年，秦王任命他为大将，率领秦军荷戈长征，首先进攻六国中较强的赵国。王翦在赵地阏与大败赵军，顺利占领了大小城邑九座。公元前229年，王翦再次奉命伐赵。当时，赵国有一个名将叫李牧，他曾大破匈奴十万骑兵，很会用兵。李牧挖沟筑壁，防守严密，双方旗鼓相当，王翦多次进攻均未奏效。于是，他重新分析形势，采取对策。他一面派人前往赵营提议休兵言和，一面以重金收买赵王的宠臣郭开进行离间活动，散布流言说李牧将要叛乱降秦。这一着反间计果然很灵，赵王是个昏庸多疑的人，他马上撤换了李牧的大将职务，另派了一个毫无军事才能的赵葱去接掌兵权，这样赵国军队可就乱套了，防御力量也受到了严重削弱。王翦暗暗心喜，三个月后，他瞅准时机，擂鼓猛攻，杀赵葱，破赵军，如入无人之境，顺利攻占了赵国都城邯郸。赵王逃到东阳，最终做了俘虏。从此，赵国变成了秦国的一个郡，叫邯郸郡。

公元前227年，王翦又率领秦军进攻燕国，大败燕军于易水之西。燕国太子丹无力反攻，只好收买荆轲去刺杀秦王，想以冒险的侥幸去阻止秦国的统一。结果刺杀没有成功，反而激怒了秦王，他亲自带着更多的军队来增援王翦。王翦奋力攻打，很快就占领了燕国都城蓟城，燕王喜吓得慌忙逃往辽东去了。

从公元前230年—前225年，只用了几年工夫，秦国就像秋风扫落叶似地灭掉了韩、赵、魏三国，还占领了燕国的大部分土地。这时，秦王乘着军事上的节节胜利，准备挥师南下进

▲ 王翦画像

攻楚国。对于进军楚国,需要动用多少兵力,秦国的将帅们看法不一。年轻力壮的李信大胆夸口说:"我看只要有20万人马就足够了。"王翦却深有谋略地说:"楚国人多地广,实力尚在,没有60万兵别想取得全胜。"求胜心切的秦王一听,认为王翦年老保守,顾虑太多,而李信勇敢果断,创业有为,于是没有采纳王翦的意见,而任命李信为大将,率军20万伐楚。王翦只好叹息着摇摇头,称病退返家乡。

李信带领秦军兵分两路,攻进楚国。刚一入境就取得了胜利,便越发自信,继续攻占了楚国的重镇鄢郢,并与另一路秦军会合于城父。楚国的名将项燕看到秦军求胜心切,故意示弱,同时却在两壁设下埋伏。秦军一到,顿时杀声四起,万弩俱发,秦军七个都尉被杀,几乎全军覆没。这一仗,使秦楚攻守形势顿时大变,楚军乘胜进逼秦国边境,这是秦国在统一全国过程中所遭受的最大一次挫败。

秦国边境上,烽火台日夜不息,报警的消息频频传来。秦王心急火燎,十分震怒,又非常后悔没听王翦的建议,于是他亲自扬鞭策马,赶到王翦的家乡频阳,非常恳切地对王翦说:"由于寡人没有听取老将军的意见,李信果然丧师辱国,现在楚军直逼国境,形势十分危急,请老将军不辞劳苦,统兵抗敌,代寡人分忧。"王翦看到秦王嬴政悔恨交加的神情,为了坚定他的决心,故意推说自己年老体弱,难以胜任,请另选贤将。秦王越发着急,他急切地坚持说:"寡人已考虑再三,要取得伐楚的胜利,非您老将军亲自出马不可,万望您不要推辞了。"王翦这才答应秦王的要求,他再次提出自己的看法说:"大王一定要用臣下,那就非得动员60万人马不可,因为楚国地域辽阔,兵马比其他各国强大,与秦国交锋还未大败过,因此不可轻视。"秦王连连点头,十分赞同,他亲手把上将军大印佩戴在王翦身上,并在咸阳章台上举行了隆重的拜将礼,重整旗鼓,派王翦带兵60万伐楚。

大军浩浩荡荡出行的那天,秦王率领文武君臣到离咸阳城外几十里的霸上送行。王翦面对着咸阳气势宏伟的楼阁殿榭和一望无际的关中平原,请求秦王赏给他最好的田地和上等的房子,以备风烛残年之用。秦王不禁哈哈大笑说:"老将军立功回来,与寡人同享富贵,难道还担心将来贫困吗?"王翦感慨地叹道:"大王治下的将军有功也不能封侯荫子,不如趁我还活着的时候,赏给我一点宅院良田,作为子孙后代的基业。"秦王嬴政笑着点头答应,王翦这才依依不舍地纵身上马。在行军途中,王翦曾五次派专使骑马回到咸阳,请求秦王快点为他赏地建房。随军的将领们都不理解,劝说王翦:"老将军一再要求赏赐,不顾大敌当前,是否太过分了呢?"王翦回答说:"大王常有猜疑善变之心,对将领用而不信,现在大王把全国兵力都托付于我,我只有多请田宅,表示绝无反叛之心,才能使大王放心,我们也可专心对付楚国。"周围的将领们听了这番话,才转忧为喜,非常敬佩王翦的深谋远虑。

王翦带领秦军到达秦、楚交界的天中山后,利用险峻的山势,采用稳健战术,驻扎不前。楚国听到王翦来了,就发动全国兵力共40万,由大将项燕带领决一死战。王翦却连营几十里,拒不交战。楚军披甲持弩,多次挑战,秦军就是不肯出来。王翦每天与士兵们一起洗澡吃饭,教他们跳远、投掷,日夜操练,表面只是装作长期驻守的样子,这样秦楚双方一直对峙了一年之久。项燕看不出王翦的攻意图,误以为秦军真的只是防守边境,就松懈下来,加上出师日久,粮草不足,决定拔营东归。正当楚军懈怠的时候,王翦领精锐大军,以迅雷不及掩耳之势发起猛攻,楚军仓促应战,十分被动,结果全军溃败。王翦率领大军穷追不舍,正像屈原在《国殇》里描写的那样:战车相撞,短兵相接,阵势大乱,马死人伤,鬼哭狼嚎,尸骨遍野。秦军很快打下淮河南北,在蕲南全歼楚军,项燕不得已而自杀。公元前223年,秦军攻下楚都寿春,楚王负刍被俘。接着,秦军又渡过长江,席卷吴越。第二年,王翦进一步平定了楚国的附属地区,统一了长江流域,改楚国为秦国的南郡、九江郡和会稽郡。

王翦灭掉了楚国,轰动了秦国朝野,人

▲ 秦国虎符

们奔走相告。当王翦披着满头白发回到咸阳时,老百姓扶老携幼,争着去迎接。在庆功的宴会上,王翦向秦王告老还乡。他不愿在咸阳追求安逸享乐,回到频阳过着隐居的农耕生活,不久就去世了。秦始皇东巡时,到了琅琊海边刻石纪功,还念念不忘王翦对秦国立下的功劳。直到宋代宣和年间,当时的朝廷还追封王翦为镇山伯,给予很高的荣誉。今天在陕西省富平县还保存着王翦的墓址,以供后人瞻仰、怀念这位为秦国统一大业立下丰功伟绩的古代军事家。

小资料

### 秦将白起

白起为郿(今眉县)人,是战国时期秦国的著名将领。在秦昭王时,白起曾先后率军攻楚、伐魏、击韩,为秦国扩展疆域数千里,兼并城池数百座。其中最著名的,要数秦赵长平之战。战前,赵国中了秦昭王的反间计,撤换了久经战阵的老将廉颇,起用了熟读兵书的赵括为将。结果,赵军全军覆没,40万降卒被白起坑杀,赵括也以"纸上谈兵"而成为历史话柄。从长平之战后,三晋失去了与秦国对抗的实力,但白起也因秦昭王的猜忌而被迫自杀于咸阳附近的杜邮。

# 李斯与秦小篆

在秦王朝历史中,有一个重要人物与秦王朝的强盛兴亡有着密切的关系,这个人就是李斯。

李斯字通古,楚国上蔡(今河南省上蔡县)人。他年轻时,曾经当过地方上的小官吏。他的官职虽然不大,但却非常看重个人名利,总想飞黄腾达,显赫名声。他看见厕所里的老鼠,吃的是脏物,见了人吓得东窜西逃;而仓库里的老鼠,吃的是积粟,住的是宽大的仓房,却毫无惊扰之忧。针对这种境遇差别,李斯感叹地说:"一个人的前途和成就如何,就像老鼠一样,关键在于自己选择的环境啊。"在这种思想的支配下,他跟随荀子学习辅助帝王建立功业的学问。后来,他瞄准了经过商鞅变法以后国力十分强盛的秦国,认为关东六国都不足以成大事,只有秦国雄踞关中,有力量并吞列国,是大有作为的地方。于是,他西行入秦,于公元前246年,来到秦都咸阳。

当时,秦庄襄王刚死,继位的嬴政只有13岁,由相邦吕不韦执掌大权。李斯当了吕不韦的舍人,受到信用,很快就被任命为郎。他为秦王分析形势说:"灭诸侯,成帝业,为天下一统,此万世之一时也。"并建议秦王采用离间的办法,破坏各诸侯国之间的合纵及各诸侯国内的君臣关系,以利秦国的兼并。这个建议被秦王采纳,于是,李斯被提拔为长史,又被拜为客卿。从此,李斯开始了他在政治上最得意的时期。

公元前238年,秦王嬴政平定了嫪毐集团的叛乱,免去了吕不韦的相权,巩固了自己的地位,同时加快了攻灭六国的准备工作。在这之前,韩国为了延缓秦人伐韩,派水工郑国为秦修渠,到此时秦人察觉了郑国的间谍身份。秦国的宗室大臣本来就对外来客卿受到重用不满,郑国事件出现后,他们煽动秦王说:各国来秦的客卿,

▲ 李斯画像

都是为本国利益来的，都是间谍，应该驱逐出境。于是，秦王下了一道逐客令，李斯也在被逐之列。在这种情况下，李斯向秦王上了一篇《谏逐客书》。在这篇文章里，李斯从秦国的历史谈起，说明了逐客令的错误所在。他举例说：秦穆公重用由余、百里奚而称霸西戎；秦孝公重用商鞅而国家富强；秦惠王用张仪破坏了六国合纵；秦昭王用范雎、蔡泽为秦国奠定了帝业的基础。秦国的这四代君主，都能重用客卿，建立了极大的功业。李斯又分析说：秦国王宫中的玉石、珠宝、良剑、骏马、美女、乐器，都不是秦国所出产的，但一样为秦所用。他由历史说到现实，由用物说到用人，纵横捭阖，酣畅淋漓，极有说服力地论证了"泰山不让土壤，故能成其大；河海不择细流，故能成其深；王者不却众庶，故能明其德"的深刻道理，劝说秦王采取"地无四方，民无异国"的方针，广泛任用愿意效忠于秦的外地人才，以完成统一天下的千秋大业。这是一篇结构谨严、比喻得当、说服力很强的文章，历来被人们看作中国古代散文的典范之一。秦王看了《谏逐客书》，十分欣赏，采纳了李斯的意见，取消了逐客令，并且派人去追李斯，一直追到郿邑（今临潼区），才把他追回来，恢复了他的职务。后来，又把他提升为最高司法长官廷尉。李斯的这篇《谏逐客书》奠定了秦王用人政策的理论基础。秦国在完成统一的过程中，之所以能够文臣武将，人才济济，

▼李斯《谏逐客书》

李斯是有功劳的。

从秦王掌权到统一六国及以后的事业中，李斯一直处于重要的辅助地位，官至丞相。他积极参与了制定和实施统一全国的战略决策；统一后，他坚决主张废除分封制，建立中央集权的封建专制国家，并且协助秦始皇制订了统一文字、法律和度量衡的制度。在秦的统一事业中，他起了重大的历史作用。

但是，随着职务的上升和权力的增大，李斯斤斤计较、妒才忌能的本性也逐步暴露。韩非是李斯的同学，是战国时著名的法家人物。秦始皇非常赏识韩非的文章。韩非到了秦国以后，李斯唯恐韩非受到重用，就在秦始皇面前说韩非的坏话，害死了韩非。公元前213年，李斯又向秦始皇建议下令焚书，造成了中国古代文化典籍的一次浩劫。

公元前210年，秦始皇第五次出巡。归途中，走到沙丘（今河北省广宗县附近），暴病死亡。这时，中车府令赵高同胡亥策划了一场夺权阴谋。李斯经不起赵高的威胁和利诱，与赵高、胡亥同流合污，篡改了秦始皇的遗诏，迫使公子扶苏自杀，由胡亥继位。胡亥和赵高掌权以后，对人民的压迫和剥削变本加厉，法令越来越残酷，赋税徭役越来越重。李斯为了使自己免于杀身之祸，曲意纵容，助纣为虐，向二世献"督责"之术，即轻罪重罚，用严刑酷法来镇压人民的反抗。结果，"刑者相半于道，而死者日积于市"，人民处在水深火热之中，阶级矛盾越来越尖锐，终于爆发了陈胜、吴广领导的农民大起义。

陈胜、吴广起义以后，李斯才向秦二世胡亥上书揭发赵高的罪行。然而为时已晚。赵高以李斯的儿子、三川守李由镇压农民起义不力的罪名，把李由逮捕下狱，后又以二世的名义把李斯也关押起来。公元前208年，李斯被腰斩于咸阳。临刑前，他流着泪对儿子说："现在，咱们想做一个平民百姓，到故乡上蔡去打猎，也是办不到的了！"似乎对过去的贪恋权势有所悔悟，但是，已经无法补救了。他死后葬于上蔡。

李斯虽然在历史上留下了污点，但他还是有功的。他的功绩除了在政治上协助秦始皇帝完成了统一事业之外，在中国文化史上还有着特殊的贡献。秦的统一事业之中，一个重大的功绩就是统一了文字。在此之前，由于各诸侯国处于割据状态，文字也各不相同，不利于经济文化的互相交流。秦灭六国后，李斯提出了"罢其不与秦文合者"，即以秦国文字为基础，把战国时期彼此不同的各国文字统一起来。他自己编写了《仓颉篇》，赵高编写了《爰历篇》，胡毋敬编写了《博学篇》，按照大篆字形加以改革，减省笔画，形成我们常说的秦小篆，成为秦王朝官用文书的标准字体。李斯曾经说过："上古创造大篆字体，广为流传，但由于时间久远，人们多不能认识。所以现在删掉繁杂笔画，省略异体字形，改进成为小篆。"这是中国历史上第一次文字改革，对发展祖国文化有着不可忽视的作用。

李斯还有一套书法理论。他谈到用笔的方法时说："写字用笔要急速回转，折画要快，像苍鹰俯冲盘旋一样。写字应自然而成，不要重复改画。收笔好比游鱼得水，运笔就像景山行云，笔画的轻重，舒卷，应自然一体，大方美观。只要善于思考，便可悟出其中道理。"这个书法理论，即使在今天，从学习书法艺术的角度讲，也还是有一定参考价值的。

　　李斯所写的字，在秦代是第一流的，其字曾经"刻诸名山、碑、玺、铜人"。现在我们能够见到的，有《琅琊台刻石》和宋代的《泰山刻石》拓本。这两块刻石的字，用笔劲秀圆健，结构严谨，是秦小篆的代表作，也是我国书法艺术中的珍品和历史文物中的瑰宝。还有《会稽刻石》《峄山刻石》，也是李斯所写，但现在我们所能见到的只有宋代的摹刻品。在西安碑林中就收藏有复制的《峄山刻石》。宋代文学家苏轼曾经对秦小篆给予很高的评价。他说：秦朝虽然残暴无道，但所创立的事物中，也有超人的地方，其中书法文字的功夫技巧，就是后人所赶不上的。苏轼的这个评价，从秦小篆的历史地位来讲，是有一定道理的。

　　李斯是一个有功有过的历史人物。我们不必苛求于他，但是可以把他作为一面历史的镜子。

## 小资料

### 周秦关中风俗

　　司马迁在《史记》中谈到关中民俗时说道："关中沃野千里，从公刘、古公亶父到文王、武王，奠定了这里的农业基础。因此，这里的老百姓都有先王遗风，重视稼穑耕作，以农为本，不敢为邪恶。后来，雍城通陇蜀，栎阳通三晋，商业才发展起来。秦统一后到汉代，陆续迁徙关东豪富到关中，风俗才开始错杂变化。"

　　贾谊在谈到关中民俗时说道："关中的民俗，是在商鞅变法后有了较大变化的。商鞅主张抛弃道德礼义，因而，秦人的子女长大以后，富有的家庭则会分家析产，贫穷的家庭则会给别人当上门女婿。分家另立门户后，即使把农具借给自己的父亲，也会矜然自得认为是一种恩惠，而不以为是子女应该做的，他母亲如果用一下儿子的簸箕扫帚，会招来子女唠唠叨叨的抱怨。妇女给自己的子女哺乳，站在公公的面前敞胸露怀也不足为怪，同小姑一旦言语不合，立即便反唇相讥，争吵不休。只有其慈爱子女，贪嗜财利，才同禽兽稍微有些差别。"

# 第三章 大汉印象

# 汉高祖定都长安

秦末农民大起义的汹涌浪潮，推翻了秦王朝的残暴统治。此后，又经过四年多的楚汉战争。汉王刘邦消灭了楚霸王项羽的势力，重新建立了全国统一的政权。公元前202年，刘邦在今山东曹县的汜水北岸登上了皇帝宝座，从此，开始了西汉王朝200多年的统治。

西汉王朝刚刚建立的时候，全国到处是一片荒凉残破的景象。由于秦王朝的横征暴敛，加上连年战乱不息，各地的地主武装趁机烧杀抢掠，使社会经济遭到了严重的破坏，政治局势也动荡不安，生产萎缩，城市衰败，劳动人民流离失所。另外，在推翻秦王朝的斗争中形成的各支地方武装力量，对刘邦也不那么完全俯首听命，随时有起兵反叛的可能。在这种情况下，如何恢复封建统治秩序，发展封建经济，成为关系到西汉政权能不能维持和巩固下去的首要问题。与此相联系的，就是把都城定在何处，因为它关系到能不能有效地对全国进行统治。选择建都地点，成为刘邦当上皇帝所面临的第一个重大问题，也是整个封建统治阶级的当务之急。

起初，刘邦没有打算把都城建在关中，他在汜水北岸即位以后，先把都城定在了洛阳。刘邦认为，洛阳地处全国的中心，交通便利，而且有着现成的城市宫殿，所以，他就率领文武百官，在洛阳定居下来。

当时，齐地（今山东省）有一个叫娄敬的人，对

▲ 汉高祖刘邦画像

汉高祖刘邦定都洛阳这件事情有着不同看法。娄敬是一名普通百姓，他虽然没有担任什么官职，但他对国家大事十分关心，而且具有丰富的历史知识和地理知识，对当时的政治局势和社会状况了解透彻，能够比较客观地观察问题和分析问题。所以，他对如何治理经过战乱破坏以后的国家有着高超的见解。就在刘邦刚当上皇帝后不久，娄敬被地方官吏征发到陇西（今甘肃一带）去守卫边疆。从齐地到陇西，中途要经过洛阳。于是，娄敬就打算在经过洛阳时，求见汉高祖，上奏他对选择建都地点的看法和建议。

当时，一个普通平民，要见皇帝是很不容易的。为了达到自己的目的，娄敬首先求见了在刘邦手下当官的虞将军。虞将军也是齐地人，娄敬想通过老乡关系，让他在刘邦面前引荐自己。不过娄敬不是那种在皇帝面前奴颜婢膝、低三下四的人，他虽然是一个平民，却很有骨气。当他到达洛阳时，他的身份不过是一个拉车的民夫。虞将军见他衣裳破旧，就要给他一套新的丝绸服装，让他换上了衣裳再去见高祖。娄敬拒绝了虞将军的建议，他说："我如果原来穿丝绸衣裳，那我就穿着丝绸衣裳去见皇帝；但我一直穿的是粗衣裳，当然就要穿这身粗布服装去朝见。我不能因为要见皇帝就换衣服。"

娄敬见了汉高祖以后，详尽地分析和论述了建立都城所需要的条件，并把洛阳一带同关中地区的地理环境加以比较，又把周朝同当时的历史形势加以比较。娄敬说："陛下建都洛阳，是打算建立一个像西周那样的兴盛王朝。但是现在的形势同西周时期不一样。西周时期，统治稳固，社会安定，所以修建了成周洛阳为第二首都。因为这里是天下的中心，便于行施政令。洛阳这个地方，社会安定则容易治国，社会动乱则容易灭亡。东周时期，周天子不能控制侯王室衰弱，就是因为洛阳地理条件不利的缘故。"接着，娄敬又分析了当时的社会状况，他说："现在战争刚刚结束，天下百姓肝脑涂地，阵亡将士的尸骨遍布田野，家破人亡的农民哭声不断，社会动荡不安，洛阳又无险可守，不是建都的适当地点。而关中地区被山带河，四面都有险要坚固的关口要塞，发生了什么紧急情况，马上就可以召集起百万人马。凭借原来秦国的地方，利用这块肥沃的土地，这就是人们所说的天府之国啊！陛下如果在关中建立都城，假使东方各地发生叛乱，仍然可以保全秦国的旧地。就像与人搏斗，卡住对方的咽喉就容易取胜一样，把都城建在关中，就如同卡住了天下的咽喉。"

刘邦听了娄敬这番话后，就征求各位大臣的意见。刘邦的大臣多不是关中人，他们纷纷反对在关中建都。大臣们认为，洛阳东面有成皋（河南荥阳汜水镇，又叫虎牢关），西面有崤山和渑池（今河南省新安县和渑池县一带），山水险要，北面背靠黄河，南面面向伊水和洛水，山川地势也可以作为建都的条件。他们还特别强调：周代在洛阳建都，统治达几百年之久，而秦代在关中建都，命运非常短暂，不如就定都洛阳。

　　大臣们这样一说，刘邦也有些犹豫不决。他知道关中有许多有利因素，特别是楚汉战争期间，正是由于从关中得到了源源不断的兵源补充和粮草供应，他才打败了项羽。但是，因为大臣们反对建都关中，他又不能果断地下决心。于是，刘邦就将此事询问他的军师张良。足智多谋的张良支持娄敬的意见，对刘邦说："洛阳周围虽然有山河可以凭借，但是中间的地区狭小，不过几百里，土地贫瘠，四面受敌，不是用武之地。而关中地区则不一样，东面有崤山和函谷关，西面有陇山和岷山，中间是上千里肥沃的原野，南面有汉中、四川的富饶供给，北面有边塞地区的畜牧之利。西、北、南三面都可以凭险防守，只需要从东面控制各个诸侯王，天下安定的话，则可沿着黄河和渭河运送物资供给都城，如果天下动乱，则可以出兵东征，顺河而下，足以保证后勤供应。确实是'金城千里''天府之国'！"张良的一席话，打消了刘邦的疑虑，促使他决定在关中建都。娄敬因为首先提议定都关中，被刘邦委任为皇帝侍从郎中，封号奉春君，并赐他皇帝姓氏，改名刘敬。当天，刘邦就起驾出发，向关中开拔。

　　其实，在此之前，就有不少人已经认识到了关中的战略地位。战国时期的苏秦，就曾对秦惠文王论述过关中地区的优越性。秦王朝被推翻以后，项羽率领关东大军进入咸阳，有一个书生韩生，提议项羽定都关中，说："关中地区四面有高山峻岭，关塞险要；中间有河流穿过，土地肥沃；在这里建都可以称霸天下。"但是，项羽并没有建立全国政权的打算，而是急于返回他的故乡吴地（今江苏省一带），因而没有接受韩生的建议。结果，刘邦依靠关中的实力，打败项羽，成就了统一大业。

　　在娄敬向刘邦建议定都关中的第二年，刘邦假借到南方巡游视察的名义，在陈县（今河南省淮阳县）把手握重兵、他最不放心的楚王韩信抓了起来。有个叫田肯的人在向刘邦道贺时说："陛下抓住了韩信，又在关中建都，是两件值得庆贺的事情。关中地区山川形势优越，军事上能够占据上风，一旦要对关东的诸侯王用兵，就好比从很高的房屋顶上向下倒水，势不可挡。"后来，田肯的这句话，就演变成了"高屋建瓴"这句成语。刘邦很赞成田肯的见解，赏赐给他黄金五百斤。显然，田肯的话更加坚定了刘邦在关中建都的决心。

公元前206年，项羽进入关中以后，放火烧掉了咸阳的秦朝宫殿，大火烧了三个月不熄，著名的咸阳宫和阿房宫全部被火烧毁，壮丽豪华的咸阳也变成了一片焦土废墟。因而，咸阳不可能作为现成的都城。刘邦来到关中，没有办法在咸阳居住，只好暂时住在今临潼区北边、渭河北岸的栎阳。同时，采用了秦代长安乡的名称，把秦朝的咸阳改名长安，作为汉朝天下长治久安的象征。由丞相萧何主持，开始了长安城的初建工程。

秦始皇时期，在关中地区兴建过许多宫殿，号称"离宫三百"。其中在渭河南岸的龙首原北所建的兴乐宫，就是这许多宫殿中的一座。这座宫规模宏大，周长有20多里，亭台楼观、房屋大殿，应有尽有，其中最高的鸿台达90多米高。在项羽火烧咸阳的时候，兴乐宫的损失不大，被保存了下来。刘邦当皇帝时，遭到严重破坏的社会经济还没有恢复过来，不可能从已经十分贫困的农民身上榨取更多的财富，就连刘邦自己的马车也配不齐四匹颜色一样的马，更不说花费大量钱财来修造宫殿了。而原来的咸阳城已经被大火烧光，况且咸阳北依咸阳原，南靠渭河，地带狭小，对后代扩大都城不利。由于这些原因，刘邦同萧何就很自然地选定了渭河南岸的兴乐宫，以它来作为建立都城的地点。

在萧何的主持下，兴乐宫改名为长乐宫，并且对它进行了维修改建。公元前200年，长乐宫的改建工

▲ "汉并天下"瓦当

▲ "长乐未央"瓦当

程刚一完成，叔孙通就在这里为刘邦组织导演了文武百官朝拜皇帝的礼仪。那些跟随刘邦打天下的剽悍武将，多数不懂什么礼仪形式，甚至在宴会上大吵大闹。经过这次朝拜，大臣们的粗犷习气有所收敛，刘邦也领略到了当皇帝的威严，他得意万分地说："我今天才知道了当皇帝的尊贵啊！"接着，刘邦又命令丞相以下的中央官员全部迁到长安。从这时开始，西汉长安城正式诞生，成为中央政权的所在地。

两年以后，由萧何主持在长乐宫的西边修建了未央宫，刘邦也由栎阳正式迁都到长安城。刘邦死后，他的儿子惠帝刘盈主持建造起长安城墙。以后，经过西汉各个帝王的不断扩建，长安城的规模越来越大，成为当时全国的政治、经济、文化中心。西汉长安，也成为当时世界上最著名的城市之一，在中国古代的历史上，起了重大的作用。

诗文欣赏

**城中谣**

《后汉书》

城中好高髻，四方高一尺。
城中好广眉，四方且半额。
城中好大袖，四方全匹绢。

# 西汉长安城

汉代是我国历史上继秦代之后的又一个统一而又强盛的封建王朝。西汉的国都长安，在中国的城市发展史上，占据着重要地位。

西汉长安城位于渭河南岸的龙首原畔，在现在西安城的西北部。遗址面积约有36平方千米。在西汉王朝统治的200多年中，这里一直是全国的政治、经济和文化中心，同时也是当时世界上首屈一指的重要城市，其规模之大，人口之多，经济文化之繁荣，达到了空前的程度。

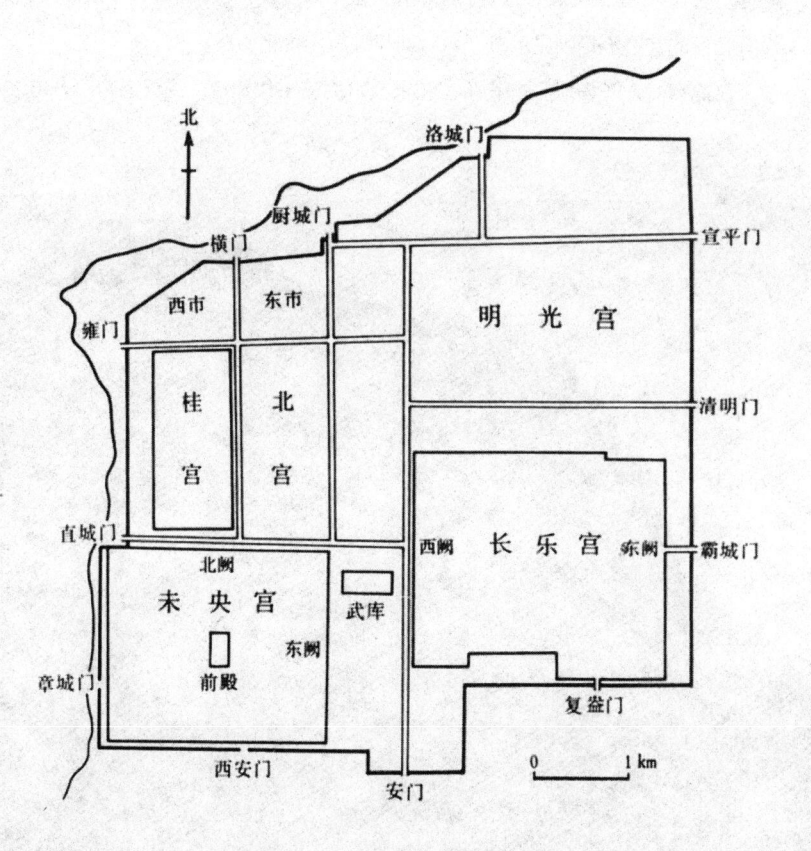

汉长安城平面图

长安记忆
CHANG AN JI YI

"长安"本来是秦代渭河南岸的一个乡的名称,秦始皇的弟弟成蟜曾被封在这里,称为"长安君"。秦始皇统一六国后,嫌咸阳地势狭隘,便向渭河之南发展,在这里修建了不少离宫别馆,其中包括著名的兴乐宫。秦末农民战争之后,渭北咸阳被项羽一把火烧得精光,而渭南受到的破坏要小一些。当汉高祖刘邦决定在关中建都时,就选中了这里,修缮了秦兴乐宫并更名为长乐宫,由丞相萧何主持整个京城的规划和建设。长安,从此成为西汉统治者长治久安的象征,开始了它的兴盛时期。

在萧何营建长安城的同时,刘邦挥戈中原,南征北战。公元前200年,刘邦在平城(今山西大同)摆脱了匈奴大军的围困,剿灭了勾结匈奴割据一方的韩王信,胜利回到长安,见萧何正在大兴土木建造未央宫,壮丽的建筑使刘邦大吃一惊。他责问萧何说:"天下战乱不息,胜负未分,你建造这样豪华的宫殿居心何在?"萧何对答道:"正因为天下未定,我才大兴土木以稳定人心。何况天子以四海为家,没有壮丽的宫殿不足以显示威严。"刘邦听后才转怒为喜。

汉高祖时,长安城只有长乐宫和未央宫两座主体建筑。到汉惠帝时,方才修

▼ 汉长安城城墙遗址

筑了长安城垣。惠帝元年（公元前194年）征发长安周围600里内男女14.6万人用30天时间初建城墙，稍后又征调诸侯王、列侯的"徒隶"两万人长期修筑城墙。到惠帝五年（公元前190年）再次征发长安周围各县民夫14.5万人筑城30天。至此，长安城才初具规模。

据有关史料记载，西汉长安经纬各长15里，周长65里，占地973顷，城墙高3.5丈，墙基厚1.5丈，上端厚0.9丈，据考古实测，汉长安城东墙全长6000米，西城墙全长4900米，南城墙全长7600米，北城墙全长7200米，周长合计25700米，约合汉里62里，与史料记载大致相符。但城墙遗存的基部宽19米，合汉丈近七丈，比史料记载的1.5丈要厚得多。

汉长安城的轮廓，大致是一个不规则的正方形。除东墙南北垂直外，其他三面都有程度不同的曲折。过去有人认为，汉代注重迷信，因而长安城的布局上应天象，南北的曲折各自象征天上的南斗、北斗两组星座，所以把长安城称为"斗城"。其实，汉长安城的不规则形状最重要的原因取决于地理环境。据水文部门调查，渭河河床在汉代比现在要偏南一些。大约以250年500米的速度向北推移，汉代长安城北临渭河，城西北角正当渭河转折之处，渭河在长安城畔由西南流向东北，城墙不得不适应渭河流向加以曲折。南城墙则临近洨河古道，城墙也适当曲折以利用洨河。城墙外挖掘有城河，一般宽三丈，深二丈，引来活水周流环绕，有的地段还与人工运河相接。城河既是长安城的防卫设施，又是城内供排水系统的组成部分。

长安城四面共开有12座城门。东侧由南向北为霸城门、清明门、宣平门，南侧由东向西为覆盎门、安门、西安门，西侧由南向北为章城门、直城门、雍门，北侧由东向西为洛城门、厨城门、横门。霸城门又名青门，直通东方要道。覆盎门又名杜门，南达下杜城。西安门又名便门，出门即为西渭桥。横门面对中渭桥，与咸阳原相连。每座城门有三条通道，中门道宽7.7米，两侧门道各宽8.1米，门道之间相隔4.2米。12座城门相对，构成城内九条纵横的街道，但由于有四座城门直通皇宫，所以实际上街道并不足九条之数。城内大街为"三途开列"，即把道路分成三部分，正中一条只供皇帝专用，左右两条才供其他人通行。

汉长安城内的建筑，以宫殿为主。此外，大量的官署，诸侯王设在京城的邸所，达官贵人的宅第，占据了不少地盘，城内平民百姓的居住区则十分狭小。据文献记载，长安城有160个闾里，这些闾里大都集中在城北。汉高祖刘邦有个亲近侍

上林铜鉴

臣石奋,由于他的姐姐被册封为美人,石奋全家便居住在专门安排皇亲国戚的"戚里",等到石奋的儿孙们都当了大官时,他们家便迁居到城西50里外的"陵里",可见城内建筑已相当密集,难以找到适当地方建造豪宅了。汉哀帝时,宠臣董贤权倾朝野,哀帝在未央宫正门北阙之外为董贤建立宅第,以示优待,足见到了汉末,除禁区之外,城内建筑已经拥挤得没有插足之地了。

汉长安城中的宫殿,主要是未央宫、长乐宫、建章宫三组宫殿群。未央宫一直是西汉王朝的政治中心,长乐宫是建筑最早、毁坏最晚的宫殿群,建章宫是最为豪华壮丽的宫殿群,许多重大的历史事件都发生在这里。

公元前197年,汉高祖刘邦出征,淮阴侯韩信与叛将陈豨里应外合,准备谋反。丞相萧何将韩信骗入长乐宫里,由吕后下令,斩于钟室。当年,韩信是由萧何极力保荐才当上大将的,现在,处死韩信又是由萧何策划的,因而留下了"成也萧何,败也萧何"这一成语。

西汉末年,绿林、赤眉起义军推翻了新莽政权,更始皇帝刘玄篡夺了农民起义的胜利果实,窃居长安,终日在长乐宫中酗酒作乐,常常醉得不省人事。当时有数百名宫女被锁禁在后宫别院,得不到口粮,只好挖掘草根或是捕捉池中游鱼充饥,饿死的由同伴就地掩埋。不久,赤眉军攻占了长安,15岁的牧童刘盆子当了皇帝,又住进了长乐宫中。一位乐师向刘盆子诉说了宫女们的悲惨处境,刘盆子恻然心动,在农民军粮饷不济的情况下,按时给这些可怜的宫女们周济衣食。当赤眉军撤出长安后,再也没有人过问这些宫女,长乐宫中的宫女竟全都被活活饿死。

建章宫是汉武帝太初年间修建的。当时国力强盛，武帝又是个好大喜功的人物，时逢柏梁台发生火灾，有个粤巫向武帝建议说：南粤风俗，遇到火灾要大兴土木。于是武帝便下令修造了建章宫。建章宫在三大宫殿群中规模最大，周回20余里（一说30里），跨越长安城墙，千门万户，辇道相属。其中的神明台高达50丈，武帝曾在神明台上安置铜露盘，承接天上的露水，和玉屑混饮，以求成仙。建章宫内共有26殿，最有名的是玉堂。玉堂壁门三层，台高30丈，阶陛均用白玉做成，屋顶有镀金铜凤，下有转轴，随风转动，犹如今日气象台的风向标一般。就连橡首也不是饰以普通瓦当，而是以玉覆盖，其豪华可想而知。武帝时期的许多重大事件，都同建章宫有关。

长安城里除了长乐、未央、建章三大宫殿群外，还有北宫、桂宫、明光宫等宫殿。其中北宫初创于高祖时期，在武帝时又进行了增修。公元前180年，吕后病死，周勃等大臣们杀尽吕氏宗族，吕后的儿媳孝惠皇后幸免于死，被幽禁在北宫。成帝赵皇后在哀帝死后，也曾被废贬退居北宫。桂宫和明光宫为汉武帝时修造，宫内池台亭榭俱全，用于游乐。

从建筑角度看，汉长安城具有当时世界第一流的水平。它继承了我国高台建

▼ 汉长安城未央宫前殿遗址

筑和土木结构的传统工艺,并将冶金铸造、髹漆、彩绘等手工业成果综合用于宫殿建筑,还采用了玉石、云母、琉璃作为建筑材料。因此,宫殿建筑十分绚丽辉煌。文物工作者多年来在汉长安城遗址的调查、发掘实践,更进一步增添了认识这些巍巍宫殿的实物资料。当时的建筑物以平脊、坡面、硬山构形为主,也有攒脊歇山造型。遗址上发现的建筑材料中,有直径3尺以上的石柱础,有长1.2尺、宽0.75尺的板瓦,有宽0.45尺的扣脊筒瓦,有花纹精美的大型空心砖,特别是各种瓦当,琳琅满目,种类繁多。

在汉长安城的建筑中,上下水的设计和布局特别值得注意。当时的建筑师充分利用了城南的滈河、潏河和城西的沣河水源,并改造了洨河水道,从城西将活水引入城内,通过石渠流遍各宫,宫中各有池塘,既美化了环境,又解决了生活用水。另外,在城外西南一侧迫使洨河改道,凿为人工运河,当时称为"漕河",由南城墙外东流北折,与渭河沟通,并在宣平门附近与石渠的出口汇合。这样一来,便开辟了汉长安城与京畿以外地区的水路交通。班固的《西都赋》曾经描述当时长安城东有宽阔的运河,可以通过渭水,直达黄河,从长安出发的船只,能驶入淮河和洞庭湖中,辗转到达东南沿海。

长安城的下水系统采用地下管道,主管为五边形,分管为圆形,汇合于北城厨城门附近,泄入渭河。至今在基建工程中还经常发现这类管道的残迹,有的绵延达百米以上。

令人惋惜的是,宏伟壮丽的长安城,在公元一世纪初盛极而衰,西汉末年的战乱使它遭到严重破坏,已不能成为首都。在东汉时,虽然稍有恢复,但在献帝期间,又经军阀董卓等人的祸乱,偌大古都,人口不足百户,城内荆棘成林,白骨蔽野,一片荒芜。十六国时,前秦苻坚在此建都,30年间,使它得到暂时的复苏。北周王朝也曾致力于对这座古城的经营。但地方性的短暂的分裂政权,又无力恢复西汉长安的旧观。到了隋、唐两代,只好另外选址营建新城,曾在历史上显赫一时的汉都长安,终于沦为遗迹。

中华人民共和国成立后,汉长安城遗址获得了新的生命。人民政府把它公布为全国第一批重点文物保护单位。省、市文物管理部门在当地政府和人民群众的支持下,对它进行了妥善保护,多年来,这里发现过许多重要的考古成果。汉长安城遗址也吸引着国内外越来越多的游人。

## 因山为陵，凿山为葬

从西安市向东来到灞河西岸，在灞桥区的杨家圪塔村可以看到一座自然而成、气势磅礴的帝王陵墓，它就是安葬汉文帝刘恒的霸陵。

霸陵位于浐河和灞河之间的白鹿原北岸，距西汉时的长安城大约15公里。霸陵依山傍水，一面是陡峭的原坡，一面是奔腾的灞河，山陵之势就好像凤凰展翅，所以，这里又被人们叫作"凤凰嘴"。霸陵一带，是汉代长安城通向东南的交通咽喉要道，秦汉以来的灞桥，就在这里架设。灞桥所处的白鹿原，地势高昂平展，居高临下，视野开阔，便于驻军，能够扼制长安与关东的往来，具有重要的战略地位，古代把这一带叫作霸上，一直是屯兵之地。历史上有不少威武雄壮的军事故事，就发生在这个地方。

霸陵跟西汉其他帝王陵墓不同，不是用人工力量起土夯筑的墓冢，而是凭借自然山势修建而成的陵墓，四周边长有1000米左右。因为它紧靠灞河，所以用河名作为陵号，称为霸陵。

▼ 灞柳风雪

霸陵里安葬的汉文帝刘恒，是汉高祖刘邦的儿子，汉惠帝刘盈的同父异母兄弟。他的母亲薄姬，只是高祖刘邦的一个妃子，并不十分得宠。刘恒生于公元前202年，在他七岁的时候，刘邦平定了陈豨在今山西、河北一带的叛乱，刘恒被父亲封为代王，统辖这一地区。刘恒作为汉初一个重要的同姓王，与他的母亲在代地的首府中都（今山西省平遥县附近）居住了17年之久。

刘邦死了之后，惠帝刘盈软弱无能，太后吕雉执掌国家大权。吕后在加强中央集权的同时，不断扶植扩充自己的势力，分封了许多自己娘家人为王侯，一时之间，长安城中几乎成了吕家天下，引起了许多元勋老将和刘氏宗族的不满。吕后一死，主管国政的丞相陈平和统率军队的太尉周勃，马上发动拥护刘姓皇族的力量，消灭了诸吕的势力，迎接当时还是代王的刘恒继承帝位。公元前180年，刘恒由中都来到长安，登上了皇帝的宝座。

汉文帝即位的时候才23岁。他虽然是一个青年，却很有智谋，十分机警，善于应付复杂的局面。当时，正值政局变乱之后，中央政权动荡不安，而地方势力又相当强盛，公然对抗朝廷，有着分裂的趋向；社会经济还没有从战争创伤中恢复过来，国家贫穷，民生艰难；外部匈奴贵族不断南下骚扰，甚至打到今天的延安市一带，威逼京师长安。更重要的是，文帝不是正常地继承帝位，而是在因内乱出现了皇位空缺的情况下，以藩王身份入主长安，接续帝统。在此之前，他在中央政权中一无地位，二无影响，所以，他虽然当了皇帝，但既没有在朝廷中建立起来威信，也没有形成辅助他的力量，行施政令十分困难。在这种情况下，汉文帝充分发挥了他的才干，有条有理地处置安排国家大事，迅速控制了政局，使从秦末以来经过几十年战乱破坏的社会走向安定，经济逐步恢复，生产不断发展，出现了史书所称道的"文景之治"的社会局面。文帝和后来的景帝所统治的时期，成为我国封建社会三大盛世中的第一个盛世。

汉文帝继承了汉高祖无为而治、与民休息的政策。他特别重视农业，提倡以农为本，多次颁布诏令，号召发展农业生产，甚至还参加一点儿田间耕作劳动，以表示他对农业经济的关心。公元前168年，文帝又采纳了晁错的建议，实行"入粟拜爵"的政策，就是向人民征募粮食，凡是给国家献出一定数量粮食的人，可以得到相应的爵位。为了防御匈奴的侵犯，文帝还令献出粮食的人首先把粮运到长城一带,使边境地区的存粮够五年使用,然后,才供内地各个郡县收藏。这项政策实行以后,国家的粮食储备大大增加,为减轻农民的赋税负担提供了前提条件,同时也起到了鼓励和推动农业生产的作用,使农民的生活得到了一定的改善。经过文帝和景帝30多年的逐渐积累,到武帝当上皇帝的时候,劝课农桑的政策收到显著的效果,各级政府的官仓里都堆满了粮食,甚至由于没有库房存放而把粮食堆在露天,有些粮食因为存放时间过长而发霉腐败,不能食用了。在文帝当政时期,粮食价格大幅度下降,每石谷子只值几十个铜钱。为了发展生产,汉文帝还实行了轻徭薄赋政策。公元前168年,他把土地税由高祖时期的"十五税一"改为"三十税一",第二年,又免除了全部土地税。直到文帝死后,才由景帝恢复了"三十税一"的赋税标准。在减免土地税的同时,文帝还把人头税由原来的每人120钱减为40钱,把原来规定的每个劳动力每年服一个月徭役改为每三年服一个月徭役。另外,文帝还取消了禁止在国家或皇室所有的山林川泽采伐树木、捕捞鱼虾、种植粮食的法令,并多次下令赈贷鳏寡孤独,救济穷困老弱。这些措施的实行,减轻了农民的负担,民众生活得到了相对的安定,人口也不断增加,整个社会经济出现了繁荣景象。社会经济的恢复和发展,使西汉封建国家积聚了大量的财富,长安城的库房里存放的金钱成千累万,串钱的绳子都朽烂了,以致无法查点钱数。西汉刚建国时,牲畜非常缺乏,连皇帝的舆驾都配不齐四匹颜色相同的马,将相大臣有的只好乘坐牛车。而到文帝的时候,牛马成群,据说普通平民出门时,如果骑乘母马都觉得寒酸。所有这些,为后来的汉武帝巩固中央集权制度、反击匈奴、开拓疆土、奋扬国威奠定了雄厚的物质基础。

汉文帝统治时期的政治也是比较清明的。在他当上皇帝后的第二年,就颁布诏令,要求各级官员举贤荐能,广泛招揽人才,开创了两汉的察举制度。他还鼓励大臣进谏批评朝政,上书言事,以便了解民情,得知过失,从而改进政治统治。他也能够显示出一个开明的统治者应有的宽容风度,善于听取不同意见。譬如,廷尉张释之就曾经数次进谏,指出他考虑问题和处理政务的不妥之处,他最后都能知错而改,并始终对张释之委以重任,放手使用,使其充分发挥了治国才能。

汉文帝还吸取了秦王朝因法令严酷而导致阶级矛盾激化的教训,大大放宽了刑事法律。他不仅废除了以言论治罪的"诽谤妖言法",而且废除了一人犯罪株连九族的"连坐法"。公元前176年，齐地（在今山东）有个名叫淳于意的人因为犯法而被判处肉刑，他的女儿淳于缇萦随父来到长安，上书文帝，请求把自己作为官府的奴婢使用，来代替她父亲受刑，给他父亲一个改过自新的机会。文帝看了缇萦的上书，十分感慨，下令从此废除摧残肢体的肉刑。这同秦代的严刑酷法相比，形成了鲜明的对照。由于实行了这些措施，使农民阶级同地主阶级的矛盾，以及统治阶级的内部矛盾都有所缓和，对社会的发展起到了一定的积极作用。

汉文帝实行了一些比较开明的政治措施，史书对其"以德化民"的仁政赞誉不绝，声称其时"海内殷富，兴于礼义，断狱数百，刑措不用"。长安城的繁荣昌盛，就是汉文帝时奠定的根基。但是，他的仁政，归根结底是为了维护和巩固封建统治。而且，汉文帝所推行的宽厚政策，得利者首先是大官僚、大地主和大商人，他们的势力迅速膨胀起来，埋下了以后社会危机的种子。例如，大臣张武公然收受贿赂，文帝得知后不但不加责罚，反而给他加倍赏赐，还说是为了叫他自己懂得羞愧。同时文帝废除了禁止民间私自铸钱的法令，使制造货币的大权落到了贵族官僚和地方豪强手里，他们凭借铸钱积攒财富，劳动人

▼ 霸陵

民深受其害。黄头郎邓通，因为受到文帝宠爱，不仅得到了无数赏赐，而且占有了蜀郡严道县（今四川雅安西）的铜山，他因为能私自铸钱，家产超过王侯。当时民谣说："邓氏钱，半天下。"邓通的名字，后来则成了富豪的代称。文帝本人虽然以节俭著称，然而地主商人却非常豪华奢侈，贫苦农民仍然处于饥寒交迫之中。长安官僚富商的挥霍奢侈之风，就是在汉文帝时期养成的。在这位开明君主的统治下，贫富分化加剧，豪强恶霸横行。

汉文帝在修建霸陵之初，也曾想把陵墓修得坚固一些，豪华一些。但是，当大臣张释之以"自古无不亡之国，亦无不发之冢"的道理劝告后，他决定实行薄葬。史载其"治霸陵皆瓦器，不得以金银铜锡为饰，不治坟，欲为省，毋烦民"。文帝死后，送葬仪式和陪葬物品也都较其他皇帝简朴。所以长安民间流传有"天葬汉文帝"的传说。

## 诗文欣赏

### 出　塞

（唐）王之涣

秦时明月汉时关，万里长征人未还。
但使龙城飞将在，不教胡马度阴山。

# 青年政治家贾谊和晁错

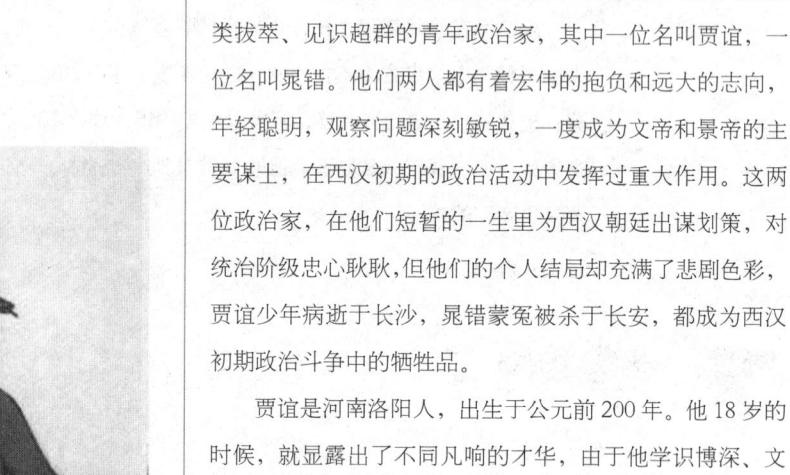

在西汉文帝和景帝统治时期，在长安曾出现过两位出类拔萃、见识超群的青年政治家，其中一位名叫贾谊，一位名叫晁错。他们两人都有着宏伟的抱负和远大的志向，年轻聪明，观察问题深刻敏锐，一度成为文帝和景帝的主要谋士，在西汉初期的政治活动中发挥过重大作用。这两位政治家，在他们短暂的一生里为西汉朝廷出谋划策，对统治阶级忠心耿耿，但他们的个人结局却充满了悲剧色彩，贾谊少年病逝于长沙，晁错蒙冤被杀于长安，都成为西汉初期政治斗争中的牺牲品。

贾谊是河南洛阳人，出生于公元前200年。他18岁的时候，就显露出了不同凡响的才华，由于他学识博深、文章犀利而为人们所称赞。河南郡守吴公很赏识他的才华，就把他召在门下。汉文帝即位以后，委任吴公当了最高司法官廷尉，吴公又向文帝极力保荐贾谊。这样，贾谊便来到长安，当了为皇帝解答疑问和管理各种书籍的博士。

当时贾谊只有20多岁，在西汉朝廷的许多博士中，他是最年轻的，由于他少年气盛，才思敏捷，很快就在同僚中脱颖而出。按照当时的惯例，每当皇帝要制定诏令或者商议国事时，博士都要发表自己的意见和看法。贾谊在汉文帝召对时，总是首先发言，那些老先生还没有想好该说什么，他就对答如流，说得头头是道。因此，汉文帝对他的才能十分欣赏，没过多久，就把贾谊提拔为具有皇帝顾问职能的太中大夫。

贾谊当上太中大夫以后，一心想充分发挥自己的才干，因而在朝廷里不断发表自己对于治理国家的见解。汉文帝

▲ 贾谊画像

▲ 贾谊故居

初期，各种法令的制订和修改，有关国计民生的各项政策措施，基本上都采用了贾谊的意见。

后来，文帝想把贾谊提拔到公卿的位置上，秦汉时期，中央政府实行三公九卿制，公卿是中央各部门的最高长官。贾谊一旦进入公卿行列，地位就超过了一般的大臣。一些开国元老听说以后，对此很不服气。例如周勃、灌婴等人，对贾谊心怀嫉妒，倚仗着他们年老位尊，处处排挤贾谊。他们对文帝说："贾谊是个洛阳少年，年龄不大，正是开始学习的时候，但他一心想控制朝政大权，这样，国家非乱套不可。"文帝当时即位时间不长，政治上还必须依靠这批元老扶持，而贾谊虽然少年得志，在朝廷上却没有势力。权衡之下，巩固皇帝宝座要紧，于是文帝就不再重用贾谊，而把他贬出长安，让他担任长沙王的太傅。太傅是辅导诸侯王的一个官职，没有什么实权，这样，贾谊就成为一个可有可无的闲散官员。

贾谊被贬职以后，心情忧郁，他在长沙的三年中，写出了《吊屈原赋》《鹏鸟赋》等作品，用自己遭人诋毁、被迫离开长安的心情，和屈原理想不能实现、痛苦流离的遭遇作比较，词意婉转，情境感人，是汉赋中的名作。同时，他还抱有一丝幻想，盼望文帝能够再次重用他，为封建国家干一番事业。当时，社会虽然初步安定，但是汉文帝的地位还不十分稳固，社会经济也没有完全恢复，特别是地方势力十分强大，成为西汉政府的心腹大患，贾谊针对种状况，多次撰写文章，上疏文帝，提出治理国家的大计方针和具体办法。他写的政论文章，有《治安策》《陈政事疏》《过秦论》等。这些文章，不仅是贾谊针对社会时政提出的切实可行的具体建议，也是我国古代散文中的优秀篇章。但是，自从贾谊被贬出长安以后，就再也没有能够直接参与朝政。

后来，文帝曾把贾谊召回长安一次。当时，文帝刚进行过祭祀，因而，就同贾谊谈论有关鬼神之事。两人在未央宫前殿的宣室里一直谈到半夜。文帝听得十分入神，被贾谊的语言所吸引，不知不觉地移动座位，凑近贾谊。谈话结束以后，文帝大加赞赏贾谊的才华，但是，就是闭口不问治国安邦、加强统治的策略方法。对这件事，唐朝诗人李商隐专门写了《贾生》一首诗："宣室求贤访逐臣，贾生才调更无伦。可怜夜半虚前席，不问苍生问鬼神。"感叹文帝在极为庄重的地方，却只同贾谊谈论鬼神之事，使杰出的人才很难施展治国本事，不能造福于民。

后来，贾谊做了汉文帝的爱子梁怀王的太傅，而梁王一次骑马不慎掉下来摔死了，贾谊认为是自己失职，心情忧郁，常常哭泣，进而感染疾病，才33岁就病死了。贾谊在长安尽管名噪一时，但最终还是落了一个凄惨的结局。

另一位青年政治家晁错，跟贾谊同年生，是河南颍川（今河南禹县）人。他在少年时期，学过战国申不害、商鞅的法家学说。汉文帝在位期间，晁错因为具有较高的文学素养，在主管宗庙礼仪的官员太常之下当了一名官吏。后来，他又被调去当太子家令，服侍文帝的儿子刘启，就是后来的汉景帝。由于晁错能言善辩，为太子出过不少主意，因而被称为太子家的"智囊"，比喻他全身都是智谋。后代所说的"智囊"一词，就是由此而来的。

当时，北方的匈奴多次入侵西汉边境，晁错给文帝上书，把巩固和加强边防、发展农业生产作为最重要的两大事务，提出了"纳粟授爵"和"募民实塞"两项办法。粟就是粮食，爵就是爵位。"纳粟授爵"就是让民众给国家交纳粮食，按照交纳粮食数量的多少授予一定的爵位。"募民实塞"就是招募农民到边疆开荒种地，充实防守边塞的力量。晁错的这两项建议，都受到了文帝的赏识，被正式采用。后来，文帝颁布求贤诏令，让有关部门推荐贤良文学之士，晁错也被推荐。当时，被推荐的贤良文学都要写出自己对时政的看法交给皇上，

晁错画像

叫作对策。在参加对策考试的100多人中，晁错的文章最好，因而，文帝把他提拔为作为皇帝顾问参谋的中大夫。

文帝死后，太子刘启即位，就是汉景帝。由于晁错服侍过景帝，景帝把他委任为掌管京师行政大权的内史。晁错得到景帝的信任，在参与国事上更加积极。他多次上奏，议论国家事务，发表自己的看法和建议。他所上奏的事情，景帝没有不听从的，国家的法令基本上是按照他的建议修改制订的。但是，因为景帝对晁错的宠爱和信任超过了其他官员，所以，引起了朝中一些大臣的嫉妒和不满，种下了他后来蒙冤被杀的祸根。

当初，刘邦建立汉朝以后，曾在全国各地分封了一批诸侯王。到文帝和景帝的时候，这些地方诸侯王的势力越来越大，对中央政府形成了严重的威胁。同时，地主、商人的势力也不断发展，广大农民仍然比较贫困。"文景之治"历来被说成是封建社会的一大盛世，社会经济确实比较繁荣。但是，在繁荣后面却隐藏着社会危机，贾谊和晁错都敏锐地观察到了这个问题。

作为一个政治家，晁错的主张同贾谊差不多。在晁错写的许多政论文章里，能够客观地分析社会现实，陈述利弊。他的文章没有华丽辞藻，但朴实深厚，议论尖锐，分析透彻。他主张实行重农抑商政策，以农业生产为立国之本。这些主张对当时农业生产的发展和社会经济的恢复，起到了有利的作用。同时，晁错还对诸侯王的势力日益强大十分担心，他被提升为仅次于丞相的官员御史大夫以后，几次上书揭发诸侯王的罪过，请求景帝削减诸侯王的地盘，制约诸侯王的势力。为了达到削弱诸侯王势力的目的，晁错先后更改修订了三十多章法令。这些措施，使他更加得罪了皇帝宗室和一些元老大臣，各地诸侯王也都视他为眼中钉。

晁错的父亲听到这些消息以后，特地从河南赶到长安，对晁错说："皇帝即位时间不长，你主持国家大事，削弱诸侯王的势力，人家都是皇帝的骨肉亲属，你招惹他们的怨恨，究竟为什么？"晁错回答道："我也知道会招来怨恨，但是不这样做，皇帝就没有人尊敬，刘家的天下也不会安稳。"他的父亲叹了口气，说："刘家的天下安稳了，而晁家却危险了。我不能眼看着大祸临头啊！"说罢，就服毒自杀了。

公元前154年，以吴王刘濞为首的七个诸侯国举行叛乱，历史上称为"吴楚七国之乱"。他们打着"请诛晁错，以清君侧"的旗号，以要求景帝杀掉晁错的名义，武装对抗中央，向长安进军，这就是"清君侧"的来历。当时，和晁错有私人成见的一些大臣，纷纷指责晁错。袁盎、窦婴等人趁机对景帝说："反叛的责任全在晁错身上，只有杀掉晁错，派遣使者安抚诸侯王，则反叛自然就会平息。"景帝思考了半天，说："既然是这样，我不能因为喜爱一个人而得罪天下。"于是，用计骗来晁错，让他身着朝服被杀死在长安东市（在今未央区六村堡一带）。

晁错死后，反叛并没有因此而平息，最终还是大将周亚夫率领军队，以武力平定了七国之乱。参加平定叛乱的将领吴公对景帝说："诸侯国打算反叛几十年了，只不过是以请求杀掉晁错为名。晁错的所作所为，完全是为了国家和皇上，皇帝杀了晁错，以后谁还敢给朝廷出主意啊？"这么一说，景帝也意识到自己做错事情，但后悔已经来不及了。

贾谊和晁错，对西汉王朝忠心耿耿，尽力辅政，都曾在长安名噪一时，他们的出发点，归根结底还是为了维护和巩固封建统治。但是，由于他们能够比较客观地观察和分析社会现实，提出的政治措施也都比较符合实际，因而，对促进文景之治起了重要的作用，在历史的发展中做出了一定的贡献。但是，他们二人都被皇帝中途见疑，没有能够善始善终。这说明，在封建社会里，即使是比较开明的帝王，也不可能充分地利用人才。

# 雄才大略的汉武帝

公元前 141 年，汉景帝 16 岁的太子刘彻在未央宫登上了西汉皇帝的宝座，他就是我国历史上以雄才大略而著称的汉武帝。

汉武帝是西汉在位时间最长的一个皇帝，他所处的时期也是西汉王朝最兴盛的时期。他即位的时候，西汉王朝经过六七十年的经营，已经积聚了大量的财富。据《汉书·食货志》记载，当时京城长安的国库里积累的铜钱数目已经达到几百亿，串钱的绳子日久朽烂，以致散钱无法计算。由于连年丰收，太仓已经容纳不下了，有些粮食因存放过久而腐烂不可食用。雄厚的国力为汉武帝施展宏大的抱负提供了条件。

为了巩固和发展统一的多民族封建国家，汉武帝采取了许多重大的措施和行动。

在政治方面，汉武帝强化中央集权，打击地方割据势力，把由秦始皇创立的封建专制的中央集权制这一基本政治制度最终巩固了下来。

首先，汉武帝为中央集权制造舆论，他接受了董仲舒"天人合一"和"春秋大一统"的思想体系，董仲舒认为："天子受命于天，天下受命于天子。""春秋大一统者，天地之常经，古今之通谊也。"意思是说，天下大权集中于皇帝，是天经地义的事情。并且认为，思想领域百家学说争鸣的状况，不利于思想的统一和中央集权政治的巩固。因此，董仲舒提出了"罢黜百家，独尊儒术"的主张。董仲舒的思想，为汉武帝加强皇权提供了理论依据。汉武帝决心采用儒家思想作为统

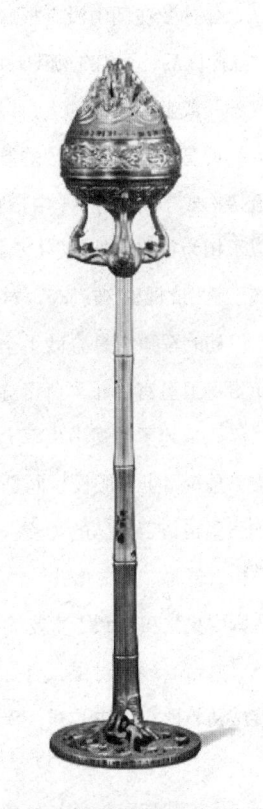

▲ 汉武帝茂陵陪葬墓出土的鎏金竹节熏炉

治天下的思想武器，他设置了五经博士，下令在太学里用儒家的五经，即《诗》《书》《礼》《易》《春秋》来教育青年书生，同时规定将儒学作为选拔官吏须考察的内容。从此以后，百家思想遭到了排斥和打击，而儒家思想一跃上升为正统的封建统治思想。

汉武帝为了将大权完全集中在自己手里，还设法削弱了丞相的权力。自西汉建国以来，丞相总揽朝政，权力很大，在一些事情的处理上，有可能会同皇帝产生分歧。比如，汉武帝的丞相田蚡，是武帝的母亲王太后的同母弟弟，他推荐人当官，一次就有几十个，包括俸禄达两千石级的大官。在皇权与相权的关系上，汉武帝决心把权力集中到皇帝手中，他在选择丞相时，干脆任命了平民出身的公孙弘。公孙弘在朝中没有根底，势单力薄，只有对皇帝唯唯诺诺，不敢有半点违忤。从此以后，丞相统领朝政的局面便宣告结束。另外，汉武帝还选拔了许多"贤良文学"或上书言事的人，以及能够遵循自己意志的官员当自己的高级侍从。这些人接近皇帝，参与朝政的制定，处理大臣们的奏章，在宫内办公。这样，皇帝的近侍构成了"中朝"（中指宫内，即禁中），"中朝"实际成了最高决策机构，而以丞相为首的"外朝"（丞相府在宫外，故名），只是执行法令的行政机关。原来属于丞相的职权被剥夺，君主专制进一步得到加强。

汉初的军事力量分散于全国各地，都城长安的驻军只有南军和北军两支，南军负责保卫皇宫，北军负责守卫京城。两军兵员都是由各地轮番征调，兵力都不大，汉武帝为了加强中央军力，通过募兵，进一步扩大了北军，在北军中建立起一支不是轮番征调服役，而是终身从军的部队。组建了"期门军"和"羽林军"，以加强皇帝侍卫部队的力量。后来，汉武帝训练战死军士的子弟，将他们养在羽林军中，号称"羽林孤儿"。这些中央常备军的建立，以及内重外轻的军事布局，对巩固中央集权起到了重要的作用。

汉武帝当政的时候，有的诸侯国"连城数十，地方千里"，势力仍然很大，直接威胁着西汉中央政权。汉武帝继续贯彻汉景帝的削藩政策，削弱地方割据势力。元朔二年（公元前127年），汉武帝采纳主父偃的建议，颁布了"推恩令"，准许诸侯王将自己封地的一部分分给多个子弟封他们为列侯，打破了诸侯王由一人继承的旧制，结果诸侯国的地盘不断缩小。到了武帝以后，诸侯国辖地都不过数县，实力还不如一个郡，这样，分散了诸侯国的力量，诸侯国尾大不掉的问题就解决了。汉武帝接着还颁布了"左官律"和"附益法"，限制诸侯王结党营私，使诸侯王失去了因分封制而存在的独立性。

　　元鼎五年（公元前112年）八月，汉武帝在大祭宗庙时，借口诸侯国所献黄金的分量不足或成色不好，一次就削夺了106位列侯的爵位，废除了他们的封国，改设为郡县。此外，由于犯罪被夺爵或因无子继承而废除的诸侯还有许多，诸侯国也就愈来愈少了。据统计，汉初因功封侯的有140多人，到汉武帝太初年间只剩下了5人，而诸侯"惟得衣食租税，不与政事"。这样，汉初的郡国并行制实际上名存实亡了。

　　为了加强中央对地方官吏的控制，汉武帝创设了刺史制度，将全国分为13州，每州设一名刺史。各州刺史在每年秋天巡视各自管辖的区域，按照中央政府规定的六条诏令专门监督郡国守相，处罚违法乱纪、违失政令的官吏。对于横行乡里、欺凌农民、侵吞土地、破坏封建法制的豪强势力，汉武帝还采取了一些果断的制裁措施：一方面是将这些豪强迁到关中，置于中央的直接控制之下，规定他们"不许族居"，使他们失去了原有的政治、经济势力；另一方面是任用了张汤、杜周、赵禹、义纵、王温舒等一大批执法严格的酷吏，来镇压和铲除豪强势力。这些酷吏都以惩治豪强毫不手软而出名，他们在打击地方豪强势力的气焰和稳定社会秩序方面，起到了一定的积极作用。

　　在经济方面，汉武帝统一了币制，禁止郡国铸钱，把铸币权收归中央。他下令废止并销毁郡国旧币，将铜运往长安，由水衡都尉属下的上林苑钟官、技巧、

汉初，诸侯王拥有很大的封地，诸侯王死后，由嫡长子继承王位，承袭所有封地。

封地

汉武帝时，规定诸侯王死后，必须把土地分封给所有子弟，令王国的领土分裂。

封地　封地
封地　封地

推恩令示意图

辨铜三官负责铸造五铢钱，这是我国第一次统一铸造的货币，也被称为"三官钱"。另外，他还下令将冶铁、煮盐等手工业收归官营；设置平准官与均输官，由朝廷统一调剂商品流通量，平抑物价，并加重征收商人和高利贷者的资产税。这样，打击了商人和高利贷者操纵经济的活动，摧毁了地方势力在经济上对中央政权的压力，加强了中央的财权，增加了国家的财政收入。

汉武帝还采取了一些促进农业发展的措施，如移民到西北边疆屯田；推广赵过先进的农耕技术——代田法；先后征发几万民工治理黄河；在关中地区大兴水利工程，先后开凿了漕渠、龙首渠、六辅渠、白渠、灵轵渠和成国渠等，这些措施都有利于农业生产的发展。

在文化方面，汉武帝下令"广开献书之路"，广泛搜集图书。他仿效周朝采诗的旧例，设立乐府，以李延年为协律都尉，掌制乐谱，训练乐工，收集博采民间的诗歌。还在长安城安门外设立了传授儒家经典的最高学府——太学，这是我国最早的官办高等学府。他还命令历官邓平与民间天文学家唐都、落下闳等20多人，共同

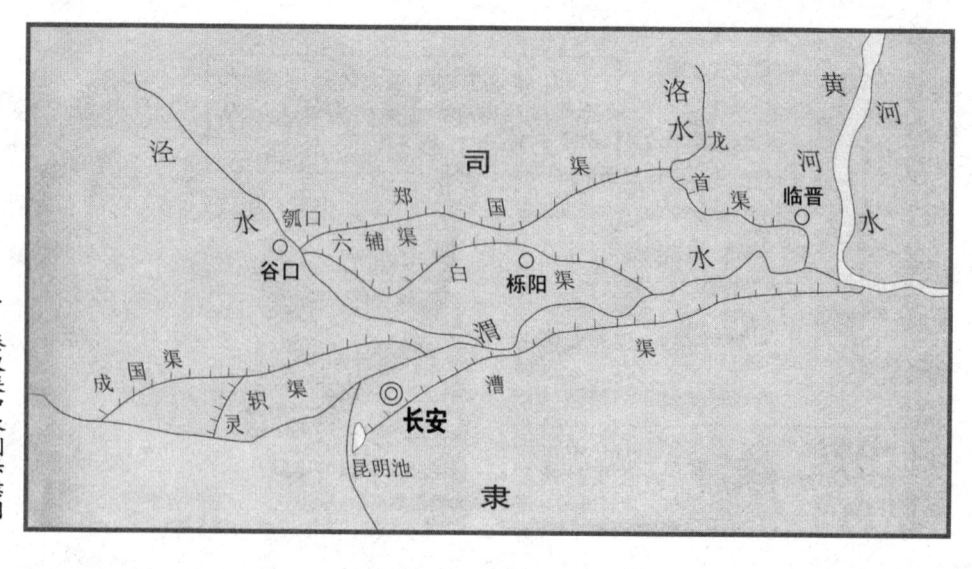

▲ 五铢钱

▶ 秦汉关中水利示意图

▲ 杨家湾汉兵马俑

创定了《太初历》。《太初历》已经具备了后世历法的各项基本内容，在我国天文学史上具有重要价值。汉武帝本人喜好文学，多才多艺，在他的提倡和影响下，当时不但出现了东方朔、枚皋、司马相如等众多有名的文学家，而且出现了像司马迁这样伟大的历史学家和文坛巨星。

在民族关系方面，汉武帝推行了"征抚"政策。他以卫青、霍去病为大将军，发动了三次对匈奴的大规模反击战，取得了巨大的胜利。西汉军队占领了河套、河西地区，在那里设置了朔方、五原、武威、酒泉、张掖和敦煌六郡，迫使匈奴迁徙漠北，从而制止了匈奴对汉族和其他少数民族的野蛮掠夺，保卫了中原地区先进文化的繁荣和发展。汉武帝派张骞等人多次出使西域，开辟了著名的"丝绸之路"。沿着"丝绸之路"，汉族先进的冶铁、牛耕、丝织、建筑和水利灌溉等技术传往西域，那里的牲畜、瓜果、蔬菜栽培技术和舞蹈、乐器等也传到内地，从而促进了内地与西域经济文化的交流与发展。汉武帝还派唐蒙等人通西南夷，在西南地区先后建立了七个郡，积极开发西南地区。又出兵南越和闽越地区，使东瓯与闽越人迁徙于江淮之间，促进了汉族与越人的民族融合，同时为海外交通的发展创造了有利的条件。公元前121年，匈奴浑邪王率领四万余人到长安来降汉，汉武帝发车两万辆去迎接他们，赏赐几十万钱，并安排他们居住在长安。公元前105年，乌孙国王猎骄靡以千匹骏马为聘礼来长安向汉室求婚，汉武帝以江都王刘建之女细君为公主，出塞远嫁乌孙。这些措施，都促进了民族和睦。汉武帝在民族关系方面采取的政策，使汉族先进的经济文化影响了周围的少数民族，

▲ 桂宫遗址

在这一影响下，有些民族迅速地走上了封建化的道路。在汉武帝时代，许多民族地区正式划入了中国版图，西汉王朝已经发展成为一个幅员辽阔的多民族封建国家，各少数民族与汉族人民一道，共同开发了祖国的边疆，从而为现代中国的广大疆域奠定了初步的基础。

出于政治、经济、军事等方面的需要，更为了满足汉武帝个人穷奢极欲的享乐欲望，汉武帝统治时期，在长安进行了大规模的建设工程。汉武帝在未央宫中新建了高门、武台、温室等三殿和柏梁台；在长乐宫中，新建了临华殿；在未央宫北，建了桂宫，宫内有明光殿等建筑，对未央宫北的北宫进行了增修；在长乐宫北，建了明光宫；在长安城外，扩建了上林苑；在城西，建了号称"千门万户"的建章宫，跨越长安城西城墙建了飞阁、辇道，从空中连通未央、建章二宫；为了水战需要，在长安西南开昆明池，在昆明池中建豫章宫，在上林苑中建飞廉观；在长安城西门之一的便门外，跨渭水建了便门桥，俗称"西渭桥"，此桥成为汉唐时期通往西域、巴蜀的交通要道；在长安城南门之一的杜门外，为朝见的诸侯建了明堂；在杜门外五里，为太子交结宾客开了博望苑；在城外东南，开凿了曲江池。另外，还开凿了影娥池，在池旁建了望鹄台。汉武帝还在长安附近建了许多离宫别馆，如在淳化建造了庞大的甘泉宫，新建了赤阙、前殿、紫殿、神屋、彷徨观和露寒、储胥、高光、迎风等四馆；为追思钩弋夫人建了通灵台；为祭祀仙人建通天台；开辟了周回达540里的甘泉苑，在苑垣内建了宫殿台榭百余座和仙人、石关、封峦、鸤鹊等观；在周至建了五柞宫；在户县建了宜春观；在长安御宿川中开辟了御宿苑；在蓝田建了鼎湖宫；在华阴建了集灵宫；为种植破南越所得奇草异木，在韩城建了扶荔宫。应该说，长安城全面建设的最终完成是在汉武帝时期。

汉武帝在政治、经济、军事、文化、对外关系等方面采取的一系列重大措施，使中国的封建社会走向了鼎盛时期，也使长安成为国际性大都会。他不愧是我国历史上一位具有雄才大略的杰出封建政治家。

## 成语典故

### "请缨"的来历

汉武帝时，济南有一个年轻人叫终军。他自幼聪明好学，史称赞他"以辩博能属文闻于郡中"。终军18岁时，终于被选为博士弟子，动身前往长安。

当终军入函谷关时，守关的军吏告诉他，出关时必须验证才可放行。终军豪迈地说："大丈夫到京师闯天下，绝不会再用凭证出关的！"说完，把凭证往地下一扔，不顾军吏惊愕的眼神，阔步而去。后来，终军果然受到汉武帝的赏识和重用，经常持节巡视各郡国。

过了几年，汉武帝想让南越（今两广一带）归附汉朝，让南越王当个汉朝属下的诸侯王。终军听说这件事后，自告奋勇地请求汉武帝说："愿受长缨，必羁南越王而致之阙下。"意为请您给我一根绳子，我一定能把南越王捆了来见您。从此，"请缨"一词就成为自告奋勇、充满信心地请求授予艰巨任务的一个典故。

# 司马迁与《史记》

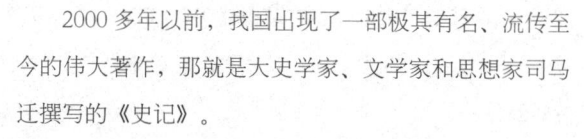

▲ 司马迁画像

▲ 《史记》书影

2000多年以前，我国出现了一部极其有名、流传至今的伟大著作，那就是大史学家、文学家和思想家司马迁撰写的《史记》。

司马迁，字子长，出生于公元前145年。他的家乡在当时西汉三辅地区的左冯翊夏阳县（今陕西省韩城市芝川镇）。这里东临黄河，北接龙门，风光秀丽，景色壮观。相传大禹治水的时候，为了疏通黄河，就把龙门山劈成两半，黄河从中奔腾而下，岩鸣谷响，每年暮春，游集而来的鲤鱼竞相跳跃。神话传说，如果鲤鱼能够越过龙门，就可以化龙升天，"鲤鱼跳龙门"的故事就是由此而来的。韩城市不仅因为有雄伟壮观的龙门而闻名于世，更因为它哺育了世界文化名人司马迁而蜚声中外。

童年时代的司马迁是在家乡夏阳县度过的。在他四五岁的时候，他的父亲司马谈便教他诵读史书，习文写字，并经常给他讲述一些动人的古代故事。特别是荆轲、高渐离行刺秦王等故事，深深地打动了司马迁幼小的心灵，使他对历史知识产生了浓厚的兴趣。后来，由于和父亲一起耕种、放牧，和农民、牧童广泛接触，使他从小产生了同情和热爱劳动人民的思想感情。

公元前130年，司马迁15岁的时候，他的父亲司马谈由于博闻强记、谦虚好学，被汉武帝任命为管理历史资料和天文星历的太史令。司马迁便跟随父亲从夏阳搬到首都长安居住。当时的长安，不仅规模宏大，城市繁华，而且人才荟萃，文化发达，是当时西汉帝国的政治、经济和文化中心。在这里，司马迁得到了著名学者孔安国和董仲舒等人的指教，他很快成长为一名年轻博学且富于理想的青年学者。

公元前126年，年仅20岁的司马迁怀着继承父业的远大志向，决心到全国各地游历，观赏祖国的名山大川，考察古代轶闻趣事，搜集民间的各种历史传说，了解社会，增长知识。司马迁从长安出发，经武关、南阳、越汉水、长江，首先来到长沙的汨罗江边，凭吊了伟大的爱国诗人屈原。接着，他又走遍湘南、湘西，来到会稽，沿路考察了大禹疏导九江的遗址古迹及他的长眠之所。司马迁还考察了越王勾践卧薪尝胆、报仇复国的历史遗迹。接着，他又渡江北上，在鲁国的故都曲阜，瞻仰了孔子的坟墓、祀堂和车服、礼器。这位儒学大师的坎坷遭遇和学而不厌、诲人不倦的高尚精神给司马迁留下了极为深刻的印象，使他流连忘返，对这位先贤无限敬仰。司马迁还先后走遍了位于江苏的淮阴、徐州、沛县、丰县，安徽的宿县和河南的大梁（今河南省开封市）等地，实地察看了刘邦、项羽起兵和交战过的地方，聆听了当地父老向他讲述汉初著名将相萧何、韩信、曹参、周勃、樊哙等风云人物的动人传说，大大增长了见识，也为他后来撰写《史记》一书积累了丰富的素材。

公元前124年，司马迁结束了这次为期两年的全国大游历，从大梁回到长安。后来，他还多次跟从汉武帝出巡，几乎走遍了长城以南的所有地方。经过广泛的游历，司马迁饱览了祖国的壮丽山河，加深了他对伟大祖国的无限热爱，他也收集了许多闻所未闻的历史故事和民间传说。回到长安后，司马迁做了郎中，成了汉武帝身边的一名侍从官员，从此，开始了他的仕途生涯，浮沉宦海。

公元前110年，司马迁的父亲司马谈因病去世。这位担任了20多年太史令、立志要编写一部通史著作的老人，在临终前拉着司马迁的双手，老泪纵横，嘱咐他说："咱家的祖先从周代开始，世代相传担任太史之职。将来，你一定要继承祖业，写出一部记载古今的史书，流传后世。决不能中断我们这个国家的伟大历史。"司马迁牢牢记住父亲的临终遗嘱，立志要写出一部贯通古今的史书。

三年之后，司马迁接替了父亲的职务，正式做了太史令。他利用这一职务的优越条件，开始如饥似渴地阅读重要档案，废寝忘食地写笔记，用了四五年的时间，翻阅了宫廷收藏的大量图书，拟定了《史记》的写作大纲。公元前104年，司马迁凭着自己丰富的阅历、渊博的知识和史官责任感，开始满腔热情地撰写这部巨幅鸿篇的伟大著作。

公元前99年，正当司马迁孜孜不倦地写作《史记》的时候，由于李陵事件

司马迁墓

的牵连,他遭受了巨大的不幸。

李陵是西汉名将李广的孙子,曾和司马迁一起在汉武帝身边做过郎中。这一年,李陵奉命带领5000步兵出击匈奴,遇到了80000匈奴的包围。由于寡不敌众,最后在矢尽援绝、伤亡惨重的情况下,李陵战败被俘,投降了匈奴。消息传到长安,汉武帝大为震怒,立即把李陵的母亲和妻子、儿女投进了监狱,后来,又把他们全部杀死。司马迁根据自己对李陵多年的了解,觉得汉武帝对李陵的处罚过重,便在朝廷上陈述了自己的看法,替李陵做了几句辩护,想不到却触怒了汉武帝,被关进监牢,严加审讯。结果,他硬是被加上了"诬罔主上"的罪名,判处斩刑。根据汉朝的法令,官吏被判处死刑有两种减免办法:一是用钱赎买,二是代以宫刑。司马迁官小禄微,根本拿不出巨款赎罪,只有下蚕室受宫刑,但这却是比死还要可怕的奇耻大辱。想到这里,他的矛盾和痛苦心情,真是达到了不能用语言形容的程度,他悲痛欲绝,想到自杀。但是,每当他痛不欲生的时候,写作《史记》的强烈欲望总是给他增添了继续生存下去的巨大力量。他想到:"人固有一死,或重于泰山,或轻于鸿毛。"如果因此轻生死去,父亲的临终遗嘱就会化为乌有,《史记》的编纂工作要半途而废,自己的宏伟理想就会成为泡影!同时,他又想到历史上很多受辱不屈、发愤著述而终于名垂后世的杰出人物,例如周文王被囚于羑里,而写了一部奇书《周易》;孔子一生穷困潦倒,而编撰了《春秋》;屈原被放逐以后,成就了千古绝唱《离骚》;左丘明双目失明,给后人留下了一部《国语》,这些人都给了司马迁极大的精神力量。就在这种巨大精神力量的支持下,他毅然接受了宫刑。此后,他就把一些人的恶语中伤和诬蔑鄙视一概置之度外,全力以赴地从事《史记》的著述工作。无论是酷热的盛夏,还是寒冷的严冬,他都夜以继日,奋笔疾书。经过整整四年的伏案写作,终于完成了《史记》的初稿。如果从司马迁担任太史令时开始阅读和整理史料算起,到写成初稿为止,前后共经历了16个年头。直到去世以前,他还做过多次修改。可以说,《史记》一书是司马迁用他整个生命在极其困难的条件下写成的一部伟大著作,是他毕生的理想、血泪和坚韧不拔精神的结晶。

《史记》全书共130篇,50多万字。它上起传说中的黄帝,下到作者生活的汉武帝太初年间,记载了纵横3000年的历史,尤详于战国、秦汉。《史记》体裁为纪传体通史著作,开创了我国纪传体史书编纂的体例。全书共有十表、八书、十二本纪、三十世家和七十列传。其中,本纪、世家和列传是人物传记。本纪按年代顺序记载帝王的言行和政绩;世家记载诸侯国的兴衰和特别重要的人物事迹;列传记载各种人物的活动;表则是按年代贯通史实的脉络;书是有关经济、政治和文化制度因革的专篇。本纪和列传是该书的主体。这部书创立的纪传体同孔子在《春秋》一书中创立的编年体,被后人称为史书"二体"。

《史记》的伟大,不仅表现在它的篇幅宏大、体裁新颖,更重要的是它体现了司马迁坚持真理、秉笔直书、不避权贵的可贵精神和不相信鬼神的唯物主义思想。他在《高祖本纪》中,把西汉开国皇帝刘邦的"好酒及色""狎侮诸客"的流氓行为和奸诈性格写得入木三分,活灵活现。这就和那种把刘邦宣扬成"受命帝王"的阿谀之词形成了鲜明的对照。司马迁还冒着再次入狱坐牢的危险,在《封禅书》和《平准书》中,一针见血地直书了当时的皇帝汉武帝迷信方士、多次受骗上当而执迷不悟的可笑行为,还指出他奢侈浪费、好大喜功,因而给人民带来无穷灾难的罪恶行径。司马迁在《陈涉世家》中,将陈胜列为诸侯一级,并用鱼腹丹书、篝火狐鸣等故事,展示了中国历史上第一次农民起义领袖陈胜、吴广的组织才能和思想面貌,热情歌颂了他们在摧毁暴秦统治中的历史功绩,表现了他同情下层劳动人民的思想感情。此外,如为一般老百姓排忧解难的江湖大侠郭解,为信陵君窃符救赵的大梁城守门人侯嬴和以饭食救济韩信而拒绝报酬的漂母等人，都被司马迁在《史记》中描写得栩栩如生，跃然纸上。这种进步的历史观、人民性和正义感在封建社会里实在是难能可贵的，实现了他"究天人之际，通古今之变，成一家之言"的理想。

《史记》最初被称为《太史公书》，后来才逐渐被命名为《史记》。这本书考证严密，详略得当，语句流畅，文字优美，充分表现了作者卓越的艺术才能和高深的文学造诣。无论是叱咤风云的英雄人物，规模宏大的战争场面，或是历代沿革的典章制度，在他的笔下都被描写得妙趣横生，激动人心。鲁迅先生曾精辟地把《史记》誉为"史家之绝唱，无韵之《离骚》"，这可谓最恰当最公允的评价。

▼ 司马迁祠

司马迁受宫刑出狱以后，大约在公元前96年又做了中书令。公元前90年，他在对《史记》多次修改以后，与世长辞了，享年55岁。司马迁的一生虽然是在困惑和痛苦中度过的，但他撰写的《史记》一书，却被作为我们中华民族最珍贵的文化遗产之一，世代相传。

### 小资料

#### 司马迁祠墓

司马迁祠墓在今韩城市南18千米的芝川镇东南。祠墓初修于西晋永嘉年间（公元307至313年），后经宋、元、明、清历代修葺扩建。祠墓东濒黄河，西枕梁山，前有芝水萦绕。整个祠墓建筑共分四段，用砖石依山势砌成四个高台。第一台上竖一木牌坊，上题"高山仰止"四字。第二台牌坊上书"龙门才子故里"六个字。第三台为一砖牌坊，上题"河山之阳"四字。第四台为祠墓所在，祠内有北宋靖康四年（公元1044年）修建的寝宫，塑有司马迁像。寝宫后为元代所砌圆形砖墓。墓周围名人题词不绝，墓前有清代乾隆年间毕沅所立"汉太史公墓"碑，献殿内外碑石林立，墓地所植古柏郁郁葱葱。郭沫若同志曾给司马迁祠墓题诗道："龙门有灵秀，钟毓人中龙。学殖空前富，文章旷代雄。怜才膺斧钺，吐气作霓虹。功业追尼父，千秋太史公。"

# 西汉大儒董仲舒

在西安市和平门内，有一个地方叫作"下马陵"，这里埋葬的是西汉有名的儒学大师董仲舒。董仲舒是帮助汉武帝制定文化专制主义政策的重要人物，也是历史上著名的唯心主义思想家。

董仲舒是广川人，生于汉文帝前元四年（公元前176年）。广川，在今天河北省南部的枣强县，古代属于赵国，因此人们又称董仲舒为赵人。董仲舒从小学习儒家经典，年轻时就有了点名气，在汉武帝的父亲——汉景帝当政时，董仲舒已经来到京城长安，在朝廷里当上了儒学"博士"。当时所谓的"博士"，都是些学有专长的人，大约相当于皇室的教授和顾问。但是，那时儒家的学说不被重视，朝廷的大官和贵戚们也不把儒学博士看在眼里，特别是景帝的母亲窦太后，一向崇尚"黄老之学"，格外喜欢《老子》这部书，厌恶儒学。有一次，窦太后让儒学博士辕固生给她讲解《老子》，辕固生从儒家的角度出发，讥讽《老子》一书是"家人之言"，意思是《老子》登不了大雅之堂，于治国毫无用处。这一下可气坏了窦太后，一怒之下，她竟命令辕固生去和野猪搏斗。幸亏汉景帝了解辕固生的为人，知道他生性耿直，说话不会绕弯子，便悄悄塞给他一把锋利无比的匕首，辕固生才算没有白丢一条性命。类似这样不愉快的事，使儒学博士们一个个都灰溜溜的，他们虽然有满腹经纶，却只能让权贵们开心取乐。董仲舒眼看着自己的才学不能施展，便下决心闭门苦读。一连三年，他大门不出，二门不迈，就连窗外的花园、菜地，他也看都不看一眼，真是"两耳不闻窗外事，一心只读圣贤书"。他的学生，也见不到老师的面。三年过去了，

▲ 董仲舒画像

董仲舒的学问果然更加精深,而"三年不窥园"的事,也由他的弟子们传扬出去,从此董仲舒成了远近闻名的经学大师。

　　董仲舒在家中精心苦读的到底是什么书呢?原来,就是一部用当时流行的隶书抄写的《春秋公羊传》。《春秋》本来是一部记载东周时期鲁国历史的著作,相传是孔子删定的"六经"之一,并且是孔子亲自撰写的。但是,由于写得太简略,后人就对《春秋》进行解释,写成不同的《春秋》传,借以阐发孔子在书中寄托的"微言大义"。战国时齐国有一位复姓公羊,名高的人,他所写的"传"就被称为《春秋公羊传》,或简称为《公羊传》。

　　说起来,《公羊传》里并没有补充多少历史材料,只是附会《春秋》,记载了些离奇古怪的东西。那为什么董仲舒要在《公羊传》上下那么大的功夫呢?这是因为,这部书里所讲的特别能迎合封建皇帝的口味,比如,它提倡天下大一统。所谓大一统,就是万物统归于一,君临天下,天下的人,天下的事,都应该由皇帝做主。它还强调皇权的绝对威严,臣下如有丝毫冒犯皇帝,就应该杀头。董仲舒觉得,把这样的学说呈献给皇帝、灌输给老百姓,才能对国家有利。所以,他才用"三年不窥园"的苦功用心来读,他盼望着能够得到明主的赏识。没想到,这一天很快就来临了。

　　汉武帝建元年间(公元前140年至公元前135年)的一天,长安城内未央宫里聚集了100多位衣冠楚楚的学者,这些人是从全国各地推举出来的品行好、有学问的人,被称为"贤良"。他们是奉了汉武帝的诏令,前来参加"对策"的。"对策"是朝廷以政事、经义等为题写在简策上,让应试者对答的一种考试,实际上也就是让这些"贤良"为西汉朝廷出谋划策,看谁出的主意好。这次对策的结果,汉武帝对董仲舒的回答最为满意,董仲舒也因此被封官。

　　董仲舒的对策为什么特别受汉武帝的青睐呢?一个很重要的原因,是他大胆地提出了"更化"的主张。所谓"更化",就是改变统治策略和方法。董仲舒在对策中说:秦朝严禁儒家文化在民间传播,老百姓连书也不敢看,国家只知道用严刑峻法来统治百姓,人们嘴里不说忠信之言,心里不以仁义道德为准则,所以秦朝只有15年就亡国了,而秦的遗毒余烈至今还没有肃清,在这样的基础上治理国家,真好比雕刻一块已经腐朽的木头,粉刷一堵用粪土垒起的墙壁,再好的工匠也无济于事!单单用法令来统治,是扬汤止沸,抱薪救火,没有任何用处。如果琴瑟已经坏得不能用了,那么只有改弦更张,重新制作,才能弹奏出好的音乐，治理国家也是同样的道理，在应当更化的时候不知道更化，再贤能的人也不可能把国家治理好。董仲舒的这一番话，引起了汉武帝的注意。汉武帝是个雄才大略的皇帝，他最终确立了中央集权的封建政治制度，也不大喜欢文帝、景帝所遵循的"无为而治"的黄老思想，而想干出一番大事业来。所以，当汉武帝一听到董仲舒讲的"更化"，便格外留心，并一问再问，董仲舒也就抛出了他心中酝酿已久的"罢黜百家，独尊儒术"的建议。这个建议，是用儒学来统一地主阶级的步调，加强对人民的控制和防范，不用烧书和杀人，借助国家政权的力量使儒学成为维护封建大一统的最好工具，正说到了汉武帝的心上。于是，汉武帝立刻采纳了这个建议，首先把这批"贤良"中讲法家之言和纵横家之言的人打发回家，不久，又在长安的中央机构中设置了"五经博士"，专门传授《周易》《尚书》《诗经》《仪礼》《春秋》这五部儒家经典。从此以后，在漫长的封建社会里，文人学士都争着学习儒家经典，以此作为进

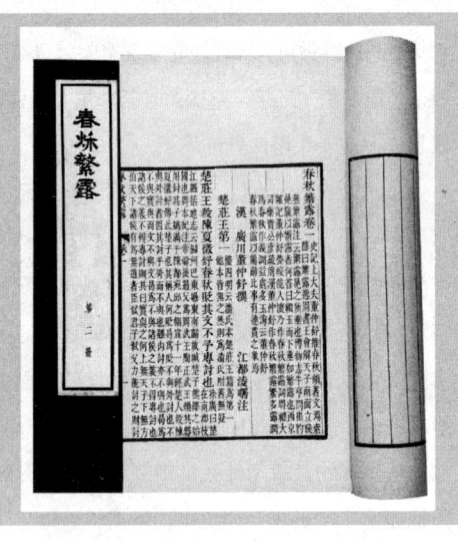

董仲舒所撰《春秋繁露》书影

身的阶梯，利禄的大道。汉武帝采纳董仲舒"罢黜百家，独尊儒术"的建议，也成为我国文化思想史上的一件大事。

董仲舒对策成名并不是偶然的。自从秦王朝建立以后，中国就成为一个统一的中央集权的封建专制主义国家。封建统治者不仅需要政治、经济上的统一，而且需要思想文化上的统一。为了实现这一点，秦始皇采取了"焚书坑儒"的

办法，用暴力手段强行禁止大部分文化知识的流传和发展，但是这样做不可能长久。汉代初期，封建统治者的首要任务是恢复和发展生产。到了汉武帝时期，国家经过六七十年的休养生息，经济上开始有了较为雄厚的基础，雄心勃勃的汉武帝对外要反击匈奴，对内要削弱诸侯王，还要限制土地兼并，防止农民反抗，因此，就迫切地感到思想文化上需要有与政治、经济上的中央集权相一致的学说，来为大一统的封建国家服务。正是在这样的历史条件下，董仲舒提出"罢黜百家，独尊儒术"的建议，为封建统治者推行文化专制主义立下了汗马功劳。

董仲舒虽然号称是儒学大师，但是他的学说其实并不是孔子时代的儒学，而是杂糅了先秦儒家各派以及儒家以外名家的学说，特别是阴阳家的学说，是经过改造了的儒学。董仲舒为儒学蒙上了一层神秘主义的色彩。比如，先秦儒家主张尊卑贵贱的等级秩序，董仲舒则把阴阳学说掺杂进去，认为君臣、父子、夫妇之间的关系，都是阴阳的关系，这种关系是绝对不能错位的，就像白天和黑夜不能颠倒一样，阳为尊，阴为卑；阳为上，阴为下。所以，君臣、父子、夫妇之间的上下尊卑关系也是神圣不可动摇的。由此，董仲舒又提出了"君为臣纲，父为子纲，夫为妻纲"的"三纲"学说。董仲舒把"三纲"与阴阳挂上了钩，也就把它与"天"挂上了钩，于是便提出"王道之三纲，出于天""天不变，道亦不变"的理论，这就把封建宗法的尊卑等级制度固定化、神学化了，因此特别受封建统治者的欢迎。

董仲舒还用阴阳学说解释礼乐教化，也就是德政与刑罚的关系。他认为："天"以阳为主，阴为辅，因此人间的统治者也应该以礼乐教化为主，少用刑罚，

▲ 西汉铜熏炉

▲ 西汉玉羽人奔马

这就叫"重德不重刑"。这种观点虽然是脱胎于儒家，但又不单纯只讲仁政，而是兼用"刑""德"两手，这就在儒家的旗号下兼容了法家的学说，更利于为封建统治阶级服务。

董仲舒还把阴阳学说运用到实际中。他在任地方官的时候，曾经率领百姓按阴阳学说之法来求雨和止雨，如要求雨，那么就禁绝一切和"阳"有关的活动，而专门进行和"阴"有关的活动，比如不许开南门，不许生火，而要大开北门，将水撩到人身上，等等。这些做法，和孔子的"不语怪力乱神"，真是有点分道扬镳了。

董仲舒对儒家思想的神学改造，还表现在他的"天人感应"说上。传统的儒家学说，本来就有天人相关的思想，孔子说他"五十而知天命"，就是说他在精神境界上已经与"天"相通了。董仲舒把这种思想发展到极端，认为天与人是处处相通的。天就是人的范式，人的头是圆的，就像天空的容貌；人的头发，就像天上的星星；人的耳、目，就像天上的日、月；而人的呼吸，就像天上刮的风……除了形体以外，人的血气、德行、好恶、喜怒、性情，等等，无一不是出于天。人既然与天有这样密切的关系，因此，人事也由"天"在冥冥之中主宰着：国家将兴，就会有祥瑞出现；国家将亡，也会有妖孽出现；人间的灾害和怪异现象的产生就是"天"对人的责备和警告，董仲舒将此称为"谴告"，如果多次谴告还不改正，"天"就要实行惩罚。这就是"天人感应"。由此可见，董仲舒的儒学，已经和神学完全结合起来了。董仲舒提出这种理论的用意，大概在于臣下能够借用神的力量来规劝君主，因此，汉武帝对这一点并不感兴趣。有一次，高祖庙和高祖陵墓先后发生火灾，董仲舒便借题发挥，写了《灾异记》，准备面呈汉武帝。不料，草稿被人偷走，提前献给了汉武帝。汉武帝故意让董仲舒的学生加以评论，这位学生不知是老师的文章，把《灾异记》说得一文不值。于是，汉武帝下令将董仲舒下狱，定为死罪，然后又下诏赦免。经过这次教训，董仲舒再也不敢公开谈论阴阳灾异、谴告之说了。然而，这种理论却没有绝迹，发展到西汉末至东汉时期，就变成了完全为统治者所利用的、更加荒诞无稽的"谶纬"迷信之说了。

董仲舒一生的名气很大，可是始终没能在朝廷中担任要职。他曾经两次出任地方王国的丞相，相当于郡太守，晚年告病归家，迁居茂陵，一边

▲ 下马陵

著书立说，一边教授弟子。这期间朝廷中若有疑难大事，汉武帝还派使者登门请教，董仲舒便用《春秋公羊传》来解答，甚至刑事诉讼也用《公羊传》中的例子为根据来解决，据说董仲舒用《春秋公羊传》判的案有232件之多，这就是历史上所说的"春秋治狱"。

汉武帝太初元年（公元前104年），董仲舒去世了。他下葬的地点，在汉长安城东南2500米的胭脂坡下。隋唐修建长安城时，董仲舒墓才迁至今天的地点。在封建社会里，上至达官显贵，下至一般的文人士子，经过董仲舒墓前都要下马步行，以表示对这位汉代大儒的崇敬，"下马陵"的名称也由此而来。唐代由于关中语音的音变，下马陵也被称为"蛤蟆陵"。白居易的《琵琶行》一诗中"家在蛤蟆陵下住"，指的就是此地。至今董仲舒墓尚留有50多厘米高的封土残基，墓前"董仲舒先生墓"碑犹在。下马陵作为古代的文物古迹，被列为陕西省重点文物保护单位。2000多年过去了，无情的历史早已荡涤了封建专制主义和唯心主义的泥尘，这个古代遗迹，则成了今天我们进行历史唯物主义教育的极好教材。

# 抗匈名将卫青与霍去病

西汉时期，北方有一个强大的游牧民族，叫作匈奴。他们趁着中原战乱，不断入侵骚扰中原边疆地区，边疆人民深受其害。就连汉高祖刘邦，也曾经在今天山西大同附近被匈奴围困了七天七夜，差一点当了俘虏。匈奴闹得最凶的时候，曾打到今天陕北的延安市，离长安只有几百里路程，弄得京师人心惶惶，上下不安。长安城周围的细柳、棘门、霸上，都设置了防范匈奴的军营。像这样的严重威胁，一直延续到汉武帝初年。

汉武帝登基以后，决定采取坚决行动，回击匈奴的进犯。从公元前133年开始，汉王朝展开了大规模的反击战。在艰苦的连年征战中，涌现出了一大批英勇杀敌、抵御外侮的将士，其中最有名的要数卫青和霍去病。

卫青，字仲卿，平阳（今山西省临汾市一带）人。卫青幼年的经历十分坎坷，他是一个私生子，父母都是平阳侯家里的奴仆，卑贱的出身使他经常遭受别人的嘲笑和欺侮，连父亲和异母兄弟们也都看不起他，让他去牧羊。卫青长大成人后，身材魁梧，相貌堂堂，靠母亲说情到平阳侯家里给汉武帝的姐姐平阳公主当了个骑奴。后来，卫青的姐姐卫子夫由歌女选到皇宫，被汉武帝封为夫人，卫青才时来运转，当上了太中大夫。

元光五年（公元前130年），匈奴又兴兵进犯。警报传来，汉武帝任命卫青为车骑将军，同骁骑将军李广等三名将领兵分四路，出征御敌。那三名将领都久经沙场，名望很高，只有卫青初出茅庐，资历最浅。然而，最终却只有卫青一个人破敌立功。原来，战斗开始后，卫青仗着年轻气盛，带着兵

▲ 匈奴银虎牌饰

▲ 匈奴银鹿

马一下子插到匈奴人祭祀祖先的地方——龙城。这时匈奴的主力部队正在雁门关一带抵挡李广的兵马，龙城只有守军几千人。卫青率领兵士如同神兵天降，直捣敌营，杀死了敌兵700多人，大胜而归。汉武帝见卫青立了战功，格外高兴，马上封他为关内侯。自此，卫青开始了他的戎马生涯。

元朔二年（公元前127年），匈奴又派兵入侵，西汉对匈奴的第一次大战役拉开了战幕。卫青出兵关中，沿黄河北岸向西进击。他一直打到陇西，赶走了匈奴的白羊王和楼烦王，杀敌数千人，缴获牛羊一百多万头，一举收复了河套南部。汉武帝在那里设置了朔方和五原二郡，从此不仅解除了匈奴骑兵对长安的直接威胁，也建立了反击匈奴的前哨基地。

后来，匈奴右贤王连年入侵，想夺回朔方。元朔五年（公元前124年），汉武帝派卫青率领30000人马还击。右贤王见汉兵大举而来，自知不是对手，赶紧退出塞外。晚上，右贤王以为汉军离得还远，不足为虑，便在帐篷里饮酒作乐。可他万万没有想到，卫青率领大军，星夜兼程，以迅雷不及掩耳之势将匈奴军营团团围住，霎时战鼓喧天，杀声四起。右贤王措手不及，仓皇中只带了几百名骑兵

▼ 马踏匈奴石雕

狼狈逃走。匈奴人阵脚大乱，溃不成军。这场大捷汉军俘获了匈奴部众15000人，牲畜不计其数。捷报传到长安，全城欢庆。汉武帝也喜出望外，马上派人带着大将军印去见卫青，就在军营中拜他为大将军，让他统率所有抗击匈奴的军队。

卫青当了大将军后，尽管官高爵显，位极人臣，但他并不居功自傲，言行十分谨慎，这正是他的出众之处。有一次征讨匈奴，右将军苏建深入敌境，遭到围困，兵将死的死、降的降，只剩苏建一个人逃了回来。按照当时的法令，这种败军之将是要杀头的，而且卫青本人有权直接处理，但他称不敢擅杀大将，命令将苏建关进囚车，押回长安交给汉武帝裁决。部下见卫青不杀苏建，都称赞他待兵宽厚，汉武帝自然也很满意。对待同朝的大臣，卫青十分谦恭，深得大家的称赞。卫青被封为大将军后，一般人都对他毕恭毕敬，唯独有一位名叫汲黯的大臣，生性耿直，见了卫青只是作个长揖，不肯下拜。而卫青并不怪罪他，反而称他是贤士，以礼相待。所以，卫青颇有礼贤下士的好名声。

尤其难能可贵的是，卫青并不把功劳完全归于自身，而认为这是全军将士共同努力、奋勇作战的结果。在被拜为大将军的同时，汉武帝还封了卫青的三个儿子为侯，卫青上书竭力推辞说："汉军获胜，都是众将士力战之功，我的儿子尚在襁褓之中，没有一点功劳，怎敢受封为侯呢。"汉武帝十分感动，便把卫青部下许多有功的将领加官封侯。卫青之所以能在连年征战中屡建奇功，这是与部下将士奋勇争先殊死拼搏分不开的，而这又是与他能够关心下属，同士兵同甘共苦

◀ 卫青墓

▶ 霍去病雕像

有密切关系的。

　　就在西汉与匈奴之间的第一次大战役之后,有一位少年将军脱颖而出。这员小将第一次上阵时,只带着800名骑兵孤军深入,直捣敌巢,杀敌2000多人,活捉了匈奴单于的叔叔。这位少年英雄不是别人,正是卫青的外甥、长安史上又一位大名鼎鼎的人物——霍去病。霍去病第一次出征就一举成名,汉武帝称赞他的勇敢和胆略是全军之冠,封他为冠军侯。这时,他才18岁。

　　元狩二年(公元前121年),西汉和匈奴之间展开了第二次大战役,汉武帝任命霍去病为骠骑将军,率领一万名骑兵出击匈奴。霍去病只用了六天时间,就扫平了匈奴的五个部落,接着,又越过了今天甘肃省山丹县境内的焉支山,长驱直入一千多里,消灭匈奴八千多人,杀了匈奴折兰王和卢胡王,活捉了浑邪王子和相国、都尉等重要的官员,就连匈奴祭天的金人也成了战利品。不久,霍去病再次出征,越过今天内蒙古的居延海,转战两千里,一直打到祁连山,在今天的甘肃省张掖市一带血战一场,一举歼敌三万多人,活捉匈奴的高级官员一百多人,甚至把匈奴单于的妻子也抓了回来。这次战役,扫清了河西走廊的匈奴势力,打开了长安通向西域的道路。从此,霍去病的名声大振,地位越来越高,已经不亚于大将军卫青了。他的大名威震塞外,匈奴闻风丧胆,不敢与之抗衡。

霍去病能够在连年的征战中无往不胜,绝非偶然。有一次,汉武帝与他谈起孙子兵法,他回答说:"作为一个将军,要审时度势,灵活机动地进行指挥,并不一定要拘泥于前人的兵法。"这说明霍去病并不是只有匹夫之勇的一介武夫,而是一位富于才智、文武双全的指挥官。

由于霍去病长年转战塞外,历尽艰辛,汉武帝决定给他在长安城里建造一座漂亮的住宅。霍去病坚决辞谢,他对汉武帝说:"匈奴未灭,何以家为?"寥寥八个字,真是字字铿锵,掷地有声,不愧为一代英雄的豪言壮语。

元狩四年(公元前119年),为了彻底解除匈奴对北方边境的威胁,汉武帝对匈奴发动第三次,也是最大的一次战役。在这次战役中,卫青和霍去病各领五万骑兵,分东西两路,对沙漠以北的匈奴主力进行合围,后面还有几十万步兵接应,两路兵马在今天的内蒙古和蒙古人民共和国一带转战两千多里,几乎全歼了匈奴左贤王部,共杀敌九万多人。从此以后,匈奴被赶到遥远的大漠以北,大漠以南没有他们的立足之地了。西汉反击匈奴侵扰的战争,终于取得了决定性的胜利,

▼ 霍去病墓

也创造出世界历史上农业国家成功抵抗游牧民族侵扰的奇迹。

汉武帝任用卫青和霍去病，经过十几年的浴血苦战，制止了匈奴对中原地区的残暴掠夺。后来，匈奴分为两部，一部向西迁移，一部归顺了汉朝。从此北方边境太平无事，匈奴人民和汉族人民开始了正常的和平交往。这场自卫性质的战争，保护了西汉封建经济的发展和社会安定，促进了西北边疆的开发，疏通了有名的丝绸之路，在历史上留下了重要的一页。

元狩六年（公元前117年），霍去病因病去世，年仅24岁。汉武帝特地把他安葬在自己的陵墓——茂陵旁边。跟随霍去病转战的铁甲军从长安一直排列到茂陵为他送葬。霍去病的陵墓，仿照祁连山的形状修建高高耸立，标志着他一生的不朽功勋。

历史已经过去两千多年了，但是时间并不能抹去人们的记忆。直到今天，阅读这一段历史，那冰雪黄沙、风烟滚滚、金戈铁马、杀声震天的场景就像一幅壮丽的画卷展现在我们面前，使人心驰神往，精神振奋。卫青、霍去病那横刀立马、叱咤风云的雄姿依然历历在目；"匈奴未灭，何以家为"这八个字，正激励着千千万万人的报国之心。一代名将卫青和霍去病，以他们不可磨灭的功绩，永垂于中华民族的光辉史册。

## 成语典故

### 从"富可敌国"到"不名一钱"

汉文帝时，有一相面先生曾说邓通："此人当贫穷饿死。"文帝不服气，说："邓通富不富全在我一句话，怎能贫穷呢？"便赐给邓通大量钱财及铸钱权，一时邓通成了全国首富。但好景不长，文帝死后，景帝抄没了邓通的家产，他名下的钱财一概被没收，史称"不得名一钱，寄死人家"。"富可敌国"和"不名一钱"这两句截然相反的成语，都是出自邓通一人的故事。

# 张骞凿空西域

如果有人问道："你吃过葡萄、核桃、胡萝卜、石榴这些东西吗？"你一定会觉得很奇怪。这些普普通通的物产，谁还没吃过呢？确实，在今天，这些物产是再普通不过了。但是，你可曾知道，在2000多年前的西汉，可是十分稀罕的。不要说普通老百姓，就连尊如天子、贵同王侯的上层统治者都没有福气吃到它们呢！

原来，这些物产的老家在西域，在西汉时它们才开始传入内地。当时的西域，包括现在的新疆地区以及中亚、西亚部分地区。像葡萄、石榴这些东西能够行经万里，由西域来到中原，说起来还有一段曲折动人的故事。这个故事的主人公就是大名鼎鼎的探险家——张骞。

张骞是汉中城固人，汉武帝初年他任郎官。当时，匈奴为患，常令汉武帝伤脑筋。有一次汉武帝听一些投降过来的匈奴人说：西域有一个国家叫大月氏，被匈奴打败了，对匈奴恨之入骨，时刻想报仇雪恨，可惜无人相助，心有余而力不足。汉武帝一想，这正是两面夹击、教训匈奴的一个好机会，可不能错过。于是就有意派人去西域联络大月氏，想和大月氏结成联盟共同反击匈奴。主意

▼ 张骞出使西域路线图

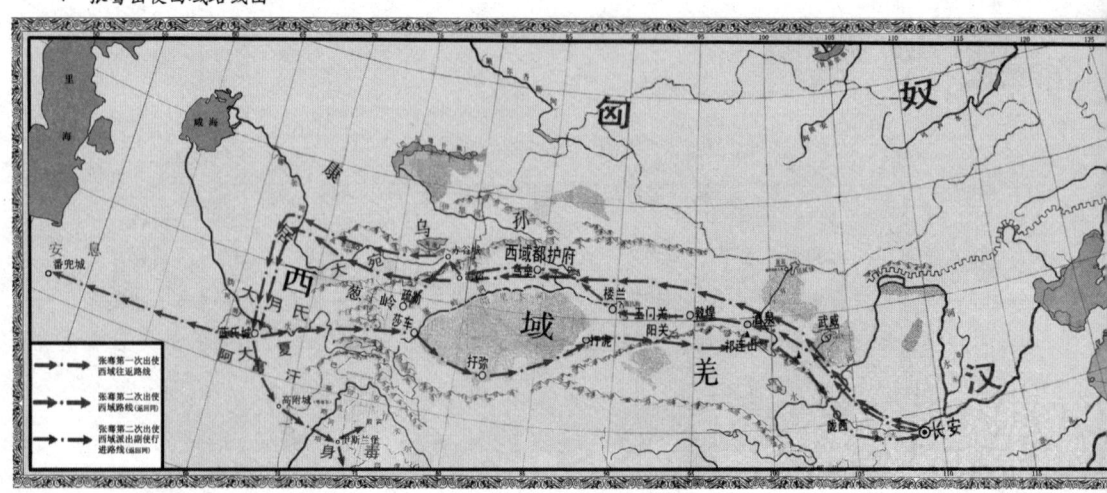

虽然不错，但实行起来却很不容易。因为西域这一区域，在今天看来，不算有多远，但在汉朝人的眼里，可真算得上是远隔千山万水了。不仅如此，而且对于路上的情况，谁也不清楚，不知道会遇上些什么灾难和险阻。这样，敢去的人就不大好找了，汉武帝于是采用了招募的办法，年轻气盛的张骞挺身而出，自愿出使西域。建元三年（公元前138年），汉武帝派张骞为使者出使西域。张骞带着一百多人，从长安出发，踏上了西行的征途。

要到大月氏，必须经过河西走廊，而河西走廊当时被匈奴控制。张骞一行尽管小心翼翼地前进，还是被匈奴骑兵抓住了。从此，张骞被扣留在匈奴，整天放羊、牧马、做苦工，过着奴隶般的生活。这样足足过了10年之久。在这10年里，张骞一刻也没有忘记自己的使命。他精心地保存着代表汉朝使者身份的节杖，日复一日、年复一年地等待着逃脱的机会。终于有一天，张骞和助手堂邑父等趁匈奴人不注意，跳上快马，飞奔而逃。等到匈奴人发现后想追赶时，早已是望尘莫及了。

张骞他们逃离了匈奴，并不是要奔向阔别已久的故乡，而是继续向西，坚定不移地去完成10年前中断了的使命。一路上，戈壁荒滩一望无际，上无飞鸟，下无走兽，连道路也无处寻找，只能靠死人死马的骨头来辨别方向。面对困难，张骞毫不气馁。他们风餐露宿，披星戴月，日夜兼程，终于越过了千里戈壁，接着又一鼓作气，翻过了山路艰险的葱岭。历尽千辛万苦，他们好不容易才到了有人烟的地方。张骞他们满以为已经到了大月氏，谁知一问，才知道这不是大月氏，而是西域的另一个国家，叫大宛。大宛是一个盛产骏马、葡萄和苜蓿的国家。那里的人早就听说遥远的东方有一个强盛的汉朝，如今汉朝的使节到了，大宛王十分高兴，立即召见张骞一行。张骞他们受到了热情的接待，又在大宛向导的陪同下，通过康居，终于到达了目的地——大月氏，也就是今天中亚阿姆河北一带。

虽然到了大月氏，可形势与10年前已经大不相同了。原来，当年大月氏被匈奴打败后，就向西迁到了这里。这里原来是大夏的地方，大月氏人占据了大夏的土地，重建了国家。这里土地肥沃，物产丰富，大月氏人感到很满意，至于"报仇"二字，早已丢到九霄云外去了。所以张骞到了之后，尽管受到了热情的接待，可一说到出兵打匈奴的事，就被大月氏王岔开了话头。张骞他们在大月氏住了一年多，虽然竭尽全力，但始终不能说动大

▲ 丝绸之路群雕

月氏人出兵夹击匈奴，张骞一行只好动身回国。

在回来的路上，张骞他们又被匈奴人俘虏了，被软禁了一年多之后，匈奴内部发生了争夺王位的争斗，国内大乱，张骞才乘乱和堂邑父一同逃了出来。汉武帝元朔三年（公元前126年），他们终于回到了阔别十三年的祖国。出去时一百多人的队伍，回来时只剩两个人。汉武帝为了奖励他们的忠勇，封张骞为太中大夫，封堂邑父为奉使君。

这一次出使，虽然没有达到预期的目的，但是，善于观察的张骞把西域的山川地理、风土民情都记了下来，回来后向汉武帝作了详细的报告，这些都是难得的第一手资料，使中原人民第一次了解到了西域的真实情况。尤其是由于张骞在匈奴住了十余年，对这个北方大敌的情况更是了如指掌。公元前123年，张骞随大将军卫青出征匈奴，就是因为熟悉匈奴地形，具有丰富的沙漠行军经验，他引导大军在茫茫荒野中找到了水草，使人马不至于被饥渴所困，汉军终于取得了一次大胜利。张骞也因此立功，被封为博望侯。

张骞封侯之后，没有就此安享富贵，而是雄心勃勃，时刻想再次出使西域。元狩四年（公元前119年），西域的乌孙等国家乘匈奴刚被汉朝打败，纷纷准备起来反抗匈奴，不再向匈奴进贡纳税。汉武帝于是拜张骞为中郎将，命令

他再次西行。张骞带了三百多人，每人备了两匹马，赶着上万头牛羊，带着价值"数千巨万"的金银、绸缎等礼品，又一次踏上了漫长的西行之路。

乌孙在现在的新疆伊宁县以南的地区。张骞一行到了乌孙以后，劝说乌孙王东返被匈奴强占的故地，但是没有获得成功。张骞又派遣副使，分别前往大宛、大月氏、大夏等许多国家去进行联络。元鼎二年（公元前115年），张骞回国。乌孙派了几十名使者，带了数十匹良马，随同张骞来到长安进行答谢，并借机了解了汉朝的情况。

公元前114年，张骞因多年劳累去世了，张骞墓就在他的家乡（今陕西省城固县）。张骞去世一年以后，他在乌孙派往西域各国的副使陆陆续续地返回长安，同时还带来了各国的使者和各种各样的西域土特产。在这期间，先后共有36个国家的使者来到长安，其中大多数国家都是以前听也没有听说过的。

此后，汉武帝又多次派遣使者前往西域。由于张骞两次出使西域，在西域各国中很有威望，深为那里的人民所敬服，所以后来去的汉朝使者，都不说张骞已经去世，而说自己是张骞派来的。一直过了很久，西域才知道张骞已经不在人世了。但那里盛传张骞并不是死了，有人看见他像神仙一样乘着船沿着天河而去。由此也可以看出张骞在西域各国人民之中的声望了。

张骞出使西域以后，著名的古代东西方交通线——丝绸之路建立起来了。这条商路以长安为起点，穿过河西走廊，分别沿着今天的塔克拉玛干大沙漠的北缘和南缘，汇合于帕米尔高原，进入中亚、西亚，直达地中海东岸，成为东西方文化交流和友好往来的桥梁，也成为东西方经济文化交流的大动脉。在丝绸之路上，汉朝和西域各国的友好使者往来不断，有时一次就有上百人甚至几百人。汉朝精美的丝织品和手工艺品被源源不断地运往西方；冶铁和开凿井渠（即"坎儿井"）等技术也传到了西域。原产西域的葡萄、核桃、胡萝卜、石榴、苜蓿和良种马等几十种物产传到了中原；西域的乐曲和胡琴等乐器，丰富了汉族人民的文化生活。东西方经济、文化的密切往来，极大地促进了人类文明的发展，日益加深了汉族人民和西域各族人民之间的友谊。

为了保护贸易交往，进行有效的管理，汉宣帝时专门在西域设置了西

▲ 张骞墓

域都护。从此，西汉王朝的统治扩展到了西域一带。

  2000年后的今天，内地与西部边疆之间的关系，无论是交通状况，还是经济来往，都已远远超过了张骞的时代，不可同日而语了。然而，我们决不会忘记，张骞一行人，如何在漫漫黄沙之中，冒着严寒酷暑，迎着无数的艰难险阻，艰苦地、缓慢地一步一步前行。我们怀念张骞，不仅仅是因为由于他的努力，我们今天才吃上了葡萄、胡萝卜等，也不仅仅是因为由于他的奋斗，才开始建立了汉族与西部边疆各族人民之间和睦友好的关系，还因为他所表现出的坚韧不拔、百折不挠、一往无前的进取精神。依靠这种精神，张骞历尽艰险，开辟了前人所未走过的西域之路；也正是依靠这种精神，我们今天可以排除万难、万众一心地去开创历史上前所未有的、无比辉煌壮丽的现代化事业。

# 西汉帝陵之冠

在西安市西北约 40 公里处的咸阳原上，即今陕西省兴平市南位镇界内，巍然耸立着一座古代帝王之陵，它就是中国历史上著名的汉武帝刘彻（公元前 157 年—前 87 年）的茂陵，位于西汉诸帝陵的最西端。西汉前期，茂陵地属槐里县茂乡。汉武帝即位后，因其外祖父在槐里，所以他就选择在槐里茂乡为自己修建寿陵，并以地名为陵名，称作茂陵。又因为汉武帝茂陵在与其合葬的李夫人墓之东，所以又称"东陵"。

在西汉帝陵当中，茂陵修建的时间最长。从汉武帝即位的第二年，即公元前 139 年起，便开始修建茂陵，前后长达 53 年之久。到汉武帝驾崩入葬的时候，原来栽植在陵墓上的树木都已长成参天大树，可以两臂合抱了。而且，茂陵也是西汉帝陵之中规模最大的一座陵墓。墓上封土同其他陵墓一样，全部为夯筑而成，底部和顶部平面近方形，形状如同覆斗，显得庄严而稳固，所以汉代又称帝陵的封土为"方上"。但汉武帝茂陵封土的规模却超出常制，比其他陵墓的封土要

◀

玉铺首

大，据史书记载："汉诸陵皆高十二丈，方百二十步，惟茂陵（高）十四丈，方百四十步。"现在实际勘察的结果也表明，茂陵封土的规模确实大于其他陵墓。汉陵一般底部边长170米，高约30米，茂陵的底部边长则为240米，顶部东西长39.5米，南北宽35.5米，高46.5米，与文献记载的数字大体一致。这种情况大概与汉武帝时期国力强盛、经济繁荣有关，或许也是这位好大喜功的皇帝在向后人显示自己无与伦比的功绩和威严。茂陵的地下情况目前尚不清楚，但一般来说，西汉帝陵的墓室为方形，称作"方中"；墓室四面各有一条墓道，称之为"羡道"；羡道与墓室连接处有羡门，即墓门；与羡道连接的地面道路叫作"神道"，神道分别与陵园四周的司马门相对，因而也叫"司马门道"或"司马道"，茂陵可能是以东神道为主要道路。

西汉时期流行的厚葬之风到汉武帝时达到了高峰。据后世人所言："汉氏之法，人君在位，三分天下贡赋，以一分入山陵。"由此可见西汉帝王陵墓的财政开支在国家财政预算中占有很大的比例。尤其是汉武帝在位时间很长，所以茂陵内的随葬物品甚多，奇珍异宝，应有尽有，当为西汉帝陵之最。甚至到汉武帝死时，茂陵内的随葬物品已经多得放不进去了。《汉书·贡禹传》中记载：武帝"弃天下，昭帝幼弱，霍光专事，不知礼正，妄多藏金钱、财物、鸟兽、鱼鳖、牛马、虎豹、生禽，凡百九十物，尽瘗藏之。"在西汉末年，赤眉军攻下关中后，曾打开了茂

▼ 茂陵

陵的羡门，成千上万名起义军士卒搬取陵墓内的随葬物品，不停地搬了几十天，而武帝"陵中物不能减半"。从此以后，每经变乱，茂陵都成为盗劫的主要对象。不难想象，茂陵内的随葬品曾经多到什么程度。

西汉时期，皇帝与皇后合葬，但"同茔不同穴"，所以每座帝陵都是由皇帝和皇后两个墓冢组成，一般皇帝陵在西，皇后陵在东。但与汉武帝合葬于茂陵的既不是皇后，其墓也不在茂陵之东。汉武帝的陈皇后被废，死后葬于霸陵郎官亭之东；卫皇后又因巫蛊之事而自杀，葬在长安城南的桐柏亭，宣帝时改葬在杜门外，唐代人颜师古以为其地在唐长安城的金城坊内。与汉武帝合葬于茂陵的是其最宠爱的宠妃李夫人。年轻貌美的李夫人病逝后，汉武帝为了寄托对她深深的哀思，便以皇后的礼仪安葬李夫人，亲自选定茔地，安排在自己寿陵的西北。

李夫人墓又称"英陵"，或者"集仙台""习仙台"，在茂陵西北525米处。据记载："李夫人墓东西五十步，南北六十步，高八丈。"经实测，该墓封土底部东西90米，南北120米；顶部平面为方形，边长19.5米，封土高24.5米；封土外形为两层台。古代"英"有"重"之意，"山形两重者名英"，李夫人墓称作"英陵"，其意可能由此而来。现在还可以看到，李夫人墓的封土在距离顶部13米处，内收成台，东西两侧台面宽3.5米，南北两面宽4.5米。

从考古资料来看，茂陵的陵园只发现了一重城垣，平面为方形，边长430米；陵园四面各辟一门，各门与陵墓封土的距离均为100米左右；门外设有双阙，每对门阙之间的距离为12～16米。但从文献记载和有关考古调查的资料分析，茂陵似乎至少应有两重城垣，陵园的范围可能要大得多，然而迄今却没有这样的考古发现。当时，在茂陵的陵园内还修建了用于祭祀的便殿、寝殿以及宫女、臣僚和豪富们居住的房屋等许多建筑物。专门设置有陵令、属官、寝园令、园长、门吏等官职，分别负责管理陵园内的各项事务，仅担任护卫、洒扫陵园、浇灌树木诸项事务的人员就有5000人之多。汉武帝死后，"皆以后宫女置于陵园"，而汉武帝生前后宫的宫女已多达数千人。

现在位于茂陵东南部的白鹤馆遗址，就是当时陵园内的主要建筑之一。白鹤既为"仙禽"，又是长寿的象征，陵寝之地的建筑以白鹤为名，当是取其吉祥之意。白鹤馆周围五里，用于"驰逐走马"。此地现存一处夯土基址，周围遍布汉代的残砖碎瓦等物。茂陵东南350米处的压石冢遗址，可能也是白鹤馆中一座重要的高台建筑遗存，高达12米，基址上部和周围有巨大的石块、汉代砖瓦以及红烧土块等。在白鹤馆遗址东部，还曾发现过饰有四灵图案的画像砖、大门上装饰用的巨型青玉铺首，以及四周有"与民世世，天地相方"、中央有"永安中正"文字的瓦当。这些遗物可能都是茂陵寝园中的建筑用品，据此推测，茂陵的寝园大概就在这一带。

另据历史文献记载，在茂陵以东，与昭帝平陵毗邻的地方，修建有汉武帝的陵庙"龙渊宫"，或称作"龙渊庙""孝武庙"。龙渊宫主要是用来供奉和祭祀汉武帝"神主"的场所。传世的汉武帝元朔年间制造的"龙渊宫行壶""龙渊宫壶""龙渊宫鼎"等物品，可能都是龙渊宫的遗物。

汉武帝为了供奉陵园，迁徙关东大族、大官巨富至茂陵落户，以消除不安定的因素，还在茂陵设置了陵邑，根据有关文献记载的情况推测，茂陵邑设在茂陵以东二里的地方。考古调查发现，在今天兴平市南位镇道常村东窑匠沟以西、白鹤馆遗址以东，以瓦磋沟为中心的地带，经常出土有大量的汉代遗物，其中以砖、瓦等建筑材料为最多，从遗址遗物的分布来看，其范围东西长大约1500米，南北宽700米，与文献记载推测出的茂陵邑地理位置大体一致。这说明茂陵邑很可能就设在这里。当时的茂陵邑内居住着众多的文武大臣，名门豪富。据《汉书·地理志》中的统计，茂陵邑的人口多达27.7万余人，为西汉"五陵"之冠，比首

◀ 鎏金铜马

都长安的人口还要多31000余人，其繁华景象甲于天下。由于茂陵邑具有特殊的地位，因而吸引了相当一大批社会名流，甚至使长安城里的达官显贵都十分倾慕，迁居茂陵邑。像文学家司马相如、史学家司马迁等人都曾在茂陵邑居住过，董仲舒年老后也归居茂陵邑。

据文献记载，陪葬于茂陵的达官显贵有卫青、霍去病、阳信长公主、金日䃅、霍光、公孙弘、李延年、上官安、上官桀、敬夫人以及京兆尹曹氏等。此外，像原涉这样的豪杰，也在茂陵"买地开道"，建房造墓。如今，在茂陵附近能看到地面上仍有封土堆的陪葬墓共有12座。这些陪葬墓主要分布在茂陵以东，陵园东司马门道的南北两侧。陪葬墓距离陵园东司马门越近，其墓主人的身份就越高。例如可以确定的卫青、阳信长公主、霍去病等人的墓葬，都居于茂陵东司马门道南北两侧的陪葬墓之首。卫青因其生前在对匈奴的战争中战功卓著，加之他的姐姐得幸于汉武帝，所以他死后陪葬于茂陵。卫青墓在茂陵以东900米处，墓上的封土修成形如当时匈奴境内的庐山（亦名寅颜山）状，高21.4米，以纪念他的战功。霍去病同卫青一样，也是因为在对匈奴的战争中屡立战功而得以陪葬于茂陵。霍去病墓位于茂陵以东1000米处，墓上封土建成祁连山状，高15.5米，以示纪念。金日䃅墓西邻霍去病墓，封土形如覆斗，高11.2米。在茂陵以东4000米处，有一座高19.5米的墓冢，今传为霍光墓，墓前有清代陕西巡抚毕沅书写的碑石。近年来，在此墓以东曾发现有大面积的西汉建筑遗址，还有部分壁画遗迹，以及云纹和文字瓦当，很难说它们与此墓无关。在茂陵东北约625米处有一高14.3米的墓冢，当地群众称之为"策冢"，相传为董仲舒的墓。

在这些陪葬墓中，以霍去病墓最为重要。这主要不是因为他的坟墓为祁连山状，而是因为他的墓前有一组雄伟的巨型石刻，霍去病墓也以此而闻名于世。据文献记载和实地调查，霍去病墓的石刻，大多数放置在象征祁连山的坟丘上，有的置于墓前，亦即坟墓之南。这群石雕像，主要利用天然巨石，按其自然形状进行雕刻，线雕、圆雕和浮雕手法运用得当，有的注意形态，有的突出神情，形神兼备。"马踏匈奴"是这组石刻的主像，石马与真马大小差不多，昂首挺立，腹下仰卧一人，面目狰狞，手持凶器，做垂死挣扎状。此外还有机警凶顽的伏虎、伸首张目的野猪、温顺可爱的卧象、体态健壮的牡牛，以及跃马、卧马、石人、石鱼、人与熊、猛兽食羊、蛙、蟾蜍等石雕像，各具神态，妙趣横生。霍去病墓前的这组石刻，是目前我国保存最完好的一批大型陵墓石刻艺术珍品，它们对以后历代的陵墓石刻产生了极其深远的影响。石人、石马、石虎等石刻组合，一直为西汉以后各代的陵墓石刻艺术所继承。

在茂陵以东约2300米处的东司马道南侧，东西并列着五座陪葬墓。其中最西南的一座现存封土堆最大，高22米，因其南高北低呈羊头状，所以当地群众称之为"羊头冢"。1981年，考古工作者在其周围勘察发现了39座陪葬坑，主要分布在坟墓南北两侧。考古人员发掘了墓南的一号陪葬坑，这个陪葬坑平面呈"凸"字形，面积仅4平方米，但出土器物多达230余件，有铜器、铁器、漆器、铅器、木器等。其中铜器最多，重要的有鎏金铜马、鎏金银竹节铜熏炉和18件带有"阳信家"铭文的铜器等。一般认为这批"阳信家"铜器是汉武帝之姐阳信长公主（平阳公主）家之物，"羊头冢"就是阳信长公主之墓。

茂陵"羊头冢"出土的鎏金铜马、鎏金银竹节铜熏炉等物应是最高统治者享用的宫廷用品，代表了西汉时期最高的工艺水平。尤其是鎏金铜马，有人认为其外部形态具有沙漠型马种的基本特征，推测是西汉时期大宛汗血马的造型。铜马的姿势为伫立式，与唐代兽医典籍《司牧安骥集》中的相良马图一致，此马各部位特征都符合《相马经》中所记载的要求，因而被推定是铜马式，是西汉时期专门用来鉴定大宛良马的模型范式，具有很高的科学价值和艺术价值。茂陵，也足以称为是古都长安的一座文物宝库。

## 成语典故

### "功德无量"的出处

人们大都认为"功德无量"一词出自佛门，实际上，它出自西汉丙吉之事。汉武帝时，丙吉主管长安监狱，不仅多方照料狱中的汉宣帝，而且坚决阻止了前来杀宣帝的使者。后来宣帝即位后，丙吉绝口不提此事。到元帝时，有一长安士人上书言及丙吉之功，说："拥全神灵，成育圣躬，功德已无量矣。""功德无量"这一成语，即源于此。

# 汉代的和亲与昭君出塞

汉元帝竟宁元年（公元前33年）的一天，从都城长安城里，走出来一队吹吹打打、喜气洋洋的迎亲队伍。领头的马上，坐着一位面带喜色、魁梧剽悍的匈奴单于。他的旁边，是位年轻美貌的汉族新娘。通往北方的大道两旁，文武百官、庶民百姓夹道相送，热情的欢呼和美好的祝福声不绝于耳。这位新娘是谁呢？她为什么要出嫁到遥远的匈奴去呢？她就是历史上著名的王昭君，她远嫁到匈奴的故事——昭君出塞，被传为千古佳话。

昭君出塞，是西汉统治阶级"和亲"政策的产物。在我国古代历史上，汉族封建统治者与少数民族首领之间，有时为着一定的政治目的而联姻，这被称为"和亲"。汉族统治者与匈奴单于之间的和亲，始自高祖刘邦时期。

秦末汉初，居住在我国北方的匈奴族，出了一位名叫冒顿的杰出的单于。单于，在匈奴话中是就广大的意思，用作最高首领的称号。公元前209年，就是陈胜、吴广起义的那一年，冒顿登上了单于之位，在他的率领下，匈奴人向东灭掉了东胡，向西攻破大月氏，在南边征服了楼烦、白羊，在北边又打败了丁零等部落。这时候的匈奴，建立了统一的奴隶制政权，兵强马壮，国势日盛。

而此时的中原呢，刚刚经历了秦末汉初的连年战争，经济凋敝，国力衰微。公元前201年，冒顿单于率兵大举南下，攻打晋阳（今太原）。镇守代地（今山西北部）的韩王信兵败投降，做了叛国之将。刘邦闻讯大怒，于公元前200年，亲自领兵30万讨伐韩王信，不料中了匈奴的诱兵之计，刘邦连同他所率领的先头部队，被匈奴几十万骑兵团团围困在平城

▲ 王昭君画像

白登山（今山西大同市以东）。汉军被围了七天七夜，突围不成，救兵也打不进来，粮草不继，人困马乏，眼看就要全军覆没。在这种情况下，刘邦不得不采纳陈平的计谋，用重金买通了冒顿单于的阏氏（即皇后）说动冒顿撤兵，刘邦才得以逃脱。这件事，史书上称为"白登之围"。

经过白登之围以后，刘邦知道汉朝暂时还不是匈奴的对手，对于冒顿的进犯，只能忍下一口气，并且决定把宗室的公主嫁给匈奴单于，每年还送给匈奴大批粮食、美酒、丝绸等财物，以换取北方边境的暂时和平。这就是汉初的和亲政策。

就这样，在六七十年的时间里，汉朝统治者一直奉行和亲政策，先后给匈奴送去了八位宗室公主和数不清的财物，换来了汉初经济的恢复和发展。当汉武帝即位后，鉴于汉朝屡次和亲，而匈奴却屡次背约，一有机会就兴兵南下，边境并没有获得真正的和平；加之汉朝经过"文景之治"，经济和军事实力有了很大的发展，已经比汉高祖的时候强盛了许多。于是，汉武帝转而采用军事手段，来解决汉朝与匈奴之间的矛盾。汉武帝任命卫青和霍去病为大将，在几十年的时间里，连续出击，打垮了匈奴的主力，使匈奴再也没有向汉朝发动进攻的力量了。但是，在长期战争的影响下，西汉王朝内部的社会矛盾日趋尖锐起来，也需要停下来喘一口气。这样，汉朝和匈奴之间长达百年的战争渐渐平息下去，又重新恢复了和亲。不过，这时的和亲，已经不再是汉朝单方面的退让和进贡，而是在汉朝占据了一定的优势下，双方妥协的产物。昭君出塞，就是在这种政治形势和社会背景下发生的一件事情。

来长安迎娶王昭君的匈奴单于名叫呼韩邪，是南匈奴的首领。还是在汉宣帝的时候，匈奴老单于死了，他的五个儿子相互争夺王位，史书上称为"五单于争立"。这五个人杀来杀去，最后只剩下两个，这就是呼韩邪单于和他的哥哥郅支单于。匈奴也因此分裂成了两部分——南匈奴和北匈奴。呼韩邪单于跟他的哥哥几次交战，都打了败仗，南匈奴处于困境之中。呼韩邪单于无奈，决心归附汉朝，想借助汉朝的支持挽救南匈奴。汉宣帝甘露三年（公元前51年），呼韩邪单于亲自来到长安，表示对汉朝友好的诚意。这时，汉宣帝也巴不得结束长期的战争局面，于是，极其隆重地接待了呼韩邪单于，并且赠送给他大批的礼物，表示对南匈奴的友好和支持。后来，汉朝军队击溃了北匈奴，并且杀死了郅支单于，这样，呼韩邪单于终于实现了统治整个大漠南北的愿望，他对汉朝十分感激。

汉元帝竟宁元年（公元前33年）正月，呼韩邪单于第三次来到长安，朝见汉朝皇帝。他向汉元帝提出，愿意当汉家女婿，永远和汉朝友好。汉元帝一口答应，命令在后宫里找一名宫女当作公主，嫁给呼韩邪单于。这样，就引出了昭君出塞的故事。

昭君姓王名嫱，字昭君，是南郡秭归（今湖北省秭归县）人，出身为"良家子"，就是平民。她年纪虽然不大，但很有志气，也很有见识。据说她刚进宫时，按照规矩要由宫廷画师画一张像，供皇帝挑选，别的宫女都纷纷送给画师礼物，希望画师把自己画得漂亮一些，好让皇帝喜欢。唯独王昭君不这样做，她自信天姿国色，不需仰面求人。画师碰了钉子，怀恨在心，故意把王昭君画得容貌平常，使她不得宠幸。三年过去了，王昭君一直在皇宫默默地苦度岁月，连皇帝的影子也没见过。

在皇宫的宫墙里面，千千万万的宫女就像鸟儿被关在笼子里一样，没有自由，

昭君出塞图

没有追求幸福和爱情的权利。王昭君的心情苦闷极了。她看到像自己一样的姐妹，年纪轻轻来到皇宫，活着，仅仅是苦熬岁月，虚度年华；一旦人老珠黄，纵然能获遣出宫，也是孤老无依。那些侥幸得到皇帝宠爱的，虽然富贵一时，但伴君如伴虎，一旦失宠，下场却极为悲惨，只有跳出高墙，才有争取幸福的可能，可是，这高墙怎么才能跳得出去呵！

就在这个时候，皇上点选宫女赐嫁匈奴单于的消息传遍了后宫。宫女们都惶惶不安，不知谁将被选中，远离故国，葬身异域。而王昭君得知这一消息后，却是百感交集，心潮起伏。她知道，如果应诏出嫁，就将从此成为异族之人，永远也没有回到家乡和父老团聚的可能了。但是，这又是跳出汉宫高墙的唯一出路。而且，如果能够以自己的一身，结成汉匈两族的百年和好，这不是青史留名的好事吗？于是，王昭君毅然报名，请求到匈奴去。

汉元帝听说有人自愿请行，便找来画册一查，见画像上的昭君姿色平常，便欣然批准。但当王昭君来辞行时，汉元帝才发现昭君竟是一个绝代佳人。到了此时，汉元帝心里实在有点舍不得让王昭君走，但是碍于体面，说不出口，又怕失信于匈奴，只好作罢。下朝以后，汉元帝立即追查画工姓名，查出是杜陵人毛延寿，就马上以欺君之罪把毛延寿杀了。

宫廷外面，王昭君和呼韩邪单于隆重盛大的婚礼正在进行。王昭君容貌秀美，仪态大方，通情达理，深得呼韩邪单于的倾心爱慕。呼韩邪单于特意加封王昭君"宁胡阏氏"的称号，意思是通过这次和亲，将与汉朝建立永远友好的关系。汉元帝这时也装出高兴的样子来，下诏改元为"竟宁"，表示已取得了和平宁静的局面。婚礼过后，王昭君和呼韩邪单于在汉匈官员的护送下，双双同返匈奴王庭。

王昭君在匈奴一直生活了几十年。作为民族友好的使者，她一直在努力播种着汉匈友好的种子。后来，呼韩邪单于病故，王昭君又遵从匈奴习俗，嫁给了呼韩邪单于的大儿子乌株累单于。根据历史记载，当时汉匈之间边境上长城的城门很晚才关闭，田野上牛羊成群，悠然自得，汉匈人民都安居乐业。一直到西汉晚期，汉匈之间也没有发生过武装冲突。

当然，也应看到，汉匈两族的和平友好，主要是当时的政治和军事形势所决定的，绝不可能是仅凭一桩婚姻关系造就。就王昭君本人来说，她毕竟是封建制度的一个牺牲品，她的一生，多少带有一定的悲剧色彩。王昭君对

▲ 昭君墓

封建压迫的反抗，对幸福生活的渴望与追求，她的深明大义与无可奈何，深得人们的同情，这是"昭君出塞"这个故事能够流传久远的重要原因。

王昭君死后，埋在了她长期生活的匈奴土地上，位置在今天内蒙古呼和浩特市南郊的黑河之畔。远望昭君墓呈青黛色，据说，这里的草在春季最早吐出翠绿的嫩芽，到秋季又最晚才变黄，因此她的墓被称为"青冢"。昭君墓墓表为人工夯筑的封土堆，高达33米，墓前有平台及阶梯，与中原地区汉代帝王陵墓形制有很多相似之处。墓前和墓顶各建有凉亭，以供游人憩息。墓周围古木参天，花卉争妍。墓前立有董必武《谒昭君墓》诗碑，诗中写道："昭君自有千秋在，胡汉和亲识见高。"充分肯定了昭君出塞的历史作用。王昭君作为汉族与少数民族和平友好的一个象征，将永远被人们怀念和传颂。

# 繁荣的汉代长安商业

如果我们沿着历史的长河追溯到西汉时期，就会发现那一时期的商业空前繁荣，为大一统王朝的社会经济生活增添了一份迷人的光辉和魅力。尤其是京师长安，商业贸易最为活跃，车马喧闹，人涌如潮，呈现出一派繁荣景象。

当汉高祖刘邦在长安城上竖起大汉旗帜的时候，那些富有冒险精神的商人，也带着他们从战争的血泊中淘取的黄金，登上了西汉的历史舞台。如关中的任氏，其先祖做过秦代的督道仓吏。秦败之时，豪杰们都争相藏金纳玉，而深通经商之道的任氏，却囤积了大量的粮食。在百姓因战争的袭扰而无法耕种时，粮价猛涨，豪杰们所藏的金玉便源源不断地流入任氏的手中。任氏因此非常富有，发了一大笔战争横财。虽说"高祖令贾人不得衣丝乘车，重租税以困辱之"，但实际上，西汉政府还是采取了有利于商业发展的政策。于是，"富商大贾，周流天下，交易之物莫不通"，商业贸易十分发达。那些善于投机取巧的商人，很快都成了资产巨万的暴发户。他们富比天子，凭借雄厚的经济实力，"交通王侯"，甚至连各地的封君也都"低首仰给"。

成都巨商罗裒初到长安经商时，随身携资不到百万，他往返于四川、长安，从事长途贩运，数年间资本达到千余万。京师杜陵的富人樊嘉，拥有资产五千万。长安卖丹药的王君房、卖豆豉的樊少翁等也都是资产巨万的富商大贾。有的商人囤积居奇，以求厚利，如昭帝时，茂陵的富人焦氏、贾氏，竟敢冒天子之大忌，以数千万的资金，偷偷地积储了大量的炭、苇等殡葬用的东西，想在皇帝死后急需殡葬用品时获取高利。这些资产巨万的富商大贾，一方面将大部分资产投入土地，加入了土地兼并者的行列，另一方面还经营高利贷，坐享其成。罗裒曾以巨资贿赂曲阳、定陵侯，倚仗他们的势力，在郡国大放高利贷，无人敢问。吴楚七国叛乱时，长安城中的列侯封君都随军前去参加平叛，借贷于高利贷者，而高利贷者却因战局未定，不愿借贷。惟独无盐氏捐千金以贷，一年之中就获得了十倍的高息，成了关中大富翁。更有甚者，"乘上（皇帝）之急"，盘剥政府。

汉武帝时的探险家张骞从西域归来后的异域奇谈，把好大喜功的汉武帝说得

▲ 反映汉代商业的画像砖

心花怒放,于是就不断派遣远征军去打通通往西域的商路。随后,中国的商人就从长安出发,踏着远征军的足迹前往西域,以长安为中心的国际贸易日趋繁荣。西汉政府的外交使节,实际上就是国际贸易商队的领导人,在他们的后面跟着成群结队的商人。这些外交使节打着大汉的旗帜,利用政府的资本和货物,在交换与买卖中大饱私囊,所以这些携重要财物的外交使节,往往在途中遭到抢劫。除了中亚以外,中国的商人还跋山涉水,远渡重洋,到今天的朝鲜、日本以及印度、越南诸国,进行商业贸易活动。同时,各国的商人也纷纷从四面八方来到长安,汉武帝对这些远道而来的外国商人,除以角抵奇变之戏招待外,还"行赏赐,酒池肉林,令外国客遍观各仓库府藏之积……而外国使更来更去",这也表明当时来中国的外国商人非常之多,以国都长安为中心的国际贸易也非常发达。

由于经商是致富发财的捷径,商业的巨额利润招惹得那些贵族官僚们分外眼红,于是,汉代有许多官僚贵族也顾不得体面,纷纷经营起商业来了。如霍光的儿子、博陆侯霍禹便私营屠、酤;京兆尹赵广汉的部下也私营酤酒。甚至还有一些官僚盗窃公款,私放高利贷,如左冯翊韩延寿在东郡做官时,"放散官钱千余万",事发后被治罪而死,而韩延寿只不过是个暴露者而已。从汉武帝时开始,皇帝的许多近臣,无不利用政治地位,私营商业,与民争利。堂堂政府官员,也坐于市列,贩物求利,哄抬物价。由此可见,西汉时期的商业是何等的繁荣,商业的巨额利润使这些地位显赫的贵族官僚们也为之倾倒。

随着商业的迅速发展,富商大贾的经济实力也在急剧膨胀,汉武帝以后竟出现了积资上亿的亿万富翁,难怪景帝时的御史大夫晁错发出了"今法律贱商人,商人已富贵矣"的惊呼。这些富商大贾凭借其雄厚的经济实力,逐渐操纵了社会经济的命脉。他们疯狂地兼并土地,给社会带来了动荡。于是,西汉政府不得不抑制他们日益膨胀的经济势力。一方面政府不断把豪强富户迁到关中,置于中央政府的直接控制之下,"内实京师,外销奸猾"。汉武帝时还曾卖官鬻爵,将一部分人拉入官僚的阵营之中。另一方面,政府还采取措施,削弱商人的经济力量。汉武帝时,征讨匈奴急需要钱财,打算从商人手中得到点赞助,不料这些富商大贾"不佐国家之急",惹恼了汉武帝,他断然实行盐铁专卖政策,"以佐边费"。即使如此,由于商人经济实力所在,汉武帝也不能不采取又打又拉的两手政策,与盐铁大王孔仅、东郭咸阳等进行协调,并借助他们主办盐铁官营之事。同时汉武帝还实行平准物价政策,政府控制一些货物,"贵则卖之,贱则买之",由政府直接参与商业活动,控制物价,以防富商大贾从中牟取暴利,对商人打击最厉害的是算缗和告缗。汉武帝时向大商人、高利贷者征收资产税,即算缗。凡隐瞒不报或自报不实者,鼓励知情者举报,揭发属实则没收被告全部财产并奖给告发者一半,即告缗。在杨可主持告缗事务时,告缗之风遍及全国,中等以上的富户大都破产了,西汉政府因此而发了一笔横财。

西汉商业最发达的地区首推关中,商业的中心还属国都长安。长安是西汉的政治中心,贵族官僚、豪富大

▲ 西汉钱模

▲ 《盐铁论》书影

贾都云集于此。皇家的赋税，贵族的奉养，官僚的俸给，地主的地租，商人的利润，大半都在这里消费，使长安成为一个极大的消费市场。加之西汉政府不断地迁徙豪富于长安及其附近，仅成帝一次就迁来了资产在500万以上的富翁5000家，所以长安又是全国财富的集中之地。所有这些，无疑都大大刺激了长安商业的贸易的迅速发展，出现了一批著名的富商大贾。除了前文已经提到的樊嘉等人以外，还有武帝时的田甲鱼、翁叔，元帝至王莽时期茂陵的挚网，平陵的如氏、苴氏，等等。在当时，只要善于经营，无论做什么买卖，都能赚钱，甚至掘冢盗墓，聚赌抽头，也可以致富，居然连卖丹药的王君房、卖豆豉的樊少翁等都成了资产巨万的富豪，可见长安消费市场之广大，商业贸易之繁华。

由于长安城中居民很多，所以官府设立了九市，以适应商业贸易的需要，当时长安的商业就集中在这九个市场。市场的平面为正方形，"凡四里为一市"。市场周围有墙垣，汉代所谓"立市"，就是指为市场筑立围墙。市场内又有管理市场事务的官署治所——市楼，管理市场的官吏可以登上市楼而俯察市场，负责维护市场秩序、征收市税、管理商品的价格和商人市籍，以及按时启闭市门等事务。市内还有商人们贮藏货物的仓库"廛"，平时他们把货物从仓库里拿出来，按照出售商品的种类集中排列，所以商肆也作"市列""列肆"；列肆之间的人行道称"遂"。班固在他的《两都赋》中就描写有长安商业市场的盛况："九市开场，货别遂分""人不得顾，马不得旋"，反映了市遂之中人拥车挤的情景，"百遂毂击"的车辆撞击声不绝于耳，热闹非凡。

长安成了财源茂盛、商贾所趋的商业圣地，各地的商人带着各种地方特产，从四面八方来到长安。大商人囤积居奇，小商人开铺摆摊，商品种类极为繁多，而且还有外国商人们带来的异域奇珍，可谓应有尽有。身居汉代的长安闹市，就会看到市场上不仅有玳瑁、珠玑、旄羽之类的地方特产，耗日费工、价格昂贵的高级丝织品、毛皮制品，精美的漆器和金属制品等奢侈品，还有各种生产原料和生产工具。城市居民衣、食、住、行方面的日常生活用品，更是琳琅满目，令人眼花缭乱。在衣物方面，既有"帛絮细布""榻布皮革"以及各种裘皮等，同时又有成衣出售；此外，城市中还有不少"织屦以给""贩履织席为业"者。食品方面包括各种谷物、肉食、果菜、水产、调料、饮料等，其中熟食也很多，市场上"熟食遍列"，出售有"杨豚韭卵，狗臇马朘，煎鱼切肝，羊淹鸡寒"等各种食品。此外还有"胡饼""梁饣肉羹"等。"翁伯以贩脂而倾县邑，张氏以卖酱而逾侈""浊氏以胃脯而连骑",可见这类食品的销售量之大。在器物方面则有木器、铜器、铁器等。另外,当时的富贵人家崇尚厚葬,所以各种殡葬用品也成了市场上重要的商品。史载宣帝时"长安偷盗尤多,百贾苦之",从"百贾"二字来看,长安市中商品的种类的确相当繁多。当时市场上出售的商品,都以标签注明价格。不过,市场上既有卖者口不二价、买者"随价酬值"者,也有卖者漫天要价、买者就地还钱的场面。随着商业贸易的日益发展,除了长安九市之外,逐渐又在长安周围形成了一些小市,如长陵、高陵等皇帝陵墓附近,都已聚成小市。

到了东汉时期,长安城虽曾遭到战火的焚劫,但仍不失为一个重要的商业都市,商业贸易活动仍很活跃,曾使汉献帝一度由洛阳移都长安。那些富商大贾的活动和长安商品交易之频繁,足可以使我们窥见汉代商业空前繁荣的盛况。如果没有这些商人们的登场亮相,也许汉代的历史就会因此而失去一些魅力。

### 小资料

### 汉代的方士

方士形成于战国之时,秦始皇统一六国后,对方士的"长生不老之术"和怪诞不经的神仙故事深信不疑,使方士在咸阳盛行一时。

汉武帝是一个"且战且学仙"的皇帝,十分迷信方士,求神访仙成了汉武帝的一大要务,宫廷之中到处弥漫着神踪仙迹,长安城里成了方士的乐园。当此之时,有人言丹砂化黄金、食枣成仙之术;有人献招致鬼神、厌胜辟恶之方;有人造白日飞升、登天成仙之典故。但是,汉武帝终究未能见到神仙,在晚年发出了"天下岂有仙人,尽妖妄耳"的感叹。此后,方士的活动在长安略有收敛。

到了西汉末年,方士除了继续以神仙之术、鬼神之说活动于政治舞台外,逐渐开始向道教转化。由于方士的活动同儒家思想不合,朝廷中的儒士臣僚不断排挤方士,有不少方士也因神仙之说不见应验而掉了脑袋。于是,方士开始把神仙之说和道家学说结合起来。到了东汉,张道陵最终创立了道教,在全国广收门徒,其势力也扩展到咸阳、长安一带。过去的方士逐渐消失,而道教逐渐兴起,对东汉晚期的社会思想文化以及政治统治产生了重大影响。

# 文物宝库五陵原

关中有句俗话："三原的楼，泾阳的塔，比不上咸阳的冢疙瘩。"这句话的意思是说，在渭水北岸一望无际的咸阳原上，排列着500多座古代陵墓。这些大大小小的陵墓，就像一个个土馒头，看上去别有风趣。陵墓和冢意思相近，所以，人们就把这些古代陵墓叫作"冢疙瘩"。

西汉的11个皇帝中，有9个埋葬在咸阳原上。在汉宣帝以前，每造一座皇帝陵，就要在那里设置一个陵县。咸阳原上共有五个这样的县，因而人们又把咸阳原叫作五陵原。五陵原上的五个陵是汉高祖刘邦的长陵，汉惠帝刘盈的安陵，汉景帝刘启的阳陵，汉武帝刘彻的茂陵，汉昭帝刘弗陵的平陵。这些皇帝陵再加上为数众多的陪葬墓，使咸阳原上的古代墓葬星罗棋布，数不胜数，在这些墓葬区的地下，埋藏着极为丰富的古代文物，形成了一座巨大的地下文物宝库。中华人民共和国

▼ 西汉帝陵分布示意图

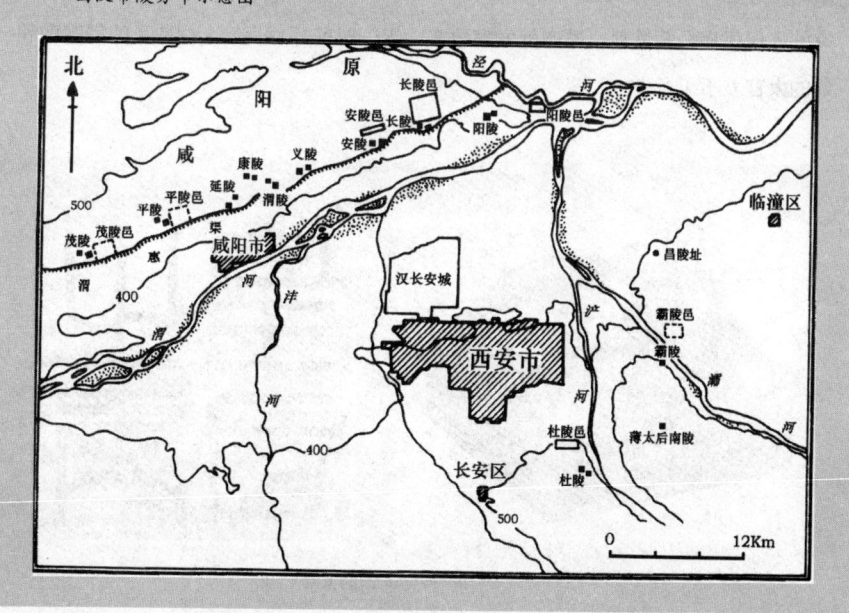

成立以来，在五陵原上出土过为数众多的文物，其中有不少是稀世珍品，如汉武帝茂陵附近出土的鎏金铜马，以及杨家湾汉墓兵马俑、阳陵陪葬俑坑等，都是轰动考古界的重大发现。

现在，五陵原上沟渠纵横，农田广阔。但在西汉时期，这里曾是十分热闹、繁华的地区。汉长安城同五陵原有着不可分割的联系。在建设长安城的时候，西汉政府也同时进行着五陵原的建设，使雄伟的长安城和繁华的五陵原形成了一个统一布局的整体，"宫室寝庙，山陵相望"，雄伟壮观。五陵原在西汉长安的政治、经济、军事、文化各个方面都起着巨大的作用。原上的陵县，用现代的话来说，就是依附于京师的卫星城镇。

西汉政府在建设五陵原的时候，采用了"三选七迁"的办法。所谓"七迁"就是向五陵原和浐河、灞河地区的七次大移民，所谓"三选"就是选择那些地位显要的官僚家属、地方豪强、家产在百万缗以上的富户以及商人作为移民的对象。每次移民的规模都十分浩大，最多的一次移民有20多万人。大批移民的到来，使荒凉冷清的五陵原得到了开发，建起了城镇。而且移民都十分富有，大部分还经营工商业，因此，五陵原也成了长安城的重要经济区。司马迁在记载这里的情况时感叹地说："关中的土地只占全国的三分之一，而人口占全国的十分之三，财富竟占了全国的十分之六啊！"《史记·货殖列传》中列举的关中大商人，大部分是五陵地区的。有的人仅仅靠经营饮料、熟肉就发家致富，出门时前呼后拥、大摆威风的程度和朝廷的大官差不了多少。

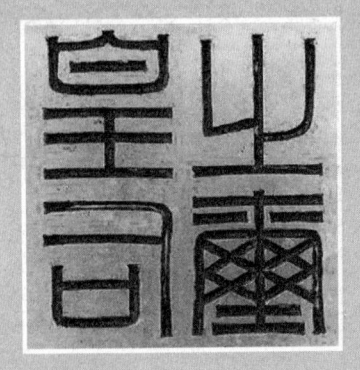

▲ 长陵出土的皇后之玺

五陵原在西汉的政治上意义也十分重大，那些各地豪强和富商大贾被强制迁到这里，把它们放在中央政府的眼皮底下，便于管理，能够防止他们在地方上发展势力，割据一方。另外，由于大部分官僚家属住在这里，五陵原也就成了选拔官吏的地方。在西汉时期，有七个丞相、五个三公是选自这些陵县的。高官显贵集中在这个地区，形成了一种能够左右中央政权的特殊社会势力。

西汉初年，北方的匈奴不断南下骚扰，甚至逼近关中，而五陵原则成了长安城的军事前哨，起到了防御外敌、保护京师的作用。

西汉五陵原上人烟稠密，而且有不少豪强恶霸。这些人大多都同官府有交往，互相利用，欺压百姓。所以，五陵原上的治安一直是西汉政府头痛的一个问题。人们把那些不守法纪、为非作歹的地痞流氓称作"五陵子弟"。另外，由于靠近长安，老百姓所受的剥削压迫也就格外沉重，有不少人因为贫穷没落，只得铤而走险，奋起反抗。特别是西汉末年，茂陵邑就爆发过几次起义。五陵原的繁华富丽下面，掩盖着劳动人民的辛酸血泪。

说起西汉长安，就不能不说五陵原。在这里，历史给我们留下了一笔丰厚的遗产。这笔遗产，是西汉劳动人民创造的。封建统治者的业绩，已经化成了五陵原上的黄土，而我们祖先留下来的文化宝库，正等待着我们去继续开发。

## 成语典故

### "故剑情深"的由来

汉宣帝少年时历经磨难，与暴室啬夫许广汉结成患难之交。到他成人之后，又娶了许广汉之女为妻。没想到，宣帝因昌邑王不堪皇帝重任这一意外事件，一下子由普通宗室登上了九五之尊。宣帝当皇帝后，百官大臣议立皇后，当时霍光权倾朝野，打算把自己的小女儿立为皇后，大臣们纷纷附议立霍光之女。宣帝见此，乃下诏寻求他贫贱时所佩故剑，以喻不忘旧情，这样才立了许广汉之女为皇后。此后，"故剑情深"一语便成了不喜新厌旧的代称，与"糟糠之妻不下堂"一语含意相近。

# 漫谈秦砖汉瓦

砖和瓦是随着烧制陶器技术的发展而出现的。在原始社会里，人们虽然已经能够制造精美的陶器，但是还没有把制陶技术用在建筑上。如果参观过西安半坡博物馆，便会看到6000多年前人们居住的房屋是用树木、泥巴和茅草搭盖起来的。这种房屋一般都很小，也不结实。到了夏朝末年，据说有一个名叫乌曹的官员发明了砖瓦。根据考古发掘的材料来看，现在所能见到的我国最早的瓦，是岐山周原出土的。而砖则要晚些，大约到春秋以后。战国到秦汉时代，出土的砖瓦就很普遍了。

春秋战国时期，城市建设有了很大发展，建筑规模愈来愈大。这就需要提高建筑材料的承压力和坚固性，而且还要美观大方，以适应高大建筑的需要。砖瓦就是在这种社会需求下应运而生，并不断发展起来的。特别是到了秦汉时代，烧制砖瓦的技术已炉火纯青，在历史上别具特色，人们便把这一时期的砖瓦通称为秦砖汉瓦。秦代以咸阳为中心，在关中修建了大量宫殿和离宫别馆、亭台楼阁，共有270多处，耸立在渭河两岸。西汉建国以后，也一直没有停止大兴土木、建筑宫殿。长安城内外，无数高大的建筑拔地而起。这些高大的建筑物，庄严雄伟，十分豪华。为了适应这些大型建筑的需要，对砖瓦的质量要求非常严格。所以，我们现在见到的秦砖汉瓦，不但质地细密，而且非常精美。

秦砖汉瓦，大都是出土于秦汉时期的宫殿区和陵墓区。咸阳市东北的窑店一带秦咸阳宫遗址，临潼区东的秦始皇陵周围，西安市未央区的汉长安城遗址，咸阳原上的长陵、茂陵等西汉帝王陵墓区，都出土过大量的砖瓦。

秦汉时期的砖，根据用途分为不同的类型。一种为长方形砖，有不同的规格，大的长66厘米，宽23厘米，厚13厘米，小的长33厘米。这种砖质地细密，颜色青黑，连水也不容易渗进去，有的重达12公斤。一种是方砖，专作铺地用，长宽40～50厘米，厚2～3厘米。为了美观，多数方砖上面刻有各种图案花纹。还有一种是用来铺设台阶踏步的空心砖，可达1米多长，砖上面刻着大型花纹，有的是龙纹，有的是凤纹。这些图案，精雕细刻，富丽堂皇，简直可以说是供人欣赏的艺术品。同砖相近而又特别值得一提的，还有陶制的下水管道。秦都咸阳和汉都长安以及秦陵附近，都有相当完备的供水和排水系统，使用了大量地下排水管道。在岐山周原遗址中，下水道是圆形的，也比较小。而秦汉时期出现了五边形的大型水道，有的高达 0.5 米。这种五边形管道有一个平面着地，比较稳固。上部则形成两个斜坡，可以起到分力作用，承受比较大的压力，这种形状从力学的角度来看，是十分科学的。在水井里，有的还用直径 1 米多的陶制井圈镶在里面，以保护井壁，防止塌陷。

同砖相比，瓦的类型要简单一些。秦汉时期的瓦，分为板瓦和筒瓦两种。板瓦是一种长约 50 厘米，宽 40 多厘米，稍带弧形的大瓦，仰面朝天，摆在房顶的椽上，筒瓦是长 40 厘米左右，直径 15 厘米左右的半圆状瓦，用来扣压在两行板瓦合缝的地方。筒瓦中有一种头上有个圆形的盖，叫作瓦当，盖在房檐的椽头上。秦汉瓦当上都有图案或文字，造型美观。古代人盖房子十分重视瓦当，它既可以保护椽头不受雨淋，又能装饰房屋，使建筑物更为富丽、壮观。

▲ 秦夔纹瓦当

秦汉时期的砖瓦，质地坚固，像是石头雕刻成的一样，敲起来声音铿锵。秦国还在很早的时候，就用陶器作打击乐器，这便是缶，是一种酒器，而同时又是乐器。公元前 279 年，秦昭王与赵惠文王相会于渑池。饮酒时，秦昭王请赵惠文王鼓瑟，借以贬低赵国。赵惠文王鼓瑟后，秦王让史官记录下"某年某月某日，秦王同赵王饮酒，并命令赵王鼓瑟"，这对赵国是一个很大的侮辱。这时，赵国的大臣蔺相如走到秦王面前，说道："听说秦王善于演奏乐器，请秦王击缶，大家热闹一下。"秦王不干，但在蔺相如坚决请求和威逼之下，秦王敲了一下缶，蔺相如也让赵国史官记下来

▲ 秦空心砖

"某年某月某日，秦王为赵王击缶"，从而维护了自己国家的尊严。后来，秦国的大臣李斯在《谏逐客书》中说，按着乐律的节奏击缶是秦国的传统音乐，从另一方面说明秦国陶器制作之精。

当时砖及瓦当上的图案都是用雕刻好的模子制成的，可以大量生产。这些砖瓦的烧制作坊大部分在今天的西安市附近。咸阳的聂家沟塬头，就发现有四处秦代的陶窑遗址。秦始皇陵和秦兵马俑坑附近也发现过陶窑遗址。汉代除了沿用秦代的窑址外，还增加了不少新窑。据史书记载，西汉时期仅终南山下就有几座陶窑。在各地出土的秦砖汉瓦上面，有的刻着"咸阳""栎市"等字样，说明这些砖瓦是在咸阳、栎市等地烧制的。秦汉时期烧制砖瓦的窑温都比较高，可以达到900℃以上。从发掘和调查过的秦汉陶窑遗址以及文献资料记载中可以看出，秦汉的砖瓦制坯、陶窑结构和制作过程已经相当完善。直到现在，许多农村的手工砖瓦窑还基本上是沿用秦汉时期的方法。

秦砖汉瓦和其他陶质建筑材料的生产，在当时已经有了一套比较严密的管理系统。在中央属少府管辖，少府下有左右司空令丞、都水长丞具体管理生产。出土的秦汉砖瓦上，有的刻有"都司空""左司""右司""左水""右水""大水"等字样，表明这些砖瓦就是由这些官署监督制作的。有的砖瓦上还刻有工匠的名字。秦陵的陶片上就有"宫彊""安"等字，"彊"和"安"都是工匠的名字。汉长安城遗址出土的筒瓦上面有"废丘工同"四字。废丘是地名，即今天兴平市，同是人名，表明这是废丘一个叫同的工匠制作的。这种制度，古代叫"物勒工名，以考其诚"，就是在产品上刻上工匠的名字，以便考察他们的劳动态度和产品质量，这也可以说是一种古老的责任制吧。秦砖汉瓦能够具有这样高的质量和工艺水平，同这种严格的生产管理制度是分不开的。

▲ 汉四神瓦当

秦汉时期的制陶工匠用他们的智慧和血汗制作的砖瓦，不但是精美的建筑材料，而且具有很高的艺术价值，是留给后代的一笔丰富文化遗产。空心砖上的龙凤，方砖上的图案，都是后世文物爱好者看重的艺术元素。秦汉瓦当图案则丰富多彩，种类繁多，画面生动可爱。秦咸阳宫遗址出土的鹿纹瓦当，画面上一只鹿飞速奔驰，一只安详站立，一动一静，动静结合，静中寓动。再如西汉时期的四神瓦当，将传统中的四神兽青龙、白虎、朱雀、玄武分别刻在瓦当上，青龙跃跃欲飞，白虎奔腾咆哮，朱雀昂首挺立，龟蛇交错盘绕，是难得的艺术珍品。这四种神兽，代表着四方。它们的姿态还很有一点讲究的，搞得不好，还会遭到非议。《三国志·魏书》中记载，管辂过毋丘俭的墓，看到房上的四神瓦当，说："瓦当上的玄武藏着头，青龙没有脚，白虎口中衔着尸体，朱雀好像是悲啼，是四危之象。"对此提出了指责。瓦当上的几何纹图案，更是千姿百态，仅云纹就有好几十种图案变化。汉代瓦当中有许多文字瓦当，有的是以宫殿名称和建筑用途来题字的，如"羽阳宫"当、"蕲年"瓦当、"萧将军瓦"等。有的上面刻有对西汉王朝的赞美和祝词，如"汉并天下""长乐未央""延年益寿"等。这些文字以小篆为基本文体，笔画圆润，结构严谨，苍劲古朴，俊逸生动。因此，从古到今，秦汉瓦当一直受到研究美术和书法的专家们的高度重视。

秦砖汉瓦还有着重要的学术价值，它可以补充文献记载的不足。比如，西汉帝王陵墓的位置长期以来都没有搞清楚。清代学者毕沅在考察汉陵时，为每个陵墓都立了碑，但还是把一些搞错了。现在，我们根据砖瓦上的文字，就可以确定这些陵墓的准确位置。比如，在咸阳市窑店镇杨家湾以北的地方，出土有"长陵东当""长陵西当"的文字瓦当，据此即可知这个陵即汉高祖长陵。有些砖瓦上刻印的官署名称和工匠名称，帮助我们推断出了秦汉时期制陶业的管理机构和管理方法。根据砖瓦的烧制质量，我们可以了解到当时的手工业的技术水平。根据砖瓦上的图案，可以了解秦汉的经济、文化艺术以及生活风俗等多方面内容。

长安产生了秦砖汉瓦，秦砖汉瓦上叠印着长安的历史。从这些古老、朴素的瓦片砖块上，我们可以想象到秦汉时期规模宏大的宫殿建筑，看到秦汉时期人们的生活情趣和艺术造诣。它闪现着我们古老的祖先艰苦卓绝的创造力，凝聚着我们祖先的血汗和智慧，也给我们以丰富的历史启示。

## 汉代长安的赋与乐府民歌

汉代，是我国历史上继秦代之后又一个强盛的封建王朝。在政治和经济不断发展的基础上，汉代的文学出现了繁荣的局面。在当时的各种文学形式中，赋与乐府民歌占有十分重要的地位。

赋，是一种兼有诗歌与散文性质的古典文学形式。它讲究文采和韵节，具有文辞富丽堂皇、浮华典雅的特点。这种文学形式产生于先秦时代。到了汉代，由于统治阶级的推崇，写赋的风气颇为盛行。当时的一些文学大家，曾经用赋的形式留下了不少传世的名篇。其中，最著名的汉赋作者有贾谊、枚乘、司马相如、扬雄、班固、张衡等人。

由于长安是当时全国政治、经济和文化的中心，创作汉赋的文学家们大多在这里定居或者曾经在这里生活过，所以汉赋中的许多作品都与长安有着密切的关系，或者写作于长安，或者直接描述和反映了当时长安地区的自然风光和社会面貌。西汉司马相如的《上林赋》就是这类作品的代表作。在《上林赋》中，司马相如描绘了长安附近的天子苑囿——上林苑的景色。赋中写道：上林苑纵横辽阔，关中八水蜿蜒曲折，流经其间。苑内既有崇山峻岭，又有森林巨木，景色十分壮观。在巨石密林之间，有各种珍禽异兽出没；在宫苑园囿之中，又有各种奇花异草争芳吐艳。

司马相如塑像

乐府诗集

苑内建筑了规模宏大的离宫别馆，以供天子游玩的时候憩息享受。时当深秋初冬，天子来到上林苑游猎，随行车辆的声响如同雷霆大作，惊天动地；参加游猎的将士们漫山遍野，好像云彩布满了天空，大雨铺盖了地面。游猎结束后，苑内又举行了盛大的酒宴。最后，在作者的感慨声中，全赋结束。

《上林赋》通过描写上林苑的壮丽景色和天子游猎的盛大场面，歌颂了汉王朝强大的国威，表现了封建社会兴盛时期统治者好大喜功的骄奢之气。

类似《上林赋》这样的作品，还有东汉班固的《两都赋》和张衡的《西京赋》等。《两都赋》和《西京赋》集中描写了汉代长安地势的险要、物产的富庶、市场的繁荣和宫殿的华丽。

除了上述几篇名作之外，其他汉赋作品还有不少。总的来说，汉赋虽然文辞华丽、规模宏大，得到了当时统治者的提倡和推崇，但是，汉赋的思想内容比较空虚贫乏，格调不高，它的文学价值远远赶不上同一时代的乐府民歌。

乐府，是我国古代掌管音乐的官署名称。它的主要任务是制定乐谱、训练乐工、搜集民间流传的歌谣，为统治者的娱乐生活服务。汉武帝时期，设在长安城内的乐府，机构庞大，人员众多，经常大规模地采集各地民歌。统治者广泛搜集民歌的目的，一方面是为了娱乐，另一方面也是为了观察各地风俗民情，作为制定统治政策的参考。

汉代的乐府民歌，除了少部分内容有可能经封建文人的修饰加工之外，大部分都是当时各地的诗歌，有相当多是当时关中地区劳动人民创作的。

▲ 文君听琴图

流传到今天的汉代乐府民歌，虽然数量不多，但却具有很高的文学价值。它们深刻地反映了当时的人民生活和社会面貌，真实地表达了各阶层群众的思想感情。

西汉中期以后，统治阶级日益腐败，阶级矛盾日趋激化。乐府民歌中的不少作品，就极为深刻地反映了这一社会现象。例如《妇病行》这首民歌中，描绘了一幅劳动人民悲惨生活的画面：一位久病不起的劳动妇女，悲哀凄惨地离开了人世。临死前，她泣不成声地嘱托丈夫要好好照管孩子。然而，当她死后，丈夫和孩子们继续过着饥寒交迫的生活，整日在死亡线上挣扎。孩子没有冬衣，无法抵御凛冽的寒风。父亲为了出外寻找食物，只好关上门，堵好窗户，忍痛将孩子关在家里。当他急匆匆地返回家后，只见孩子们哭成一团，嚷叫着要妈妈来抱。万般无奈的父亲心如刀绞，他仿佛预感到了孩子们也将要追随着他们的母亲而离开人世，死亡的阴影已经笼罩了这个可怜的家庭。《妇病行》这首乐府民歌，语言感人，如泣如诉，是劳动人民的血泪控诉。

还有一首名叫《平陵东》的乐府民歌。平陵是汉昭帝的陵墓，坐落在长安西北不远的咸阳原上。歌词中写道：一位居住在平陵附近的老人，被人绑架到了官府的高堂之下，绑架的匪徒不是别人，正是狠毒的官吏。他们敲诈勒索，强迫老人交纳巨款和两匹好马作为赎身费用。老人畏惧官吏的凶暴，只好卖掉家中的小牛犊筹集赎金。老人无辜受害，面临着倾家荡产的困境，心里万般痛苦，仿佛身上的血液已经全部流尽。《平陵东》这首民歌，通过简短的词句，反映了当时极其尖锐的阶级矛盾。

就在劳动人民饥寒交迫、无以为生的同时，统治阶级却过着腐化堕落的生活。《相逢行》与《长安有狭邪行》这两首乐府民歌虽为东汉作品，但其体裁与西安汉长安城遗址出土的铜镜铭文有着明显的继承关系，在一定程度上反映了西汉中晚期长安的实际状况。其中写道：富贵人家黄金为门，白玉作堂，堂上置酒欢宴，还有歌伎起舞作乐。庭院里栽着芳香的桂树，厅堂中灯火辉煌。庭院的花园池塘里，放养着成群的鸳鸯，两侧还不断传出仙鹤鸣叫的声音。这户人家的子弟在朝廷做着高官，年轻的妇女无事可做，终日调丝弄弦。这样的场面，同《妇病行》中所描写的贫民家庭生活，恰好形成了鲜明的对比。

面对着残酷的阶级剥削和压迫，劳动人民走投无路，不得不起来反抗。乐府诗《东门行》中的主人公就是一个被迫铤而走险的城市贫民，陈直先生断定这首诗为西汉昭宣时期关中民间的作品。诗词大意是：主人公被生活逼得走投无路，下决心离家出走。当他奔出了东城门外，经过一番内心的斗争，又犹豫不决地回到了家里。可是，一走进家门口，家里贫困不堪的境况，又使他悲愤难言，米缸里连一斗米的存粮也没有，衣架上空空如也，没有一件能穿的衣裳。诗中继续写道：这位主人公眼看着家人实在无法生活，心里充满了对统治者的愤恨，再也不愿安分守己地忍饥受冻。他不顾胆小怕事的妻子劝阻，毅然拿起了武器，再次离家出走，准备投入到反抗统治者的武装斗争的行列中去。《东门行》这首乐府民歌，通过一个铤而走险的城市贫民的形象，真实地反映了当时劳动人民生存难以保障、不得不奋起反抗的社会现实。

除了反映劳动人民的苦难生活之外，在汉代乐府诗歌中，还有相当数量的爱情民歌。在这些作品中，有的表达了对理想爱情的向往，还有的对不忠实于爱情、喜新厌旧的男子提出了责难，有的对束缚爱情自由的封建礼教表示了抗议。其中有一首叫《上邪》的西汉民歌，就是一篇千古流传的佳作。诗中写道："上邪！我欲与君相知，长命无绝衰。山无陵，江水为竭，冬雷震震，夏雨雪，天地合，乃敢与君绝。"这是一首民间情歌，歌词大意是一位感情真挚热烈的女子，为了表明自己对爱情的坚贞，发誓说高山变成平地，江水流干，冬天打雷，夏天下雪，天地合并，她才敢同心上人断绝关系。

在汉代长安的乐府诗中，还有两首脍炙人口的名篇佳作，其中一篇名叫《羽林郎》，另外一篇名叫《陌上桑》。这两首乐府诗尖锐地讽刺了统治阶级的荒淫无耻，热情歌颂了机智、勇敢、坚贞的劳动妇女形象。《羽林郎》是西汉末期的作品，这首乐府诗一开始就唱道："昔有霍家奴，姓冯名子都，依倚将军势，调笑酒家胡。"指明汉代大将军霍光的家奴狗仗人势、欺侮民女的事实。进而再写出这位少数民族的姑娘"不惜红罗裂"，断然拒绝并严厉斥责"霍家奴"的生动情景。

《陌上桑》为东汉初期的作品，但所叙为西汉之事。这首乐府诗，则是通过一个美丽、勤劳、机智的民间姑娘罗敷之口，无情揭露了太守的无耻行径。

汉代长安的乐府民歌不仅具有高度的思想性，而且在艺术性上也达到了高水平。它最大的艺术特色就是诗歌中出现了具有鲜明性格的人物形象，并且有比较完整的故事情节。汉代乐府民歌十分注意通过人物的语言和行动来表现人物性格，使人物形象栩栩如生，跃然纸上，令人如闻其声，如见其面。

语言朴素自然并带有浓厚的感情色彩，这是汉代乐府民歌的又一个艺术特点。民歌大多使用口语化的语言，明白如话，浅显易懂。不少诗篇采用了叙事与抒情相结合的手法，使作品具有强烈的感染力。例如在《妇病行》这首民歌中，专门描写了一段即将离开人世的妻子对丈夫嘱托后事的场面。诗中写着：垂死的病妇将丈夫招呼到床前，还没来得及张口说话，眼泪已不由得缓缓流下。接着，歌词以病妇的口吻对丈夫说道："我就要离开人世了，给你留下了孤儿以后就要拖累你了，希望你尽力不要让孩子挨饿受冻，有了过失也千万不要打他们。请你记住我临死前的这些话，多可怜可怜孩子们吧。"病妇的这段独白虽然不长，却感人肺腑，令人心酸，催人泪下。

总之，汉代长安的乐府民歌继承和发扬了《诗经》的现实主义文学传统，对后代文学的发展产生了巨大的影响。它不仅代表了汉代诗歌的最高成就，而且在整个中国文学史上也占据着十分重要的地位，是2000多年以前的我国劳动人民留给后世的一份宝贵的文化遗产。

# 王莽改制

在历史的大舞台上，王莽是一个富有戏剧性的悲剧人物。他在公元8年取代刘汉政权而称帝，在西汉和东汉之间建立了一个历时仅16年的新朝政权。在这短短的16年中，王莽进行了一系列改革，历史上称作"王莽改制"。王莽的名字已经成了篡窃者的代名词，2000年来，在正统的封建道德法庭面前，王莽遭到了历史学家极其严酷的判决。直到今天，王莽还常常被看作是"一个可耻的政治丑角""好大喜功的野心家""典型的伪君子"。究竟王莽是怎样一个历史人物，"王莽改制"是怎样一回事呢？

王莽代汉称帝及其"改制"，并不是偶然的事件，而是在西汉后期特定的社会环境中发生的，是西汉后期阶级矛盾不断激化，封建统治出现了严重危机的产物。西汉后期，地主阶级愈来愈腐朽没落，土地兼并现象恶性发展，农民纷纷破产，大量沦为官私奴婢，阶级矛盾越来越尖锐。例如，在汉成帝时，丞相张禹一人就占有关中地区的上等良田400顷，哀帝曾经一次赏赐给宠臣董贤2000顷土地。当时，不仅豪强、地主疯狂兼并土地，那些有钱的富商大贾推波助澜，以其雄厚的经济力量助长兼并之风，大量吞并农民的土地，如成帝、哀帝时期长安附近的杜陵樊嘉、茂陵挚网、平陵如氏、苴氏等。大批农民由于失去了土地而背井离乡沦为流民，成为官私奴婢的主要来源。史载当时的社会状况是"诸侯王、列侯、公主、吏二千石及豪富民多蓄奴婢，田宅亡（无）限，与民争利"。据说汉元帝时仅官府奴婢就有10万余人之多，私人蓄养的奴婢更是不计其数。富商大贾往往同官僚贵族结合在一起，利用政治权力经营商业和高利贷，具有很强的垄断性，经济实力迅速膨胀，如杜陵樊嘉家中的资产就有5000万。官僚贵族、大地主和富商大贾三位一体，共同压榨、剥削农民，农民的生活日益贫困。

大量的农民在失去土地之后，走上了流亡的道路，土地荒芜，无人耕种，农村经济逐渐凋零，从而涸竭了国家租税来源，破坏了正常的封建秩序，动摇了西汉政权的基础。而且，挣扎在死亡线上的农民，在走投无路的情况下，不得不铤而走险，进行武装反抗。成帝、哀帝之际，在今山东、河南、陕西、四川等地区，农民和铁官徒（被罚去冶铁的刑徒）就不断发动武装起义，此伏彼起、方兴未艾的农民起义之火，大有燎原之势，西汉王朝的统治出现了空前严重的危机。统治集团十分恐慌，千方百计寻求出路。有人曾提出"限田""限奴婢"的补救办法，却因触及统治者的既得利益，遭到大地主、大工商业主的强烈反对而无法施行。还有人以为，汉运已尽，应当改朝换代，如待诏夏贺良等借口谶言，奏请改元，以求延续汉祚。汉哀帝为表示刘汉又一次受命于天，改元易号，自称"陈圣刘太平皇帝"，演了一场再获受命之符的闹剧，无济于事。在这种形势下，连刘汉子孙刘歆也依附王莽，给王莽改朝换代寻找理论根据。早有觊觎皇位野心的王莽，便登场亮相，代汉自立，做起皇帝来了。

王莽，字巨君，是汉元帝孝元皇后的侄子。因为孝元皇后的裙带关系，在王莽父辈之中，有九个人受封为侯，唯独王莽的父亲死得太早而没有被封侯。王莽的兄弟辈都承袭爵位，过着奢侈的生活，而王莽却孤苦清贫，由于王莽少运不佳，所以就能放下贵族的架子。他曾跟随沛郡的学者陈参学习《礼》，勤身博学，饱读圣贤之书，并且"谨恭俭朴"，衣着打扮就像个穷秀才，在社会上博得了好名声。王莽因此也获得了他的姑母孝元皇后的欢心和喜爱，在平帝永始元年（公元前16年），被封为新都侯。王莽在封侯之后，不但没有得意忘形，态度反而更加恭谨，越发得到孝元皇后的赏识和信任。哀帝死后，他便与姑母王政君合谋，立年仅九岁的汉平帝，并由他担任大司马，辅佐朝政，掌握了朝政大权，以"定国安汉家之大功"，被封为安汉公。

王莽凭借外戚王氏家族的势力和他"勤身博学"的声誉，广泛结交权贵，捞到了一定的政治资本。他少年之时生活在孤贫的环境中，对西汉的社会危机有较多的了解，看到刘汉政权正土崩瓦解，已逐渐到了不可救药的地步；

▲ 王莽画像

而孝元皇后和平帝又是孤儿寡妇，可以欺侮，于是大有取代汉家天下的野心。在辅佐平帝的五年中，王莽便想尽办法进行权力集中。他示意孝平皇后，封他的三代为三公；并发动爪牙，假借民意，请立他的女儿为平帝的皇后；后来王莽又被封为宰衡，进一步扩充了权势。他还千方百计拉拢支持者大肆封赏汉宗室和功臣的后代，扩充太学，网罗大批文人墨客，取得了统治集团多数人的支持。在元始二年（公元2年），王莽出钱100万，献田30顷，用来救济受灾的贫民，借此取得下层群众对他的支持和拥戴。另外，在他的指使下，还有一些官僚和知识分子假托符命，为王莽代汉制造舆论。不过，要做皇帝，一定先要有上帝的预示，也就是祥瑞。王莽没有忘记这一点，据记载，五年中各地发现的麟、凤、龟、龙等祥瑞700多只，其中无奇不有，只有一样没有算上，这就是元始二年满天飞舞的蝗虫。

王莽一天天走近了皇帝的宝座，小而无能的汉平帝就不得不夭亡了。于是"告安汉公莽为皇帝"的天书就应时出现了，王莽便由安汉公变成"假皇帝"（代理皇帝）。公元8年，王莽在汉高祖刘邦的神庙里接受禅让，正式登上皇帝的宝座，改国号为"新"，建立了新朝政权。

王莽虽然做了皇帝，但他清楚自己所得到的天下已经陷入危机四伏的困境。他也知道这是由于土地兼并而引起农民流亡所导致的，并且看出要使已经僵化的国家恢复生机，必须对矛盾百出的制度加以改良。于是他在做了皇帝之后，便推行了一系列改制措施，企图摆脱政治危机，表面上王莽是以《周礼》为依据，进行托古改制，好像是一种复古运动，实际上改制的主要内容是经济制度的改革。

新莽"货泉"铜母范

▲ 新莽货币"大泉五十"

▲ 新莽货币"大泉黄千"

王莽首先针对土地兼并问题，宣布要实行王田制。把全国的土地改称"王田"，不许买卖。他仿照西周的井田制，规定一家男子不满八口而所占土地超过一井（900亩）的，要把多余的土地分给本族或者乡邻。原来无地的，按男子每人授给土地100亩，与此同时，还下令将奴婢改称"私属"，也不准买卖。王莽禁止买卖土地和奴婢，其目的不过是想缓和一下因土地兼并而引起的社会矛盾，但这些规定很难行得通。一是因为土地买卖是土地私有的必然产物，又是土地兼并的具体表现形式。二是因为把余田分给别人的规定，必然会遭到地主阶级的强烈反对，王莽也不敢认真执行。到公元12年，不过三四年的时间，王莽在地主阶级的坚决反对下，无可奈何，只好收回成命，宣布取消"王田"和限制奴婢买卖之法。

公元10年，王莽制定了"五均赊贷"和"六筦（管）"之法，在都城长安的东市和西市设立"市令"；又在洛阳、邯郸、临淄、宛、成都五个大城市设立"五均司市师"；各郡县设立"司市"。这些机构负责管理市场，调节物价，向贫民贷款和征收税款，这就是"五均赊贷"。"六筦"指的是官卖盐、酒、铁，官府统一铸造钱币，收取山泽产物的生产税，加上"五均赊贷"，一共六项由政府控制的经济事业。"五均""六筦"之法，是王莽企图运用政府的权力，控制市场交易，稳定物价，限制大工商业主的过分盘剥。但事与愿违，实际效果恰恰相反。"五均"的"市令"，本来要掌管"平市"，就是规定货物的标准价格，货物滞售时就平价收购，货物脱销时则平价售出，以制止豪商囤积居奇，操纵物价。但豪商们早已经和权贵结合一体，有的"市令"本人就是大商人，他们正好打着官府的旗号，乘机贱买贵卖，获取暴利。对百姓则严格限价，压制正常交易，严重伤害了小

工商业者和农民的利益。又如赊贷的办法规定，贫民用钱，三个月为期，过期不还，就要罚作刑徒，有困难的贫民也不敢去告贷。农民和小工商业者没有得到任何好处。

王莽又多次变动币制，先是公元7年铸造错刀、契刀、大钱3种新币，与西汉的五铢钱并用。后下令废除错刀和契刀，收禁五铢钱，另铸一种小钱，与保留的大钱一起使用。以后又发行多种货币，分金、银、龟、贝、钱、布等共6类28品，种类杂乱，比值也极不合理。而且，每次变换都是以劣顶优，引起币值狂跌，物价飞涨，农民和小工商业者纷纷破产。同时因币质粗劣，导致了民间私铸钱币的现象急剧增加，因此被罚为官府奴婢的人在10万以上，仍然禁不胜禁。

从当时社会危机的根源来看，王莽的经济改革，正好是对症下药的。如果能顺利推行的话，王莽的新朝政权也许还可能维持下去。单就他的改革措施来说，是无可非议的。如果我们不从"祖刘"的角度来看，王莽仍不失为一个有胆识的改革家。然而王莽的改革没有一项能够顺利施行，大都半途而废。这是因为王莽沿用了西汉腐朽的统治机构，以西汉旧吏去推行的改革措施，无异于以贼防贼，就这样还是遭到了地主阶级的强烈反对，不得不停止执行，以维护他的统治。王莽的本意是要做一番事业的，但是出乎预料，不仅地主商人的利益受到冲击，一般人民也在其政策的摇摆中备受祸害。加上大旱、蝗虫以及匈奴的入侵，在王莽改制失败之后，中国历史又走进了一个暴风雨的时代。

王莽的新朝政权是在西汉政权的基础上建立的，实际上是西汉政权的延续。在王莽执政时期，西汉后期以来的社会矛盾并没有得到缓和。王莽居摄、天凤年间（公元6—19年），在京城附近以及现在的内蒙古、河北、山东、江苏一带，就不断地发生农民起义。王莽改制的失败只不过是促成了西汉后期以来长期积聚的各种社会矛盾的总爆发。公元17年，新市（今湖北省京山县）人王匡、王凤聚集饥民发动起义，以绿林山（今湖北省大洪山）为根据地，被称为绿林军。第二年，琅琊（今山东省诸城）人樊崇率众起义，以赤色涂眉，被称为赤眉军。起义军势力迅速壮大，王莽军队连连失败，一些反对王莽的豪强地主也趁机起兵，如汉宗室刘绩、刘秀兄弟。地皇四年（公元23年），长安市民响应义军，攻入未央宫中杀死王莽，结束了短命的新莽王朝。充当了西汉腐朽统治替罪羊的王莽，在刀光剑影中被赶下了历史舞台，从此背上了"乱臣贼子"的千载骂名。

## 小故事

### 王政君怒摔传国玺

相传秦始皇用和氏璧制成传国玺，作为镇国之宝。秦亡时，子婴将传国玺献给刘邦。此后，西汉历代皇帝即位时，都要以传国玺和刘邦用过的斩蛇剑相传，以明正统。

王政君是汉元帝的皇后，元帝死后，她作为太后一直参预国政，王家势力日益膨胀。不过，王政君还是极力维护刘姓皇统。

平帝死后，孺子刘婴没有即皇帝位，因而将传国玺藏于长乐宫，由太后保管。王莽建立新朝，急欲得到传国玺，派人到太后那里索要。王政君在王莽的逼迫下，大骂道："你们都是依赖汉朝才享有富贵权势的，今日趁刘姓皇族之危篡权，猪狗都不食其余！王莽既然已改朝换代，就应当制作新玺，要这亡国之玺何用！我是汉朝的老寡妇，有今天没明天，打算和此玺同葬，绝不给你们！"在来人的劝告下，王政君怒气冲冲地取出传国玺，狠狠地摔在地上，并骂道："我已经快死了，你们非被灭族不可！"

据说，王政君这一摔，把传国玺摔坏了一个角。王莽新朝灭亡后，历东汉、魏晋南北朝各代，传的一直是这个缺了角的传国玺。

# 绿林、赤眉在长安

西汉末年，贵族官僚和豪强地主疯狂地兼并土地，统治阶级荒淫腐朽，社会危机越来越严重。王莽的改制又使社会经济更加恶化，阶级矛盾更加尖锐。劳动人民无法生活，走投无路，被迫奋起反抗，农民起义的火种遍布全国各地。关中地区也同全国一样，农民反对封建统治的武装斗争接连不断。汉哀帝元寿二年（公元前1年），长安城西的人民聚众起事，烧了汉武帝刘彻的陵园茂陵。在长安城里的未央宫都可以看见火光。在王莽掌握政权的第二年（公元7年），东郡太守翟义等率领10多万人马讨伐王莽，关中民众纷纷响应，他们烧毁官衙，威胁长安，城内一片混乱，大火映红了未央宫的前殿。此后，农民起义的烈火迅速蔓延全国，终于爆发了著名的绿林、赤眉大起义，揭开了我国古代农民革命史上新的一页。

天凤四年（公元17年），今湖北京山的王匡、王凤率领当地人民起义。他们打击豪强地主，救济贫苦农民，队伍迅速扩大。因为他们的根据地在绿林山，所以，人们把这支队伍叫作绿林军。

天凤五年（公元18年），琅琊人樊崇率领贫苦农民在今山东莒县起义。他们以泰山为根据地，转战在黄河两岸。起义军为了同官军相区别，都把眉毛染成红色。所以，人们称他们为赤眉军。

绿林军在南方，赤眉军在北方，十分活跃，狠狠地打击着王莽政权的统治。公元23年，绿林军已经发展到了十几万人，他们推举西汉皇族的远房后代刘玄做了皇帝，年号更始，建立了自己的政权，接着，起义军在今天的河南叶县进行了著名的昆阳大战，以少胜多，打败了王莽的42万主力部队。在不到一个月的时间内，王莽政权的统治中心长安和洛阳就陷入农民起义军的包围之中。起义军占领河南南阳以后，由大将申屠建等人率领部队进军关中，对王莽集团发起了总攻。

王莽在起义军的包围之下，惶惶不可终日，企图负隅顽抗。当绿林军占领了武关，进军到今河南灵宝一带的时候，已经进入了西汉的京畿地区内，震动了京城长安。王莽没有办法，只得把守卫长安的几万人马调到前线，在黄河到华山一带布防。同时王莽还亲自率领文武百官到长安南郊的九庙祈求皇天保佑。他号啕

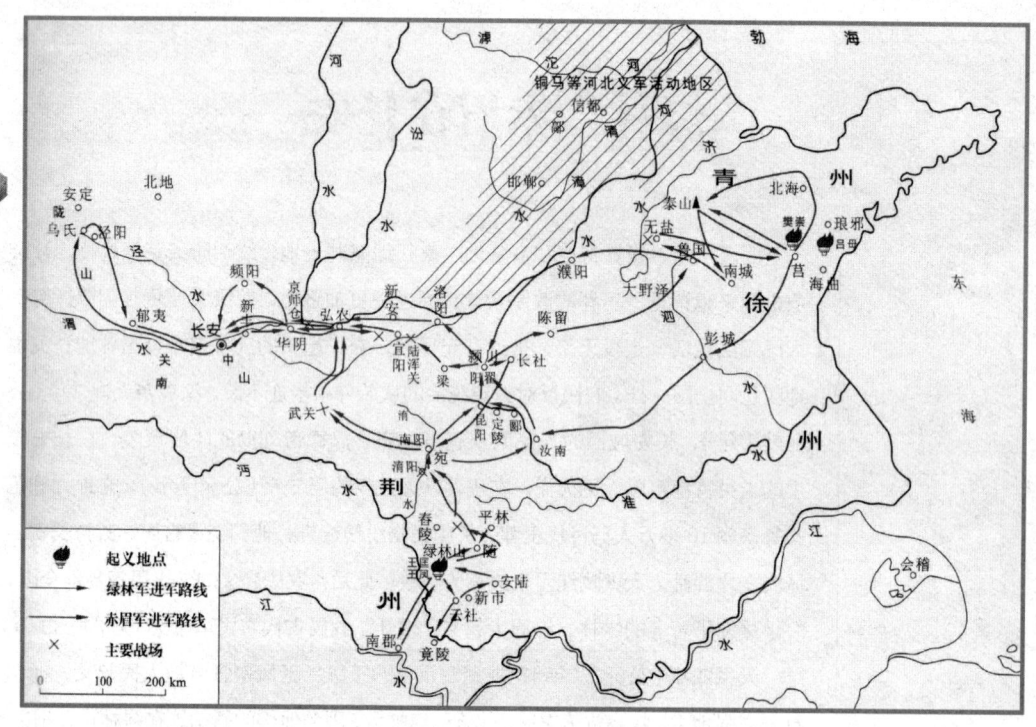

▲ 绿林、赤眉起义路线图

  大哭，捶胸顿足，叩头不止。但是，这场闹剧并未挽回他失败的命运。就在王莽向皇天祷告的时候，起义军打垮了华阴一带的官军，先头部队攻占了临潼新丰，直逼长安城下。

  在王莽政权土崩瓦解、即将垮台的时候，关中人民响应绿林军的号召，到处组织起反抗王莽的武装力量。今天的华县、临潼、长安、咸阳、兴平、武功、周至等地，有十多支几千人的队伍，主动向京城长安进攻。王莽惊慌失措，连招架之力也没有了。由于他手中已经没有兵力，危急之下，他就把整个长安城里各个监狱里关押的犯人释放出来，临时编成一支军队，由大将史谌率领，仓促出城迎战起义军。这些犯人，多数是处于官僚豪强欺凌之下的穷苦农民，他们深受统治阶级的剥削压迫，对王莽政权怀有深仇大恨，岂能甘心情愿为骑在他们头上的人卖命！所以，这些犯人刚刚走过渭河桥就造反了。他们反戈一击，挖开了王莽的父亲及其妻子、儿女的坟墓，放火烧毁了王莽的祖庙，参加了起义军的行列。这样一来，闹得王莽六神无主，躲在城里不敢出来。

新莽地皇四年（公元23年）九月初一，绿林起义军从长安城东北面的宣平门攻进城里，杀了王莽的巡城官吏张邯，进逼皇宫，在未央宫的北门外面同王莽的残余守城部队展开了激烈巷战。第二天，城中居民朱弟、张鱼等人放火烧了作室门，率领群众冲进未央宫，又用斧子劈开了敬法殿的小门，他们高声喊道："反虏王莽，为何不出来投降？"作室门的大火，一直蔓延到后宫关押犯罪宫女的地方。王莽又困又饿，仓皇逃命。为了避开大火，他先逃到未央宫前殿的宣室，火烧来以后，他又赶紧逃到未央宫南沧池里一个叫渐台的楼阁上，想凭借池水救命。起义军战士和群众随后追来，把王莽和他的亲信围了几百重。经过一番战斗，商人杜吴抢先一刀杀了王莽，起义军迅速占领了整个长安。

几天以后，绿林军将领申屠建等率领大军进城，又陆续镇压了王莽集团的残余分子，起义军经过八年奋战，终于取得了胜利。

更始二年（公元24年）二月，更始皇帝刘玄来到长安。由于绿林军纪律严明，长安城在战乱之后仍然保存得比较完整。申屠建进城以后，对不守军纪、趁乱抢劫的王宪处以军法，斩首问罪，充分表现了农民起义队伍的革命性。就连古代史书也不得不承认：绿林军占领长安城以后，除了未央宫在战火中被烧掉以外，其他宫室民房保存完好，车辆物品、仓库建筑等都原封未动。

绿林军进城以后，就开始着手建立革命政权。他们所委任的官员，都是过去被压在社会最底层的贫苦人民。这些官员，多数不穿官服，不摆架子，和普通民众打成一片，管理着长安城。而原来的官僚地主，看到旧有的封建礼仪被一扫而光，失去了往日的权势威风，就对农民军的官员造谣诬蔑，有的官僚地主逃出长安，投靠了地方豪强。农民军则在治理长安的同时，对关中地区的封建势力展开了大规模的清剿活动。长安周围的豪强地主纷纷组织人马，顽固对抗。农民革命势力同封建地主武装犬牙交错，出现了错综复杂的局面。

更始皇帝刘玄，本来是一个破落贵族，在农民革命的高潮中，他还有所收敛，但是，当他进入长安以后，就现出了剥削阶级的原形。他占据长乐宫，每天饮酒作乐，过着荒淫无度的生活，由于起义军内部有一批地主阶级分子和汉朝宗室掌握了领导大权，导致了绿林军的分裂，各路将领各自为政，甚至互相对抗，出现了混乱局面，削弱了革命力量。

早在绿林军进军关中的同时，赤眉军在东方横扫王莽势力，有力地配合了绿林军。绿林军分裂以后，樊崇就率领赤眉军30万人马，由河南颍川西进，准备推翻刘玄，重建农民政权。他们打到华阴以后，拥立放牛娃刘盆子当了皇帝。由樊崇等农民将领掌握实际权力，同刘玄的更始政权相对抗。这时，绿林军中的农民将领申屠建等人，请求刘玄不要同赤眉军打仗，但却遭到了刘玄的杀害。公元25年九月，赤眉军在绿林军中一部分反对刘玄的农民将领配合下，攻入长安，处死了刘玄这个起义阵营中的败类，使长安城重新控制在农民革命军的手中。

赤眉军进入长安的时候，兵力达到了100多万，关中地区的豪绅地主，面对强大的农民起义军，十分恐慌，纷纷派人向起义军奉献财物，企图收买农民革命政权。但是，赤眉军却不吃这一套，他们毫不客气地镇压封建势力，没收地主财产，无情地打击这些骑在劳动人民头上横行霸道的豪族大姓。这些贫苦农民的死对头看到收买不了起义军，就拼凑武装，负隅顽抗。同时，他们还封锁道路，围困长安，断绝起义军的后勤供应来源。这一手非常毒辣，赤眉军百万之众，需要大量粮草，而长安城内的库存有限，进入长安不到半年，农民起义军面临着缺少粮食的危险。

本来，赤眉军有着强大的力量，如果有一个正确的领导，是能够把关中开辟为农民革命根据地的。但是，由于历史的局限，起义军将领没有一个明确的革命目标，他们进入长安以后，就认为已功成业就，盲目自满，争功论赏，吵闹不休，甚至在过年的时候为争功劳大小而互相打起架来，把十几岁的小皇帝刘盆子吓得哭哭啼啼，不知如何是好。由于坐吃山空，没有粮食，赤眉军不得不在公元26年9月撤出长安。

就在赤眉军进军长安的时候，占据河北一带的地主武装首领刘秀的大将邓禹

赤眉起义

出兵关中，打算伺机吃掉赤眉军。邓禹从山西万荣渡过黄河，在陕北地区征集粮食，积聚兵力，对长安的赤眉军虎视眈眈。起义军内无粮草，外有敌军，从长安撤出以后沿着终南山北麓向西北行进，到了眉县又掉头北上，进入今甘肃庆阳、固原一带和陕北地区，想在那里搜集粮食，但那里的粮食早被邓禹洗劫一空，起义军只好向陇西转移，又遭到陇西地主武装的袭击，不得不返回关中。途中正逢大雪，沟壑坑谷都填满冰雪，冻死了许多战士。回到长安时，起义军只剩下了20多万人。

  赤眉军虽然遭到了重大挫折，但是他们仍然继续奋战。他们撤回关中以后，挖开了咸阳原上的西汉皇帝陵墓，借以表达他们和封建统治者斗争到底的决心。当时，关中地区遍地饥荒，经济凋敝，加上被四面围困，赤眉军在长安无法再待下去。他们经过短暂的休整以后，开始战略退却，准备打回东方。当起义军到达今陕西、河南交界处的熊耳山时，中了刘秀的埋伏，赤眉起义最终失败了。

  绿林、赤眉两支起义军虽然失败了，但是，他们在长安地区的英勇斗争，推翻了已经腐朽没落的西汉王朝，给了王莽集团毁灭性的打击，消灭和赶走了关中地区的一批地主豪强，在一定程度上缓和了因土地兼并所造成的社会危机，从而为东汉初期恢复和发展社会经济创造了条件。他们在我国历史发展的长河中，创建了可歌可泣的伟大功绩。

## 成语典故

### 金科玉律

  王莽篡权后，著名文士扬雄写了一篇《剧秦美新论》，称颂王莽的新朝。其中赞美新莽政权的法令道："懿律嘉量，金科玉条。"条均指法律条文，意谓法令有如金玉之贵。后人则把这一词语演化为"金科玉律"，用来特指那些不可更改的原则或规范。

# 班固与《汉书》

▲ 班固画像

在陕西关中扶风县城东,沿西宝公路(北线)东行不远处,有一座很不起眼的坟丘,据说那就是班固墓。

班固生活于东汉前期,是继司马迁之后又一位杰出的史学家和文学家。他所编著的《汉书》,是我国史学史上第一部纪传体断代史。因此,后世的史学家往往把班固与司马迁并称,把《汉书》与《史记》相提并论,向来有"班马""史汉"之称,对他评价很高。

班固(公元32—92年),字孟坚,东汉扶风安陵(今陕西省咸阳市东北)人。他出身于仕宦世家,书香门第。他的父亲班彪,也是一位有名的史学家,曾广泛收集史料,撰写了《史记后传》共65篇。在父亲的直接影响下,班固从青年时代开始,就着手研究汉代的历史,并立志继承父亲的事业,撰写《汉书》。

班固在幼年时期就聪明好学,9岁时便能做文章,诵诗赋。13岁那年,东汉著名的思想家和文学理论家王充见到班固,发现了他非凡的才能,拍着他的脊背对班彪说:"此儿必记汉事。"后来班固进入太学学习,这里各种书籍齐全,学习环境优越,他如饥似渴,博览群书,潜心研究,儒、道、墨、法九流百家之说无所不知,为他以后撰写《汉书》打下了良好的基础;加上他"性宽和容众,不以才能高人",所以颇为当时的学者所器重。

班固23岁那年（公元54年），其父班彪因病去世，他回到了故乡安陵，料理丧事，为父守孝。在家期间，他详细翻阅了父亲所写的《史记后传》，发现其中有许多不详之处，决心完成父亲没有完成的事业。永平元年（公元58年），班固进入东平王刘苍的幕府，同时在《史记后传》的基础上开始撰写《汉书》。然而，5年以后，有人上疏汉明帝，举告班固私改国史，致使班固被捕入狱，家中所有书籍资料全都被抄走。他的弟弟班超担心哥哥没有办法为自己辨明真相，急忙赶往京城洛阳，为班固辩解，说明其兄班固只是在撰写先世的历史，没有背叛朝廷。汉明帝看了班固的书稿后，了解了著书的目的，十分赏识他的才华，为他开释，并把他调到京师，任命为兰台令史（负责典校图籍、治理文书），还派人协助他专门写作汉史。班固与陈宗、尹敏、孟异等人共同撰写了汉光武帝刘秀的传记——《世祖本纪》。此后不久，汉明帝又任命班固为郎（皇帝的侍从官），典校秘书，让他继续撰写《汉书》。

班固做了皇帝的侍从官以后，与明帝逐渐亲近。到了汉章帝的时候，因为章帝本人"雅好文章"，所以才华出众的班固自然就更加得到信任，经常参与国家大事的辩论。建初三年（公元78年），班固升任为玄武司马。第二年十一月，由章帝亲自主持，举行了一次大规模的经学讨论会，这就是著名的白虎观会议。会议的任务是为了讨论"五经同异""使诸儒共正经义"。当时许多著名的儒家学者参加了这次辩论，班固以史官兼记录的身份出席了会议，并把会议记录整理成书，名为《白虎通德论》，或简称为《白虎通》《白虎通义》，这是一部把儒学思想法典化的著作。通过这次会议和《白虎通德论》一书的编辑，把从西汉武帝时开始的儒学独尊的地位用政治权力最后确定了下来。《白虎通德论》一书也反映出班固正统的儒家思想。章帝末年，班固因母亲病逝离职去官。

永元元年（公元89年），车骑将军窦宪出征匈奴，班固作为中护军随同前往。汉军出塞三千多里，与匈奴单于大战于稽落山，连战皆捷，追击到私渠北鞮海，降者前后达二十多万人，窦宪还登上燕然山（今蒙古人民共和国杭爱山），刻石记功，班固作《封燕然山铭》，镌于石碑之上，以记这次出征得胜的事实。永元四年（公元92年），窦宪因专权暴虐而被汉和帝诛杀，班固也因依附于窦宪而受到株连，先被免去官职，后来又遭到仇家洛阳令种兢的逮捕，死在狱中，终年61岁。

班固编撰《汉书》的态度极其严肃认真，力求尊重历史事实，在编撰过程

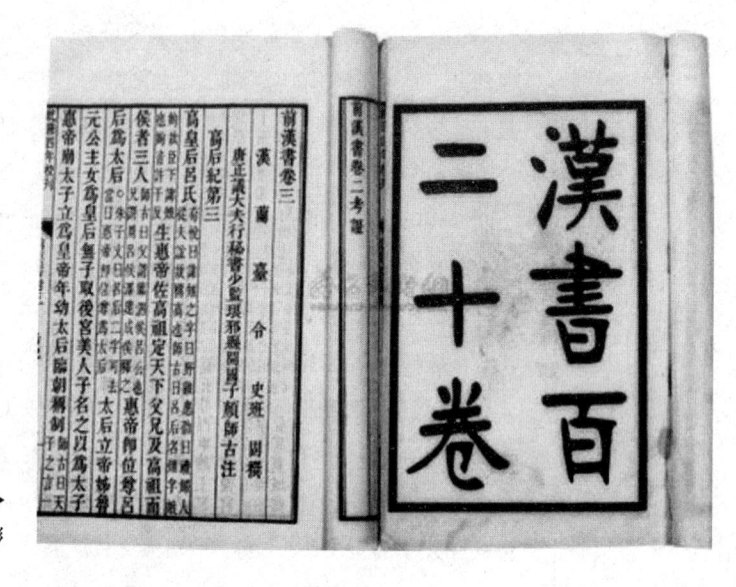

《汉书》书影

中对史料进行反复考证，绝不轻易相信别人说的话。

如西汉冯商在《史记》续书中说张汤与张良原是同一祖宗，班固则以为与张汤同时代的司马迁在《史记》中没有这样的说法，便在《汉书》中守阙不记。再如他在写《朱云传》时指出"世传朱云名过其实"，是因为当时人们不了解情况。他在编写《地理志》时，对史料中穿凿附会、诡僻不经的说法，都做了比较详细的修正、核实。这种严谨的治史态度对后人起了示范作用。

班固出身于名门显贵，从小受正统儒家思想的熏陶，而东汉政权是豪门地主和巨商富贾的政权，所以班固与这个政权有着休戚相关的血肉关系，他所处的时代，正是东汉王朝的鼎盛时期，封建统治者十分重视总结前朝统治的经验教训。班固编写《汉书》的目的，就是为了适应东汉王朝巩固和加强统治的需要。因此，班固所写的《汉书》与《史记》比较，虽然有它的长处，但就他的历史观点看，则不及《史记》。班固以封建正统的观点，指责《史记》"是非颇谬于圣人"，认为《史记》把汉代"编于百王之史，厕于秦项之列"，是降低了汉朝的历史地位。他按照"依五经之法言，同圣人之是非"的标准来编写《汉书》。《史记》以社会为中心来写历史，而《汉书》以封建帝王为中心来写历史。在《高帝赞》中，《汉书》特地为刘邦编出从尧开始的世系，企图证明"汉绍尧运，以建帝业"。可以说，《汉书》实际上写的是西汉帝王的历史。同时，《汉书》

对农民起义领袖和出身于社会下层、敢于反对强暴的人物,则大加贬斥。虽然《汉书》中也揭露了一些统治阶级的罪行,如在《外戚传》《霍光传》中揭露了宫闱的黑幕、帝王的残酷、外戚的专横暴虐及其爪牙鱼肉百姓的恶迹,在《东方朔传》中,抨击了汉武帝进行田猎和扩建上林苑扰害百姓、破坏生产的行为。但班固缺乏像司马迁那样透彻的见识和尖锐的批判精神。另外,班固还在《汉书·五行志》中,用大量自然变异现象附会政事,积极参加、宣扬东汉的谶纬迷信,极力与神化皇权的滥调合唱。从各个方面来看,班固的成就都不及司马迁,后世人对班固及其《汉书》的评论在《史记》之下,大概是最恰当不过了。

班固不仅是一位史学家和散文家,还是东汉初期著名的辞赋家。他的《两都赋》文辞典雅、秀丽,刻意描绘出西都长安和东都洛阳的繁华、壮观,是辞赋中的名篇。《答宾戏》《幽通赋》等也具有较高的文学价值。

### 曹大家班昭

班昭字惠班,又名姬。史载她"博学高才",她的丈夫曹世叔不幸早卒,而班昭始终"有节行法度",不失大家风范。

班固死时,所著《汉书》尚缺八表和《天文志》未完成。东汉和帝甚为惋惜,便下诏传班昭到东观藏书阁续写《汉书》。要补写一部几十万字的历史巨著,不仅要熟悉浩繁的史实,了解各方面的资料,还要使全书和谐一致,实非易事。班昭凭着丰富的知识和顽强的毅力,历时多年,后来在学者马续的参与下终于完成了《汉书》全书。这部经两代四人之手才写成的史书,成为后世正史的写作典范,班昭为祖国文化事业做出的贡献是功不可没的。

由于班昭学识渊博,人品出众,皇后、嫔妃都拜她为师,并尊称她"曹大家",连赫赫有名的经学家马融,也跟从她学《汉书》。班昭堪称古代女性的骄傲。

# 班超通西域

　　班超，字仲升，东汉时扶风安陵（今陕西省咸阳市东北）人。他的父亲班彪，哥哥班固，妹妹班昭，都是著名的历史学家，《汉书》就是主要由他们三人共同完成的。班超的父兄和妹妹用笔为我们民族留下了光辉的巨著，而班超则以他惊人的胆略和非凡的军事、外交才干，为保卫祖国的西部边疆，发展东汉与西域各国的经济文化交流，建立了不朽的功绩。

　　班超自小就孝敬父母，又很勤劳，而且很喜欢学习。他读了许多书，口才也很好。汉明帝永平五年（公元62年），他哥哥班固被皇帝召去做校书郎，奉命继承父业，续写《汉书》。班超便同母亲随哥哥一起来到了京城洛阳。由于生活贫困，班超只好到官府里去抄写公文，供养老母。胸怀大志的班超对这种每天伏案抄写的生活真是厌烦透了。有一天，他正在工作，忽听人说起匈奴又来侵犯边境，杀掳百姓，不禁把手中的笔使劲往地上一扔，大声喊道："男子汉大丈夫，活在世上就应该建功立业，怎么能整天和笔砚打交道呢？"周围人听了都讥笑他。班超感慨地说："庸人怎么能了解壮士的志向啊！"不久，奉车都尉窦固率兵出击匈奴，班超毅然报名从军。他以代理司马的身份指挥一支军队奋勇作战，消灭了许多敌人，还抓了不少俘虏。窦固很赏识这个年轻人的勇气和才干，于是便派遣班超出使西域。

　　班超"投笔从戎"的故事在历史上一直传为佳话，也成为人所熟知的一个成语。

　　汉明帝永平十六年（公元73年），班超率领36个伙伴，踏上了西域的土地。

　　在昭君出塞以后，汉朝和匈奴之间已经出现了两国和好、边境安宁的局面，为什么现在汉朝和匈奴又打起来了呢？原来，从西汉末年起，汉朝的国势日渐衰落。王莽代汉建立新朝以后，国力更是一天不如一天，相反，匈奴经过几十年的休养生息，却日渐强盛起来。于是，匈奴借王莽把他们由皇帝降格到诸侯王一事，挑起了战争。进而又趁西汉末年中原战乱之机，进占了西域。东汉初期，匈奴几次进犯敦煌等地，抢掠财物，杀戮人民，成为东汉政府的一个严重威胁。

　　汉朝与匈奴200多年的关系证明，在双方力量的对比中，谁控制西域具有决

汉代陶骆驼

定性的作用。汉朝联合了西域，匈奴的力量就被削弱；相反，如果汉朝断绝了同西域的关系，匈奴势力就会大增，成为汉朝的劲敌。因此，要制服匈奴，必须先联合西域，使西域各国摆脱匈奴的控制，这在当时称为"断匈奴右臂"。班超就是担负着这样的战略任务出使西域的。

  班超一行人首先到达了鄯善国（今新疆维吾尔自治区若羌县卡克里克）。鄯善国的国王开始对他们非常热情，殷勤招待。可是过了几天，态度突然冷淡起来。机警的班超立即感到出了问题，他对部下说："一定是匈奴的使者也来了，在拉拢国王。国王对我们态度的变化，说明他对何去何从还犹豫不决，聪明人就要在事情萌芽的时候及早觉察，何况现在形势已经这么明显了。"于是，班超把国王派来的侍者找来，在谈话中突然问道："匈奴使者住在哪儿？"这一诈，把侍者弄懵了，以为他们知道了事情真相，就说了实话。班超马上把部下36个人全部召来，对他们说："你们和我一起来到遥远的异邦，都希望立奇功，建大业。现在鄯善国王可能会把我们抓起来送给匈奴，你们说怎么办？"部下齐声说："现在我们正处于生死关头，一切都听你的。"于是班超说："好！不入虎穴，不得虎子！现在唯一的办法，就是先发制人，今天夜晚就出其不意袭击匈奴使者，然后迫使鄯善国王归顺汉朝。"班超又激动地说："谁死了以后不能在青史上留名，谁就算不得壮士。"大家都齐声说："好！"

  到了夜晚，班超率领部下直奔匈奴使者的住地。班超命令10人带上大鼓，藏在匈奴人住所的后面。看见火光后就击鼓呐喊，虚张声势，其余的人埋伏在大门外面。当时正刮着大风，班超顺着风势放起火来。后面的那10个人看见火光，又是敲鼓，又是大叫。匈奴人只见火势熊熊，鼓声震天，人声鼎沸，不知道来了多少人马，顿时吓得手足失措，纷纷夺门而逃。守在门外的人趁势砍杀，杀死了30多人，剩下的100多人被大火烧死。第二天，班超请来鄯善国王，拿出匈奴使者的人头给他看。国王大惊失色，也为班超等人的英勇果敢所慑服，于是打消了狐疑，决心摆脱匈奴的统治归顺汉朝。

班超"不入虎穴，不得虎子"这句话，从此流传下来，并被引申成"不入虎穴，焉得虎子"的成语，用来比喻不经历艰苦的实践，就不能取得重大的成就。

班超一行人来到了于阗（今新疆维吾尔自治区和田一带）。当时于阗王依附于匈奴，国内还驻有匈奴的监护使者，所以于阗国王对班超等人非常冷淡。于阗人很迷信巫师，国王问巫师要不要同汉朝交好，那个亲匈奴的巫师装模作样地对国王说："神发怒了，责备你想和汉朝交往。汉朝使者有一匹黑马，神让你快向他们要来，杀了祭神。"国王听了，就派人向班超去要马，这时，班超已经打听清楚了这是怎么回事，便假装答应说，马可以给，但必须由那位巫师亲自来取。不一会儿，那巫师果然亲自来了。班超下令杀了巫师，拿着他的头去见国王，责备他对汉朝的无礼。国王早已听说过班超在鄯善国消灭匈奴使者的英勇事迹，现在面对着班超的指责，胆战心惊，马上下令，杀掉匈奴的监护使者，归顺汉朝。于阗的老百姓听说国王和匈奴断绝了往来，重新同汉朝建立了友好的关系，都载歌载舞表示庆贺。

汉明帝永平十七年（公元74年），班超一行继续向西进发，来到了疏勒国（今新疆维吾尔自治区喀什一带）。班超了解到，这时的疏勒，被北边的一个强国龟兹控制着，连国王都是龟兹人派来的。疏勒人恨国王，可又不敢惹龟兹和龟兹倚仗的匈奴。班超周密地分析了形势之后，派部下来到王宫，突然把那个国王抓了起来，并且宣布了他的罪状。疏勒人举国欢庆，推举本国人当了国王。班超下令放了龟兹人派来的国王，让他回去警告龟兹王，不准倚仗大国的势力欺压小国。

龟兹的势力被赶出了疏勒国，龟兹王当然不甘心。他联络了其他国家，去进攻疏勒。班超等人与疏勒军民并肩作战，坚守城池。尽管敌众我寡，但

▲ 喀什班超塑像

敌人围攻了一年多还是攻不下来。这时，西域南道已经被班超打通，而北道还在匈奴的控制之下。新即位的汉章帝害怕班超孤立无援，发生危险，便下令让班超撤回。疏勒军民知道这个消息以后，非常惊恐，都苦苦挽留。

可是，君命不可违，班超只好收拾行装准备返回内地。有个叫黎弇的都尉见班超真要走，激动地说："如果汉朝使者抛弃我们，那我们又会被龟兹灭掉。我宁死也不愿意看到汉使离开。"说完就拔出佩剑自杀了。班超听到这个消息，十分难过，但又无可奈何，只好依依不舍地离开了疏勒。

当班超他们走到于阗国的时候，于阗的百姓痛哭流涕，拥到班超的马前，抱住马腿不让走，他们异口同声地恳求："我们依靠汉朝就像孩子依靠父母一样，你们千万不能走啊！"班超看到西域人民对汉朝如此深厚的感情，非常感动，脑海中不禁浮现出了疏勒国黎弇都尉自杀的情景。他深感自己的使命还没有完成，不能这样一走了之。经过短暂的沉思，班超毅然调转马头，重新回到了疏勒。

这时候，疏勒已遭强敌入侵，形势危急。班超率领军队，以迅雷不及掩耳之势突然向敌人发起进攻，打败了入侵者，使疏勒转危为安。后来，班超又给朝廷上书，汇报了他在西域的活动，分析了西域各国的形势和应当采取的策略，表示愿意继续留在西域，彻底完成打通西域南北通道的任务。汉章帝接到班超的奏书以后，知道班超在西域已经取得了很大的成绩，非常高兴，于是批准了班超的请求。

从此，班超在西域联合弱小民族，团结抗暴，先后打败了莎车、龟兹、焉耆等国。北匈奴在西域北道上的势力也被驱逐出去，西域50多个国家同汉朝建立起了友好的关系。丝绸之路在西汉末年中断以后，又重新被班超所开通，中西方经济、文化交流有了更进一步的发展，丝绸之路同张骞，也同班超的名字是永远连在一起的。

班超在西域整整住了30年。东汉和帝永元十四年（公元102年），班超以71岁的高龄扶杖回到长安，一个月以后就与世长辞了。

班超出使西域的故事，长久以来一直在人民中间广泛流传。班超为维护祖国统一和民族团结，为发展中西经济文化交流做出了卓越的贡献，将永远为人们所尊敬和怀念。

# 古文经学在长安

西汉武帝时期，罢黜百家，独尊儒术，经学在文化学术上占据了统治地位。那么，什么是经学呢？经学，就是研究儒学经典的学问。汉代共有五经，就是五部儒家的代表性著作，它们是《尚书》《周易》《诗经》《仪礼》《春秋》。在当时，这五经成为人们思想和行为的唯一准则，国家有什么大事，都得查一查经书上是怎么说的。法官判案子，要按《春秋》上的话去判，黄河决了口，也要按《尚书·禹贡》篇中的话来治理。到了西汉末年，一部儒家经典，光解释就有上百万字，专攻这部经典的大师，就有上千人，经学成了社会生活中的神圣法则。西汉初期，由于秦王朝的焚书坑儒，寻不到现成的儒家书籍，经书是那些老先生们靠记忆默写下来的，抄写的字体是当时通行的隶书，所以人们把这种经学叫今文经学。

▲ 四书

西汉末年，有一位学者刘歆在长安的石渠阁里整理图书时，发现了几部用古体的蝌蚪文字写成的经书，从此，这又成为一个学派，同今文经学相对，叫作古文经学。王莽改制的时候，急于要从古代文献中找出改制的根据，就把古文经学的地位抬得很高。

▲ 五经

古文经学和今文经学在学术上也有很大的区别，古文派注重文字的校勘和字音、字义的研究解释，而今文派则注重所谓的"微言大义"，就是用五经中的词句比附、引申和任意发挥，来对当时的政治进行解释。因为今文经学是紧密配合统治阶级的政治需要的，所以一直在汉代政治思想上处于统治地位。

刘秀在建立东汉王朝时，利用了不少迷信预言，叫作

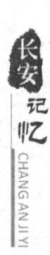

谶语。东汉建国以后，谶语盛行，发展成为一个叫作谶纬学说的思想体系。当时，神化了的儒学成为社会的指导思想，神学空气弥漫在京师洛阳，专长于隐喻附会政治的今文经学仍然是正统思想，古文经学在洛阳没有地位，便逐渐在长安周围发展起来。长安成了古文经学的天下。

长安是西汉的京城，许多文人学者云集在这个地方，有着发达的文化基础。东汉时期，有一部分人在新王朝当了官，但还有相当多的人留在长安，他们在政治上找不到出路，就埋头钻研学术。当时，长安周围涌现出了一大批学者，例如像平陵人贾逵、茂陵人马融、长陵人赵岐，都是非常有名的经学大师。由于这些人的努力，使古文经学不断发展完善和充实提高。可以说，东汉时期长安学术思想的发展，对我国古代文化有着特殊的贡献。

东汉初年的贾逵是西汉文帝时杰出的青年政治家贾谊的后代，祖祖辈辈都是从事学术研究的。贾逵的父亲贾徽，曾经跟随古文经学的创始人刘歆治学。贾逵在治学上下了很深的功夫，20岁时，就能一字不差地背诵五经全文。起初，贾逵专心治学，幻想用学术成就来取得政治上的成功，就把自己研究古文经学的成果奉献给汉明帝，没想到朝廷根本不重视，碰了个大钉子。以后，贾逵就改变了方法，在搞学问的同时也写了不少迷信神学的东西，终于在洛

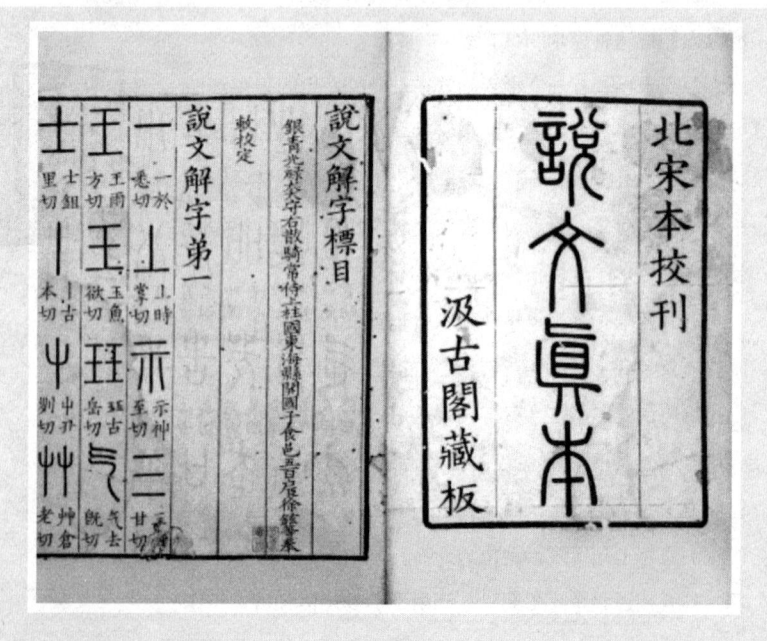

《说文解字》书影

阳当了官。

值得一提的是，贾逵培养出的一个学生，名叫许慎。许慎在跟随贾逵学习古文经学的基础上，写出了一本名著《说文解字》。这部书收录了秦代官方文字小篆的9300多字，逐字探讨了它们的字源、字义和字音，概括和总结了古文派在文字学方面的成就。一直到现在，《说文解字》还是研究文字学和编写字典最重要的根据之一。

东汉时期，长安还有一个著名学者叫挚恂，他不想和权贵来往，也看不惯黑暗的社会政治，就隐居在终南山里。茂陵的书生马融跟随他学习。由于马融聪明能干，学习用功，成为挚恂最得意的门生，还被挚恂招为女婿，在当时的名气很大。当时，东汉的大将军邓骘以皇帝外戚的身份掌握政权，慕名要招聘马融当官，但是马融跟他的老师一样，也不愿意巴结权贵，就到今天的甘肃天水一带去游历，以避开邓骘的纠缠。那时，羌族起义军正在甘肃活动，东汉政府派了军队去"清剿"，使社会经济受到破坏，马融差点饿死在那里。他没有办法，只好回到洛阳当了个校书郎中。在洛阳，马融又跟随班固的妹妹班昭学习《汉书》，增长了不少的知识。后来，他写文章得罪了邓太后，便辞职回家讲学。

汉桓帝时期，马融在茂陵家中，靠讲学为生。在讲学的同时，他注释过《孝经》《论语》《诗经》《周易》和《尚书》等儒家经典著作。另外，他自己也有不少著作。他还喜欢音乐，能弹琴，会吹笛。他写的《长笛赋》，成为流传后世的描写音乐的著名作品。

马融讲学，常有几千人听讲。他讲学非常讲究，常常坐在高台之上，前面挂着绛红色的纱帐，后面有音乐歌舞助兴，弟子们按照次序转达传授，有些学生根本见不上他的面。由于马融讲学的名气很大，后代就有人把"绛帐"一词，作为对师长的敬称。今天，扶风县还有一个地方名叫绛帐，就是由马融讲学而得名的。

和马融同时代的还有一位名叫赵岐的学者，赵岐为人特别耿直，政治上一直不得意，年过30岁，还待在长陵家中。后来，他在今天的山西河津一带当过几天县令，却碰上一个宦官的兄弟当了他的顶头上司。赵岐一气之下，就回到长陵。当时，在长安也有一个宦官的兄弟叫作唐玹的当都尉，赵岐多次上书揭发这个家伙欺侮百姓的罪状。不久，唐玹当上京兆尹，成了长安地区的最高长官，就下令搜捕赵岐一家，除了赵岐一人逃出虎口以外，他家里其余的人全部被害。从此，赵岐隐姓埋名，流亡在外，直到唐玹和他的哥哥死了以后，他才重返家乡。

▲ 马融讲学图

赵岐一生的著述很多，最有名的要算是《三辅决录》和《孟子章句》了。《三辅决录》如实地记载了汉代关中地区的名人逸事，可以说是关中地区较早的一部人物风土志，成为后代研究汉史的重要资料，就连《后汉书》的内容和注释，也大量引用了《三辅决录》的材料。《孟子章句》是赵岐以古文经学的方法第一次对《孟子》一书进行注释，是后代学习《孟子》的权威性著述。现在流行的《十三经注疏》中《孟子》一书，就是用赵岐的注本。

古文经学在贾逵、马融、赵岐等人的不断努力下，得到深入发展，影响越来越大，特别是通过他们教出的学生，使古文经学得到广泛的传播。除了贾逵的学生许慎以外，马融的学生卢植和郑玄，对古文经学都有着杰出的贡献，其中郑玄又最为出色。郑玄是山东人，他不愿当官，到洛阳太学中去学习。后来，他觉得太学的那一套没多大意思，学不到什么真正的学问，就来到关中，前往茂陵，求教于马融。经过几年的学习，郑玄终于掌握了古文经学的知识和要点，据说郑玄在向马融告辞的时候，马融对门人感叹地说："今天郑玄走了，我的学问也被他满载而归传到东方去了。"

郑玄离开茂陵以后，并没有马上回去，而是在长安附近讲了十几年学，然后才回到山东。他家乡贫穷，就在东莱招收了几千名弟子讲学。东汉灵帝的时候，宦官专权，发生了党锢之祸，凡是反对宦官的士大夫和学者，都不准当官，郑玄便在家中埋头著书。

黄巾起义爆发以后，党锢之禁才被解除。大将军何进对郑玄很佩服，请他做官，他死活不愿去，被迫见了一面就走了。北海相孔融也十分敬佩郑玄，指令让他的家乡山东高密的县令专门为郑玄设立一乡，起名叫"郑公乡"，并命名郑玄家的门叫"通德门"。

郑玄为整理我国古代文化遗产花了很大的工夫，他一生的著述达100多万字。现在流行的古代儒家经典著作中，大部分都采取他的注疏。像《诗》《书》《礼》《易》《春秋》，基本上都以郑玄的注本为准。郑玄把古文经学发展到了最高峰，从此以后，经学的今文派和古文派就逐渐融合起来。后人把郑玄治学的方法和成果称为"郑学"，而且作为一个专门研究课题来探索，可见郑玄在学术上的成就。郑玄的成就，是同他在关中的学习分不开的。

长安地区作为古文经学的发源地，在东汉时期的学术和文化发展中起了重要的作用，古文经学不但诞生在长安，而且在长安得到了充分的发展，影响越来越大。起初，东汉的统治者对古文经学并不重视，像信奉古文经学的著名进步思想家桓谭，因为反对神学迷信而差一点被光武帝刘秀杀掉。由于东汉初年今文经学派利用政治上的地位压制古文经学派，古文学派便转向学术方面发展，到东汉末年，古文学派的学术成就要比今文学派大得多。农民大起义的爆发，使东汉王朝的统治摇摇欲坠，两个学派的争论，作为地主阶级内部各阶层不同的意识形态，也在阶级矛盾异常激烈的形势下不得不统一起来。汉灵帝熹平四年（公元175年），两个学派的儒生共同校订一经，刻在石碑上，称为熹平石经，立在太学门口，成为两派统一的见证。

从哲学的角度来看，古文经学在一定程度上脱离了正统神学的束缚，具有一定的进步意义，东汉时期唯物主义的思想家桓谭、王充等人，都从古文经学中借鉴和吸取了不少有益的东西。从历史文化的角度来看，古文经学在整理古代文献上有巨大的成就，给我们留下了一笔宝贵而又丰富的文化遗产。长安在东汉时期所具有的特殊学术地位和所起到的重要学术影响，都是不可低估的。

## 董卓之乱与汉长安城的衰落

东汉末年,长安城遭到了一次毁灭性的大破坏。宫殿和房屋建筑被焚烧一空,居民大部分死于战火和饥饿,昔日繁华的长安这时竟成了一座白骨遍地的空城。造成这场惨祸的罪魁祸首就是董卓。

董卓是陇西临洮(今甘肃省岷县)人。他曾经率兵镇压过黄巾起义,后来当上了东汉的前将军,封为鳌乡侯,并任并州(今山西省中部一带)牧。董卓是个野心很大的军阀,深知乱世中掌握军队的重要。东汉朝廷屡次召他入朝任职,让他交出军权,他都拒不受命,而是率军驻扎在河东(今山西省西南部),观望形势,待机而动。

当时,东汉朝廷政治腐败,外戚和宦官轮流把持朝政,他们之间为了争权夺利,斗争很激烈。汉灵帝死后,少帝即位。当时掌大权的将军何进是少帝之母何太后的哥哥,他和司隶校尉袁绍密谋,准备把宦官统统杀光。可是何太后却不同意这

汉长安城长乐宫四号遗址

样做，何进便征召董卓，让他以讨伐宦官的名义率兵入京，借此胁迫太后。董卓得此良机，立刻率兵开赴洛阳。可是他还没有赶到，何进却已因密谋泄漏而被宦官杀死，袁绍等人率兵进攻宦官，宦官们劫持了14岁的汉少帝出逃。袁绍等人迫杀了宦官，找到了小皇帝，正巧董卓也率兵刚刚赶到。小皇帝看到董卓那些恶狠狠的士兵，吓得哭了起来。大臣们让董卓撤回军队，董卓傲慢地回答说："你们身为大臣，不能把朝廷辅佐好，以致闹到这步田地，我怎可撤兵！"于是董卓便率兵和皇帝百官们一起进了洛阳。

董卓进京后，大肆招兵买马，占据武库，用武力控制了京城，朝廷大权落入董卓手中。不久，他提出要废掉汉少帝，召集大臣们商议。尚书卢植不同意，差点被董卓杀掉，吓得大臣们再也不敢开口了。于是董卓把汉少帝废为弘农王，另立陈留王刘协为皇帝，这就是东汉最后一个皇帝汉献帝。后来，董卓又杀了汉少帝和何太后。董卓的官职由司空升到太尉，又升为丞相，封为郿侯，权势熏天，可以带剑上殿。

董卓专横凶残成性，朝中大臣稍有一点不满的表示，他马上就加以重刑。有一次，一个大臣向董卓汇报公事时，没有解下佩剑，董卓立刻下令把这个大臣乱棒打死。当时京城洛阳非常富庶繁华，董卓放纵部下在城内大肆烧杀抢掠，无恶不作。一次，董卓派兵到阳城（今河南省登封市告成镇），那里的百姓正在过二月会，董卓的军队竟然向这些无辜百姓挥起了屠刀。他们把所有的男子全部杀死，把人头挂在车前，把妇女和财物统统装在车上，洋洋得意地回到洛阳，说是杀贼获得大捷。

董卓的暴行激起了天下的公愤，各地纷纷起兵讨伐董卓，有几支军队已经打到了洛阳附近。董卓害怕了，想迁都到长安，遭到大臣杨彪等人的反对。董卓说："关中土地肥沃，地形险要，秦国在那里建都，统一了天下。我现在迁都到长安，关东谁敢起兵作乱，我就把他们一直赶到大海里去。谁不去长安，我就用大兵赶着他走！"大臣们都吓得面无人色，再也不敢开口。于是，董卓于初平元年（公元190年）2月，强迫汉献帝迁都长安。临行前，董卓纵兵在洛阳大烧大掠，洛阳民间的财物被抢掠一空，无辜被杀者不计其数，洛阳城里城外的宫殿、仓库、房屋建筑都被一把火烧得精光，连洛阳周围的帝王陵墓也全被挖开，其中的珍宝被搜掠殆尽。几百万洛阳百姓被董卓的军队驱往长安，由于饥寒交迫，加上如狼似虎的士兵的残害，许多人死于途中，委身沟壑。

▲ 汉长安城霸城门遗址

　　董卓到长安后，更是作威作福，不可一世。他命皇帝封自己为太师，地位在诸侯王之上。他乘的车子、穿的服装都和皇帝差不多，文武百官见了他都要下拜。他把自己的弟弟、侄子都封以高官，掌握军权。他的亲属都富贵至极，甚至连还在怀中吃奶的孙子也被封了侯。董卓还在今天陕西眉县北边一带修筑了一座坚固的城堡，叫作"眉坞"。眉坞的城墙修得比长安城还要高，里面储存了足够吃30年的粮食，还有堆积如山的金银珠宝，董卓的如意算盘是如果万事顺心，他就可以吞并天下；万一失败了，他也可以在眉坞据守到老，所以他把眉坞称作"万岁坞"。

　　无比的权势使凶残的董卓更加肆无忌惮，他常常杀人取乐。有一次，董卓俘虏了孙坚的许多士兵，他下令用涂了油的布匹把俘虏们一个个裹起来，倒立在地上，点火活活烧死。还有一次，董卓从长安出发到眉坞去，公卿大臣们在长安城横门外为他设宴饯行，董卓坐在帐中饮酒，下令把被他诱降的几百个俘虏抓来，在酒筵前把这些人先割掉舌头，再斩断手脚，挖掉眼睛，最后放到大锅里活活煮死。血淋淋的惨状使前来赴宴的大臣们吓得索索发抖,有人连筷子都掉到了地上。而董卓却一边兴高采烈地喝酒,一边欣赏垂死者的痛苦挣扎。

董卓还制定了种种严苛的法令,稍有触犯,便有杀身之祸。为了搜刮民财,董卓把长安城里的铜人、铜钟全部砸碎,又把原来通行的五铢钱也都销毁,用来铸成质量很差的小铜钱,结果造成物价飞涨,一斛谷子涨到几十万钱。

董卓的倒行逆施,激起了全国上下强烈的反抗。越骑校尉伍孚趁董卓接见之机,拔刀行刺,不幸没有刺中,被董卓杀害。司徒王允和尚书仆射孙瑞,密谋除掉董卓,并联络了董卓的亲信部将吕布做内应。初平三年(公元192年)4月,汉献帝在长安城中的未央宫大宴群臣,王允和吕布命十几名武士装扮成宫中卫士,守候在董卓进宫必须经过的北掖门旁边。董卓每次外出,都是戒备森严,这次也不例外。从他家中到皇宫的路上布满了骑兵和步兵,严密警戒,并且由吕布跟随保驾。董卓在外衣下还穿着铠甲,自以为万无一失。谁知,董卓的车驾刚一进宫,守候在那里的十几个武士突然用长戟向他刺来,董卓受伤摔下车,他急忙喊吕布,不料吕布大喝道:"我奉皇帝诏书诛讨逆贼!"说罢杀死了董卓。

董卓被杀的消息一传开,长安城里万众欢腾,高呼万岁。人们在大街上载歌载舞,许多人卖了衣服首饰来买酒肉庆贺。董卓的尸体被摆在街市上示众,人们在董卓的肚脐眼儿里插上灯芯,点起天灯,以发泄对这个恶贯满盈的坏蛋的仇恨。董卓自以为坚不可摧的眉坞也被攻破,他的全家老小都被杀光,而且被焚尸扬灰。

这时,董卓的女婿牛辅和部将李傕、郭汜率兵驻扎在陕(今河南省陕县),董卓被杀的消息传来,人心惶惶,许多士兵纷纷逃跑。牛辅害怕了,带了金银珠宝想逃走,结果被部下杀死。李傕、郭汜觉得大势已去,也准备分散逃命。谋士贾诩给他们出主意说:"我听到长安城里议论,准备杀尽我们凉州人。你们如果抛弃军队,单身逃命,碰到一个亭长就能把你们抓起来。不如集合人马,去进攻长安,为董卓报仇。打胜了,可以挟天子以令诸侯;万一输了,那时再逃跑也不晚啊!"李傕、郭汜听了认为有道理,立刻纠集几千人马,杀向长安。王允听到消息,派董卓旧部胡轸率兵到新丰去抵御,可是胡轸一去就投降了。李傕、郭汜一路收集散兵,打到长安城下时,已有10万之众。长安城被团团围住,只是由于城墙高峻,才一时没有失陷。后来,由于吕布的部下叛变,接应叛军,长安被攻陷。李傕、郭汜一进长安,就疯狂地杀人放火,街上到处都是被害者的尸体。王允保护着汉献帝登上宣平门躲避。李傕等人追杀而来,把王允等大臣全部杀害。长安城中的老百姓听到王允被害的消息，无不痛哭流涕。李傕等人又为董卓大办丧事，把董卓的骨灰收殓起来，安葬在郿县。从此，李傕、郭汜等人把持了朝廷大权，让献帝把自己封为将军和侯。他们把长安城划分为三块，各据一方，每日派兵四出抢掠，随意杀人。城内粮价飞涨，饿死的人不计其数，以至到了人吃人的地步。长安城变成了人间地狱，到处散发着尸体的腐臭。

不久，李傕等人又开始内讧。先是李傕等人为了争权夺利，杀了樊稠，接着李傕和郭汜又打了起来，长安城又成了他们厮杀的战场。李傕包围皇宫，劫持了汉献帝，把宫中的财宝抢掠一空，然后一把火烧了皇宫。郭汜看李傕抢了皇帝，便也把十几位公卿大臣扣留起来作为人质，气得太尉杨彪质问郭汜说："你们之间争斗，一个抢了皇帝，一个扣了大臣，怎么能这样干呢？"李傕和郭汜在长安城大战了几个月，双方都死伤了上万人，老百姓更是饱受池鱼之灾。这时张济来给他们讲和，想把献帝接到他所驻扎的弘农（在今河南省灵宝市北）。献帝也想回洛阳去，便派使者向李傕请求。李傕总算是答应了，于是献帝和大臣们离开了一片废墟、遍地白骨的长安城，动身向洛阳出发。不料走到中途，李傕和郭汜又想把皇帝劫走，再次展开了一连串的混战。最后，汉献帝历经艰险，终于回到了洛阳。但洛阳经历连年的战乱和饥荒，特别是董卓乱兵的抢掠焚烧之后，昔日繁华的景象已不复存在。文武大臣们只能在荆棘丛中栖身，尚书郎以下的官员都得自己去打柴、采野菜，有的竟饿死在断垣残壁之间。这时，任兖州牧的曹操到洛阳朝见献帝，送来了吃穿用品，并劝汉献帝迁都到他控制的许昌去。从此许昌就作了都城。以后，曹操"挟天子以令诸侯"，成了中国北方最有实力的统治者。

在初平元年董卓把朝廷迁到长安时，关中还有几十万户人家。经过董卓和李傕、郭汜这一群人的蹂躏，关中人民大部分死于战乱和饥荒。汉献帝离开长安后，40多天里，长安城竟完全成了一座空城，在长达两三年期间，偌大的关中竟杳无人迹。残酷的战争使素称富饶肥沃的关中大地变成了"出门无所见，白骨蔽平原"的悲惨世界。在中国历史上威势赫赫的汉王朝，随着长安城的毁坏而灭亡了。

第四章

# 乱世沧桑

## 曹操与关中

东汉末年经过董卓之乱以后，长安遭到了一次毁灭性的浩劫。八百里秦川上，尸骨遍野，人迹罕见。这一时期，杰出的政治家、军事家、文学家曹操几次入居关中，对一片残破的长安逐步复苏和发展起了积极的作用。

曹操（公元155—220年），字孟德，沛国谯县（今安徽省亳县）人。在讨伐董卓和镇压东汉末黄巾起义的过程中，曹操建立和发展了自己的武装，势力逐渐强大起来。建安元年（公元196年），曹操迎立逃出长安的汉献帝迁都于许（今河南省许昌东），取得了"挟天子以令诸侯"的政治优势，并委派大臣钟繇率兵平定关中，讨伐荼毒三辅、为害经年的董卓部将李傕、郭汜等人。建安三年（公元198年），李傕、郭汜相继被杀，长达数年之久的董卓之乱方告平息。

董卓之乱给长安和关中地区带来了巨大的社会灾难。据史书记载，在战乱中长安宫室尽为废墟，官民"死伤枕藉"，以至于"城空四十余日"；关中大地亦残破不堪，满目疮痍，人民生者离散，死者蔽野，"二三年间无复人迹"。建安四年（公元199年）十一月，曹操改派出使益州未成的治书侍御史卫觊留居长安，安抚关中，着手恢复社会经济。卫觊在朝野内外素有勤政爱民之誉，为了招揽原来流散四方的关中百姓返乡归里重建家园，他下令将官卖食盐之利用来购置耕牛犁具，若有以前的关中居民返回，即行发给，鼓励他们开垦荒地，种粮种菜。这个消息传开后，原来流亡外地州县的关中人民纷纷扶老携幼，踏上归途，仅从荆州一地返回故乡

▲ 曹操画像

的流民就有十几万家。数年之后，关中大地慢慢又恢复了生气，昔日残破的村庄里又升起了缕缕炊烟，荒芜的田野上再次响起了农歌牧曲，社会经济开始逐渐走向复苏。曹操闻知，大为嘉赏，马上擢升卫觊为中央尚书。

曹操的势力能够不断强大的一个重要原因，在于他重视发展生产，提拔、重用较好解决生产实际问题的官吏。曹操在关中的政策，突出表明了这一特点。

曹操初定长安时，这里的政治局势还相当混乱。一些关中地方将领如马腾马超父子、韩遂、侯选、程银、杨秋、李堪、张横、梁兴等，虽然表面上遵从曹操号令，实际上都暗怀异心，各自为政，强迫回乡的农民为部曲，扩充私人武装，或拥兵自重，或独霸一方，相互之间也时有混战，严重威胁着关中地区社会秩序的稳定和人民生活的安宁。在此期间曹操因起初忙于同袁绍争夺河北，后来又集中全力企图兵进东南，无暇西顾，只得对关中诸将采取虚与委蛇和加以笼络的手段，以求相安无事。

公元208年赤壁大战后，曹操统一天下的雄心严重受挫，便把政治军事视线转向关中，准备挥军西进长安，一举歼灭关中各派地方势力。建安十六年（公元211年），曹操声言欲征讨汉中的张鲁，派遣征西护军夏侯渊与驻节弘农（今华阴市一带）的司隶校尉钟繇会合，进军关中。以马超、韩遂为首的关中十部地方势力，感到曹军此举意在夺取关中，遂歃血为盟，组成联军，公开打出反旗，阻止曹军入关。这一年8月，曹操亲临前线，指挥大军西攻潼关，夜渡要津蒲阪（今山西省永济市西），突破关中联军河西防线，占领渭北大部地区，继而兵进渭南，先以伏击战，后以离间计彻底击溃了关中联军各部，夺取了整个关中。9月，57岁的曹操率领征西大军浩浩荡荡地开进了长安城，并摆设酒宴，大会文武百僚，歌舞庆功。宴会中时为曹操幕僚的著名诗人王粲不禁诗兴大发，即席吟诵道：

    *相公征关右，赫赫震天威，*
    *一举灭獯虏，再举服羌夷。*
    *……*
    *拓土三千里，往返速若飞，*
    *歌舞入邺城，所愿获无违。*

在曹操统领大军平定关中的过程中，所有军食供给一仰河东。时河东太守是京兆杜陵（今西安市南）人杜畿，他治理河东已历7年，使境内百姓人人安

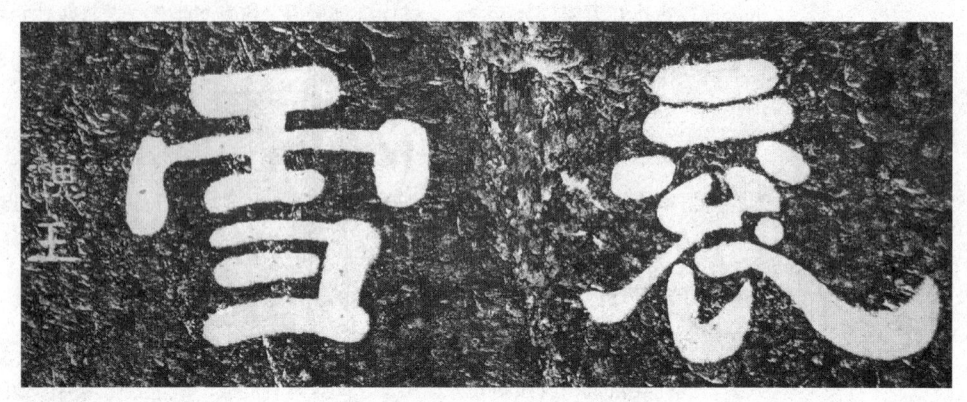

▲ 曹操手迹"衮雪"

居乐业，家家仓囤丰实，政绩卓著。在战争中，他发动河东百姓把粮食源源不断地运往关中，接济曹操大军，至战争结束后各军营寨余粮总计尚有20余万斛。曹操在长安论功行赏时，以杜畿功劳为第一，宣布增其俸禄为两千石，并通令四方嘉奖其功。

建安十七年（公元212年）春，曹操离开长安，班师回朝，留大将夏侯渊镇守长安，掌管关中军事；以议郎张既为京兆尹，治理长安民政。夏侯渊是曹操的心腹大将，有英勇善战之名，他率军先后击破南山流寇刘雄，讨平鄠县（今户县）马超、韩遂余部梁兴等势力，使关中局势进一步稳定下来。张既原是冯翊高陵（今高陵县）一征举秀才，因其才学俱佳颇受曹操重用，他任京兆尹后多方招抚流民充实长安户口，开垦近郊荒地，并修复城池县邑，荐举民间文武之士为官，使京兆地区号为大治。因此，时过不久，张既便被曹操任命为雍州刺史，下辖六郡（包括今整个关中平原及甘肃省庆阳市、平凉市一带），治所仍设在长安城内。

建安二十年（公元215年）3月，曹操统领大军再度进入关中，由陈仓（今宝鸡市东）出大散关（今宝鸡市西南），讨伐盘踞汉中的张鲁。经过9个月的艰苦鏖战，张鲁势穷力蹙，被迫出降。曹操于是任命夏侯渊为都护将军，督大将张郃、徐晃等守卫关中，抵御时已兵进巴中的刘备；另以扶风太守赵俨为关中护军，尽统关中诸军，策应汉中前线。曹操本人北返邺城，晋封为魏王。

刘备见曹操北返，汉中兵力空虚，便于建安二十二年（公元217年）10月挥军进攻汉中，与夏侯渊、张郃、徐晃发生激战。曹操得报，一面下令赵俨速发关中军队增援汉中，一面在邺城调集兵马，准备亲征刘备。第二年9月，曹操来到长安，调遣各路兵将会集关中，南进汉中。此时汉中前线已告吃紧，夏侯渊被刘备部将黄忠斩杀于阳平定军山，张郃、徐晃等死守阳平待援。曹操痛失爱将，怒发冲冠，乃于建安二十四年（公元219年）3月亲自统军由长安出发，经褒斜道进入汉中，与张郃、徐晃所部会合后，大战刘备。由于曹兵远来疲惫，被以逸待劳的刘备军队杀得大败，士卒多有死伤，曹操只得于五月下令全军撤回长安，汉中遂为刘备所有。曹操新败之际，又唯恐刘备北向联合武都郡（治所在今甘肃省成县下辨，领7县，今陕西境内有2县，其余诸县皆在今甘肃省境内）的氐族进逼关中，于是派遣雍州刺史张既入武都，迁徙氐族5万余众进居扶风、天水地区（相当于今关中西部和甘肃省天水地区）。从此氐族人民进入关中，与当地汉族人民交错混居，并吸收汉族先进的生产技术和文化，成为开拓和建设关中的一支重要力量，在以后长安和关中的文明发展史上写下了重要的一页。

建安二十四年（公元219年）10月，曹操离开长安东回洛阳，临行之际鉴于长安是西汉故都，关中为三辅旧地，此时又处于抵御刘备兵出汉中东向争夺中原的前线，乃委任他极为心爱、英武过人的"黄须儿"曹彰为越骑将军，镇守长安，总领关中诸军。3个月之后，曹操在洛阳身染重疾，遣骑飞檄征调曹彰东返欲委以大事，而曹彰尚未赶到洛阳，曹操即因病去世，终年66岁。

曹丕代汉建立曹魏政权后，仍以重兵驻守长安，布防关中，并注意发展社会经济，增强御敌实力。此后在魏国统治的几十年间，大将曹真、曹爽、司马懿、郭淮、陈泰等相继为关中最高军事长官，依靠关中的地理优势和物质条件，成功地击退了蜀汉军师诸葛亮、大将姜维等向关中发动的频频攻势。他们贯彻当初曹操的"重农"政策，使关中地区的社会经济得到了进一步的恢复和发展，丰实之名重扬天下，成为曹魏政权以后攻灭蜀汉的大后方和军事补给基地。

作为一代杰出的政治家、军事家和文学家，曹操一生曾两度来到长安，三次进入关中，不仅在三秦大地上留下了他金戈铁马、纵横疆场的雄风英姿，也留下了他讴歌河山、抒发情怀的动人诗篇。如他在建安二十年征讨汉中张鲁时所做的《秋胡行》二首，一叹散关山（在今宝鸡市西南）之险峻陡峭与行军艰难，并表达自己渴望贤才、顺利完成西伐事业的强烈心愿；

二赞西岳华山之缥缈神韵与迷茫仙境，抒发自己期望延年益寿以实现天下统一的殷切心声。这两首诗情景交融，意境深远，不愧为千古佳作。在褒斜道南口的石门摩崖（在今汉中市北约17千米处，现被褒河水库淹没）下一河中巨石上，原刻有道劲有力的隶书"衮雪"二字，清代人在其左下角又刻上了"魏王"二字，相传为曹操在建安二十四年第二次进兵汉中大战刘备时亲手所书。因河中大石嶙峋，湍流激浪溅飞如滚雪状，故题此二字。"衮雪"笔法苍劲有力，气势雄浑，堪称中国古代传统书法的珍品。刻石现存于汉中市博物馆，以供四方游人观瞻。

曹操对古都长安悠久的文明与发达的文化也极为仰慕，多方予以弘扬光大。如他曾以才思敏捷的弘农华阴人杨修为相府主簿，以精通经学的弘农华阴人董遇为汉献帝侍讲，以博学能文的京兆新丰人贾洪为军中谋掾，经常与他们一起吟诗作赋，研讨经义。曹操还曾延纳左冯翊民间围棋高手山子道、王九真、郭凯等人居府中，随侍左右，常常与他们对坐弈棋，乐而忘忧。曹操本人亦因此而围棋技艺大进，成为当时朝中罕逢对手的棋道方家。

曹操作为一代杰出的政治家、军事家、文学家，虽然在长安和关中活动的时间不长，但对饱经丧乱的关中迅速恢复与发展却做出了突出贡献，理应受到后人的敬重。

## 小故事

### 杜畿不夺"生人之妇"

三国时魏文帝曾下了一道诏令，让各地方郡守将因战乱而死去丈夫并登记在册的寡妇一律送到京城，由官府为其择偶另嫁，以使"家无怨女，野无旷夫"。当时许多寡妇早已自行改嫁他人，但有些郡守为了完成任务，不问青红皂白，派人按册强行捉拿，一时夫妇相抱痛别于道者不绝。只有河东郡守杜畿一一查核验明，将那些真正的寡妇送上路。不久，杜畿改任他官，赵俨为河东郡守，所送寡妇一下子比杜畿时多出了好几倍。文帝便质问杜畿："为什么以前你送来的寡妇很少，而今天又何其多也？"杜畿回答说："因为臣以前所送来的都是死者之妻，今天赵俨所取的多是生人之妇啊！"

# 蔡文姬与文姬墓

在我国历史上的东汉末年到三国初期,古都长安由于连年的军阀混战,被摧残得一片萧索残破。当年的锦绣城池,变得荆棘丛生,人烟稀少。著名的爱国女诗人蔡文姬,就曾在这一时期三次来到长安,并长眠在长安的土地上。蔡文姬一生有过极为痛苦和凄惨的经历,作为一场社会大动乱的见证人,她感时伤事,援笔抒情,为后世留下五言和七言《悲愤诗》以及《胡笳十八拍》等三首流传千古的不朽之作。

蔡文姬名琰,字文姬,是陈留郡圉县(今河南省开封东北一带)人,大约出生于汉灵帝熹平年间(公元172—178年)。她是当时名贯朝野的大学者蔡邕的独生女儿,自幼受诗礼熏陶,有很好的文化教养,十几岁便成了一代才女,史书记载她"博学有才辩,又妙于音律"。传说有一次蔡邕在家中弹琴,不当心弄断一根琴弦,蔡文姬在一旁听见,立即说"是第二根"。她父亲为了试她,又故意弄断一根,蔡文姬马上正确判断出是第四根,使她父亲非常惊讶。蔡文姬出嫁不久,丈夫不幸去世了,她只好回家中寡居。这时,东汉政权已濒临土崩瓦解的边缘,黄巾农民起义军席卷中原,各地军阀并起,西北少数民族的奴隶主贵族乘机入侵,

◀ 蔡文姬画像

朝廷里争权夺利，后宫内祸起萧墙。阶级矛盾与民族纠纷交织，把广大人民推入了水深火热之中。

汉献帝初平元年（公元190年），军阀董卓进占洛阳。不久，逼迫献帝迁都长安，朝中大臣及百姓随军西行。这时，蔡文姬随着父亲蔡邕第一次来到古都长安。

后来，司徒王允买通吕布杀死了董卓，董卓的部将兴兵复仇，又杀死了王允，并将长安变成了战场，烧杀掳掠，无恶不作。在这场社会大动乱中，蔡邕也死于非命。蔡文姬则被董卓的乱兵和少数民族奴隶主劫持而去。她在五言《悲愤诗》中，描述了自己被劫持时的见闻：

　　卓众来东下，金甲耀日光。
　　平土人脆弱，来兵皆胡羌。
　　猎野围城邑，所向悉破亡。
　　斩截无孑遗，尸骸相撑拒。
　　马边悬男头，马后载妇女。

野蛮、凶残的乱兵，不但杀人遍野，而且把妇女和财宝作为战利品带走。当蔡文姬被劫持离开长安时，她遥望终南，俯瞰渭水，哀叹自己不幸的遭遇；悲歌当哭，为同命运的姐妹发出撕心裂肺的号呼。她接着写道：

　　长驱西入关，迥路险且阻。
　　还顾邈冥冥，肝脾为烂腐。
　　所略有万计，不得令屯聚。
　　或有骨肉俱，欲言不敢语。
　　……
　　或便加棰杖，毒痛参并下。
　　旦则号泣行，夜则悲吟坐。
　　欲死不可得，欲生无一可，
　　彼苍者何辜？乃遭此厄祸！

在监视与打骂之中，蔡文姬求生无路，求死无门，最终流落于南匈奴的部落之中，被迫成为南匈奴左贤王的姬妾。蔡文姬以一个闺阁弱女，在南匈奴苦度了12个春秋，在这12年里，哪怕是关于故乡的只言片语，也会带给她精神上的极大安慰。她在回忆这一段生活的时候写道：

处所多霜雪，胡风春夏起。

翩翩吹我衣，萧萧入我耳。

感时念父母，哀叹无终已。

有客从外来，闻之常欢喜。

迎问其消息，辄复非乡里。

在冰天雪地之中，蔡文姬思念祖国，怀念故乡和亲人。这时，她的父母早已亡故，诗中所谓"父母"，更多指的是中原父母之邦。古人重视乡土之情，在患难之中这种思念更为深切。长安，是蔡文姬的父亲最后定居并长眠的地方，在蔡文姬苦难的历程中，在长安留下了她最痛苦、最深沉的记忆。她朝思暮想的故国，与长安有着不可分割的联系。

丧乱漂泊之中，蔡文姬侥幸保全了性命，但却失掉了故国，宛如一片狂风中的落叶，任凭命运摆布。深切的悲哀，凝成血泪交并的诗句，她在《胡笳十八拍》第八拍中以自己的悲惨遭遇，向天地鬼神发出了凄厉的质问：

为天有眼兮，何不见我独漂流？

为神有灵兮，何事处我天南海北头？

我不负天兮，何配我殊匹？

我不负神兮，神何殛我越荒州？

尽管这时蔡文姬已成为匈奴王妃，但作为一位出身诗礼名门的女子，她感到这是不幸和屈辱。她之所以忍辱偷生，只是为了一个信念：有朝一日重归故国。正如《胡笳十八拍》诗中所写的：

我非贪生而恶死，

不能捐身兮心有以。

生能冀得兮归乡梓，

死能埋骨兮长已矣！

爱国主义的坚强信念，给了她生活的勇气。只要一息尚存，便要重返故国。这正是蔡文姬三篇作品的思想核心。

公元3世纪初，杰出的政治家、军事家曹操统一了中国北

▲ 蔡文姬塑像

部，他逐一消灭了在北方各地称雄割据的军阀武装，迎立汉献帝迁都许昌。对多年来侵扰边境的乌桓、匈奴奴隶主贵族大张挞伐，斩杀了寇边扰民的塌顿单于，招安了乐于归顺的部落酋长，蔡文姬的丈夫南匈奴左贤王也在归顺之列。

曹操与蔡文姬的父亲蔡邕，当年曾有文字之交，曹操对这位大学者也非常敬佩。这时，曹操已由丞相晋封魏公，权倾天下，威震四夷。他痛伤蔡邕绝后，便派出使者，携带黄金白璧，赎取文姬。

喜讯传来，蔡文姬欣喜若狂。在《胡笳十八拍》第十二拍中，她写道：

东风应律兮，暖气多，

知是汉家天子兮，布阳和。

羌胡蹈舞兮，共讴歌，

两国交欢兮，罢兵戈。

忽逢汉使兮，称近诏：

遗千金兮，赎妾身。

在五言《悲愤诗》中，她更为直接地写道："邂逅徼时愿，骨肉来迎己。"在蔡文姬的心目中，尽管自己是个孤女，是个流落异国的不幸者，但祖国没有忘记自己，不论是素不相识的"汉使"还是天子丞相，都像骨肉之亲一样。

重返祖国，固然是蔡文姬的夙愿，但毕竟她在南匈奴12年，已与左贤王生下两个儿子。回国，意味着母子永远的分离。当蔡文姬留居匈奴时，两个孩子是她精神上的安慰；一旦割舍，又造成生离死别的痛苦。对祖国的思念和母子之情交织胸中，使蔡文姬心如刀绞，肝肠寸断！蔡文姬在感情上经受了最严峻的考验，她写道：

儿前抱我颈，问母欲何之？

人言母当去，岂复有还时？

阿母常仁恻，今何更不慈？

我尚未成人，奈何不顾思？

面对这种摧心裂肺之痛，蔡文姬忍住巨大的悲伤，最终割断了母子之情，毅然登程回国。

在归途中，蔡文姬又一次经过古都长安。在《胡笳十八拍》篇末，她描述了当时的沿途见闻：

> 去时怀土兮心无绪，
> 来时别儿兮思漫漫。
> 塞上黄土兮枝枯叶干，
> 沙场白骨兮刀痕箭瘢。
> 风霜凛凛兮春夏寒，
> 人马饥豗兮筋力单。
> 岂知重得兮入长安，
> 叹息欲绝兮泪阑干。

  蔡文姬是东汉末年大动乱的见证人，她自知祖国并不是花团锦簇的人间乐园，但她一旦来到长安，顿觉天悬地殊，感到无比的亲切。她与祖国同呼吸、共命运的情感，使她在长安洒下了一掬爱国思乡的热泪，捧出了一颗赤子之心。

  后来，曹操亲自做媒，将蔡文姬嫁给了她的同乡董祀为妻。蔡文姬新嫁的董祀，是一位富于才智的官员。曹操任命他为长安典农中郎将，管理长安一带的农业，聚军屯垦，恢复生产。蔡文姬总算又有了一个新的温暖的家庭。

  据《后汉书》记载，曹操对蔡邕的许多作品毁于战火非常痛惜，有一次当

▼ 蔡文姬墓

着许多宾客的面介绍了蔡文姬之后，问她："给你派两个人，能不能将你父亲的著作整理出来？"蔡文姬答道："不用，我能够背诵父亲的400多篇作品，我独自一人就能将它们整理好。"于是，蔡文姬凭着超人的记忆力整日默写。

　　蔡邕的400多篇作品能流传于世，全是靠蔡文姬的辛勤努力。蔡文姬在保护民族文化遗产上，做出了重要的贡献。

　　蔡文姬晚年便定居长安，最后长眠在这片她所挚爱的土地上。蔡文姬墓，在西安市东南蓝田县三里镇蔡王村旁，墓高七米，林木葱郁，是陕西省重点文物保护单位。每年都有许多游人到这里，凭吊这位我国历史上杰出的爱国女诗人。

### 小故事

#### 苏蕙与织锦回文诗

　　十六国时期，在关中的武功县出了一位才思巧绝的女诗人，她就是创制织锦回文诗的苏蕙。

　　织锦回文诗也称作《回文璇玑图诗》，是把诗文织进锦缎里，形成一幅以文字为主要图案的织锦。这幅织锦回文诗非常奇特，即人们不论从哪个字开头，也不论是顺着念、反着念或是交叉着念，居然都可以成为一首通顺的寄托思念之情的诗篇，因此被称为"回文诗"。

　　关于苏蕙创制织锦回文诗，还有一段爱情故事。据说苏蕙的丈夫叫窦滔，是前秦苻坚手下的秦州刺史。后来，窦滔纳了妾，竟把苏蕙一人扔在家乡，自己又到襄阳赴任去了。苏蕙在家中十分孤独苦闷，她苦苦思念着丈夫，但千言万语又不是几句话所能表达出来的，于是苏蕙便精心创制了织锦回文诗，托人带给了丈夫。窦滔见到这幅回文锦后，体会到在把玩不尽、吟咏无穷的诗句里浸透着妻子的一片深情，不禁大为感动，于是立即派人接来苏蕙，两人又恩爱如初。这幅织锦回文诗，在小说《镜花缘》中，还能见到其本来面貌。

# 三国名将马超

一提起战将马超，读过《三国演义》和看过"三国戏"的人，一定会记得他在潼关杀得曹操割须弃袍，以及在葭萌关夜战张飞的故事。其实，这位当年名扬三国、威震北方的著名战将，与文明悠久的古都长安和关中地区也有着密切的关系。这不仅是由于他的故乡在关中腹地，死后又埋葬在汉水之滨，更重要的是，由他率领的主要由氐、羌等少数民族战士组成的凉州兵，长期活动在渭河两岸、秦陇高原，对关中周围民族的交往和融合起了一定的作用。

马超，字孟起，右扶风茂陵（今陕西省兴平东北）人，是东汉初年军事家伏波将军马援的直系后裔，于公元176年出生在凉州。当时的凉州包括今天甘肃省的河西地区及兰州市一带，是一个多民族的聚居地。这里不仅居住着大量的汉族人民，而且还生活着众多的氐、羌等少数民族人民，他们共同耕田放牧，互为婚姻嫁娶，相处得很和睦。马超的祖母就是一个羌族妇女，父亲马腾是当地有名的豪强，为人仗义疏财，性格宽厚温和，在凉州各族人民中间威望很高。东汉末年，

▶ 马超塑像

马腾被朝廷封为征西将军，率军移至关中的郿（今眉县），许多氐族和羌族的将士，也纷纷携带全家老幼，跟随马腾来到关中地区。马腾进一步挑选其中的精壮，组成一支几万人的武装，号称"凉州兵"。这些"凉州兵"善用长矛，打仗时勇猛异常，锐不可当。马超以后敢于在关中同势力强大的曹操分庭抗礼，主要就是依靠这支军事力量。

汉献帝兴平元年（公元194年），在当时军阀割据、天下混战的形势下，马腾、马超父子也率凉州兵在郿县（今眉县）起事。这时的马超已是一个18岁的英俊青年了，他自幼攻读兵书，精通武艺，平时礼贤下士，爱惜兵卒，作战冲杀在前，骁勇无比，因此深得部下各族将士的拥护和推戴。几年之后，马超父子率军屯驻槐里（今陕西省兴平市东南），近踞关中，远控凉州，威震北方。

公元208年赤壁大战后，三国鼎立的局面基本形成。"挟天子以令诸侯"的曹操见统一全国暂时无望，转而集中力量经营黄河以西地区，占据关中的马超父子就成为首要攻击目标。曹操首先用高官厚禄把马腾诱骗到邺城，作为人质加以软禁，然后采取假途灭虢的战略，以讨伐汉中的张鲁为由，派遣司隶校尉钟繇和大将夏侯渊率军由洛阳西进关中，想出其不意地消灭马超。马超识破了这一阴谋，联合韩遂、侯选、程银等关中地方力量和一些氐、羌族渠帅，组成关西联军，起兵反曹。他首先部署兵力10万，沿黄河西岸建立了一道防线，以阻拦曹军渡河西进，自己和韩遂等将领率主力镇守关中的东大门——潼关。

曹操得知马超等人起兵反抗，于是亲自指挥大军，于建安十六年（公元211年）8月杀到潼关脚下。骄傲轻敌的曹操下令大军从潼关北边强渡黄河，自己只率领数千人马断后，与马超在潼关前对阵交锋。身穿白色战袍的马超大喝一声，一马当先冲入敌阵，势如利剑一般直奔曹操马前，部下一万多凉州兵也挥舞长矛，随后奋力向前掩杀。曹兵早就听说马超英雄了得，又见凉州兵来势凶猛，不敢久战，拼命保护曹操向后撤退。马超下令开弓放箭，射杀正在渡河的曹军，曹军失去掩护，阵势顿时大乱，被乱箭射死和掉到水里淹死的不计其数，只好掉转船头，狼狈退回黄河东岸。这就是三国历史上有名的马曹潼关之战。《三国演义》第五十八回"马孟起兴兵雪恨，曹孟德割须弃袍"，就是根据这次大战的一些故事传说编撰成书的，而民间长期流传的"三国战将数马超"的说法，也是后世人们对马超在这次大战中英勇果敢表现的赞誉。

曹操潼关受挫，便引军北上，准备再由蒲阪（今山西省永济市西）强渡黄河。马超深知蒲阪渡口防守薄弱，很容易被敌突破，建议韩遂说："我军主力也应北上堵截曹军，使其不得西渡。不出二十天，河东谷尽，曹兵无粮，必行退兵。"韩遂却不以为然地说：

"马将军不必过虑，蒲阪天险，万无一失，曹军要渡河就尽管让他渡吧，不全部淹死河中才怪呢"！马超虽然心中万分焦急，但谋不为用，只得长叹数声，听天由命了。

不久，曹军果然轻而易举地从蒲阪渡过黄河，很快占领了渭北地区，准备兵进渭水以南。马超等被迫放弃潼关，把防线撤到渭南。两军夹渭水相持一月有余，互有胜负。由于关西联军其他将领各怀异心，不能团结对敌，在渭南大战中又相继中了曹操的埋伏和离间计，最后遭到失败。马超率领凉州兵残部退出关中，开往凉州。曹操深知马超在凉州甚得民心，是个心腹大患，但又怯于他勇冠三军，不敢挥兵穷追，因而发出了"马儿不死，吾无葬地矣"的感叹，下令把在邺城的马腾及全家老幼 200 余口全部杀害，以泄潼关败兵折将之恨。

马超退到凉州后，怀着对曹操杀父灭族的深仇，重整凉州兵马，自称征西将军，横行陇西达两年之久，后来又南下投奔汉中的张鲁。建安十九年（公元 214 年），马超率凉州兵秘密离开汉中，开往益州，投奔思贤若渴、素有兴复汉室之志的刘备，并为刘备占领整个益州、夺取汉中地区做出了一定的贡献。公元 221 年，刘备在益州称帝，建立了蜀汉政权，封马超为骠骑将军、斄乡侯，领凉州牧，为"五虎上将"之一，名列关羽、张飞之后，赵云、黄忠之前。由于长期的奔波和鞍马劳累，加之父仇未报，壮志难酬，正当壮年的马超竟身染重病，于刘备称帝后的第二年，即公元 222 年亡故，终年仅 46 岁。

东汉末年的大动乱，虽然使富饶的关中地区满目疮痍，遭受到严重破坏，但它作为昔日的政治文化中心，对周边各少数族人民仍然具有强烈的吸引力，所以原来远居凉州的氐、羌族人民在战乱之际源源不断地东下关中，散处分布在渭水南北，和汉族人民交错而居。马超既出身于汉族豪强之家，又和羌族有一定的血缘关系，在关中各族人民中间颇有威望，因而在他占据关中的十几年里，汉族和羌族、氐族之间的关系得到了进一步加强。当马超战败退往凉州后，他部下的很多凉州兵及其家属并没有离开关中，而是在当地定居下来，逐渐接受汉族先进的传统和文化，同汉族人民一起为关中经济的恢复、生产的发展而共同努力，成为魏晋南北朝时期关中地区民族大融合的前驱。

马超从少年时代起就投身于军旅之中，铁骑雄风，驰骋疆场大半生，在汉末三国历史上留下了独特的足迹，是广大人民所熟悉和喜爱的三国人物之一。据史载，马超死后，被安葬在汉中的"沔水之阳"。沔水是汉江的古称，沔水之阳就是汉江北岸。公元 227 年春天，诸葛亮率军北驻汉中的时候，曾亲自到马超墓前把酒致祭，马超从弟马岱和马超旧部都披麻戴孝，伏地痛哭，追思怀念这位昔日声名显赫的将军。在今天汉中诸葛武侯祠东约 250 米、勉县县城西约 3000 米的南城镇马公祠村外，有一座高约 3 米、松柏

▲ 马超墓

掩映的土冢，这就是马超的墓地。马超墓北靠一座小山丘，东西是一片田野，南隔滔滔东去的汉江与定军山遥遥相望。后人为了纪念这位三国时期的著名战将，又在墓地南面约100米的地方修建了一座祠堂，称为"马公祠"。祠堂有正殿三间，作"品"字形排列。进入正殿之后，就看到中间一尊马超的塑像，两旁分别是其从弟马岱和部将庞德。马超的塑像为泥塑彩绘，头戴兜鍪，身披戎装，显得器宇轩昂、英姿勃发。祠堂前今天还保存有一通近3米高、1米宽的青石碑，上面用隶书刻写了九个苍劲有力的大字"汉征西将军马公超墓"。这通石碑系清朝乾隆四十一年（公元1776年）陕西巡抚毕沅所立。民国年间的著名爱国人士、西北军将领冯玉祥先生曾游览此地，并亲笔撰写了一副"一世美名基事汉，数篇遗迹痛仇曹"的对联，以表达自己心中的感慨和对这位三国风云人物的倾慕。这副对联后来被刻写在石碑上，立于马公祠前庭院内，以供游人观瞻。

# 诸葛亮与五丈原

　　五丈原，在古都西安以西约120千米，岐山县城南20余千米的渭河南岸上。三国时期，著名政治家和军事家诸葛亮率领蜀军"六出祁山"，在这里同魏国大军鏖战、对峙，最终"出师未捷身先死"，病逝于五丈原军中。由此，五丈原与诸葛亮的名字紧紧联系到了一起，古战场五丈原也因诸葛亮的事迹而名闻天下。

　　诸葛亮（公元181—234年），字孔明，琅琊阳都（今山东省沂水县南）人。东汉末年，他隐居邓县隆中（今湖北省襄阳市西），留心世事，被称之为"卧龙"。公元207年，刘备三顾茅庐，诸葛亮一席深谋远虑的"隆中对"使他名垂千古。他向刘备提出占荆（今湖南省、湖北省部分地区）益（今四川省）两州，谋取西南各族统治者的支持，联合孙权，对抗曹操，统一全国的建议，深得刘备的赞赏，从此成为刘备的主要谋士。刘备正是根据他的策略，才取得赤壁之战的胜利，占领了荆、益，建立了蜀汉政权。后刘备称帝，诸葛亮任丞相。建兴元年（公元223年）刘禅继位，诸葛亮被封为武乡侯，领益州牧，政事无论大小，都由他做决定。他当政期间励精图治，发展了当地的经济和文化。建兴十二年（公元234年）发兵

◀ 诸葛亮墓

攻魏，与魏将司马懿相拒于渭南。据《三国志·诸葛亮传》记载："十二年春，亮悉大众由斜谷出，以流马运，据武功五丈原，与司马宣王对于渭南。亮每患粮不继，使己志不申，是以分兵屯田，为久驻之基。耕者杂于渭滨居民之间，而百姓安堵，军无私焉。相持百余日。其年八月，亮疾病，卒于军，时年五十四。"

这是史书对诸葛亮在五丈原重大军事活动的记载。

五丈原是一块高约40丈，面积约12平方千米的小平原，它的南端非常狭小，东西只有五丈多宽，所以人们称之为"五丈原"。它南靠秦岭，北临渭水，东西侧皆为深沟，地势十分险要，守则一夫当关、万夫难开；攻则居高临下、势如破竹；退则有斜谷道，直达汉中，为历代军事家行军布阵的好地方。《地理通释》就有五丈原"高平广远，行军者必争之地"的评论。原东南0.5千米处有斜峪关，就是斜谷的北口，即古蜀道之一的褒斜道的北端。当年诸葛亮在"益州疲敝"的情况下，率军进驻汉中，同魏国展开争夺关陇的激战。又由汉中出发，取道斜谷，制造"木牛流马"以利山地运输，穿越秦岭，进驻五丈原，并在最狭窄处建筑城堡，设了中军帐作为前线指挥部。从此向南，有座棋盘山，山上有块平展的石头，上面刻着棋盘，传说这是当年诸葛亮指挥作战时休息下棋的地方。原东南10千米处有个葫芦口，相传就是当年蜀魏交兵，诸葛亮用计诱敌，伏兵火烧司马懿的古战场。位于渭河南岸的高店镇，曾有过魏延镇的名字，据说这是当时蜀军前哨阵地，诸葛亮部将魏延驻防的地方。渭河北岸积雍高原上的三刀岭，正与五丈原隔河相望，是当年魏将司马懿驻扎帅营之地，岭上还有座土堡遗址，传说是司马懿的点将台。

但是蜀国与魏、吴相比，在经济上和军事上都还是最弱的。蜀国主要的统治区域，实际上不过巴、蜀、汉中。诸葛亮急于北进，一方面是蜀以刘汉封建正统自居，因而力图北进，"兴复汉室，还于旧都"，表示同魏国誓不两立；另一方面由于蜀国是当时最弱的国家，只有以攻为守，才能图存。因此，诸葛亮考虑到蜀军劳师远征，深恐长驱直进粮草兵马不继，欲速战速决。而魏将司马懿葫芦口战后驻于三刀岭，依仗关陇大战场地势险阻，易守难攻的有利条件，与蜀军五丈原南北对峙，坚守不出，以拖垮蜀军。诸葛亮在土地肥美，宜于农耕的斜水（即今石头河）两岸分兵屯田，以补充粮草，同时千方百计向司马懿挑战，甚至派人送去女人穿的凤冠锦衣，想以此来激怒司马懿应战。司马懿还是不动声色，当着诸葛亮派来的使臣的面，高兴地穿起女人衣服，向着渭河南岸诸葛亮的营垒拜了

▲ 武侯墓山门

　　几拜，并继续坚守不出。就这样，诸葛亮欲战不能，与司马懿隔渭水对垒相持了100多天。在公元234年的秋天，诸葛亮终因积劳成疾，最后病死于五丈原前线军营中，走完了他"鞠躬尽瘁，死而后已"的一生。蜀军终以后备不继，与魏军力量相差甚远而退兵汉中。后来司马懿看见诸葛亮的营垒布置，惊叹说："天下奇才也！"

　　诸葛亮选择五丈原作为对魏战场，一方面因五丈原面对具有悠久历史文化传统、四通八达、富庶丰饶的关中平原，并且五丈原地势险要，能攻易守；另一方面还因此地有通往汉中的古蜀道——褒斜道，能战能退。从这里沿斜水溯流而上，一直可延伸至秦岭南麓的汉中褒城。古时通过秦岭由关中到汉中或四川的蜀道共有褒斜道、子午道、傥骆道、连云栈道、陈仓道（又叫嘉陵道）五条，这些古蜀道多是沿河谷开辟的。褒斜道因褒斜二谷而成，南口自汉中褒水河谷，北口至关中郿县（今眉县西南）的斜水河谷，史籍中又称为斜谷道。早在周幽王五年（公元前779年）周伐褒国，得一美女褒姒，乃纳为妃。褒谷之名，大概就源于古褒国。而周幽王都城在镐京，南距汉中褒国有数百里之遥，能轻取褒国，除政治、军事等原因外，一个地理上的有利条件就是褒谷与斜谷本有道可通。周武王伐纣，"蜀亦从行"，可见此道之通达。秦汉以降，随着经济的繁荣，穿越秦巴天险的道路日益增多，自关中到汉中，又陆续开辟了子午道、陈仓道、傥骆道。但在诸道中，就起始之早、持续时间之长、规模之大，且道近易行而言，褒斜道首当其冠。诸葛亮选择五丈原为屯兵之地，可见其用心良苦。

到了蜀汉炎兴元年（公元263年），魏将钟会统10余万众，分从斜谷、骆谷破数道而占据汉中，切断了蜀汉的要隘屏障，在灭掉蜀汉的过程中起了重要作用。此后，斜谷一直是军事要地，直到解放战争中，彭德怀同志还在这里指挥我军打了一个漂亮的歼灭战。

后世人为了纪念诸葛亮，便在五丈原的西北部修建了一座武侯祠。据《岐山县志》记载，武侯祠初建于元初，明、清两代多次修补。这座古建筑现在已经修葺一新，四方游人络绎不绝。

武侯祠在苍松翠柏的环绕下，显得雄伟壮观，古雅幽静。置身其中，会使人情不自禁地吟诵起杜甫"丞相祠堂何处寻，锦官城外柏森森"的诗句来。山门前的台阶西边有两排刻工精致的石栏杆，名家书写的"智高天下""功媲伊吕"的石雕分置两侧，还有多幅浮雕，内容都是古代圣贤的故事。彩绘一新的山门重檐飞角，古朴庄重，别具一格。屋脊上雕有"猛虎下山""雄狮奔跑""鱼跃龙门"等图案。门上的三块匾额赫然入目，中间的一块写着"汉室孤忠"，左右分别是"南阳纯儒""西蜀贤相"。

进入山门，钟鼓两楼对称而立，雄踞于中的正殿为五大间，出檐挑角，红柱

▼ 汉中武侯祠牌坊

灰瓦，五脊六兽，千姿百态。殿内壁上彩绘都是诸葛亮文治武功的故事画，引人入胜。这些画仿佛把人们带回到三国群雄争斗的风云变幻之中。殿中央龛内，金饰耀目的诸葛亮塑像端坐其中，这位当年羽扇纶巾、鹤氅皂绦，被人神化了的传奇人物，已成为中华民族智慧的象征。如今他庄重肃穆，目光深邃，令观者肃然起敬，产生深深的怀念之情。

殿内外还有许多楹联、匾额、诗词碑碣，其中特别值得一提的是殿内墙壁上镶嵌的石碣，这是宋代名将岳飞书写的诸葛亮前后《出师表》。碣上笔迹洒脱飞动，刚健有力，清晰地体现了岳飞深厚的书法功力，更体现了岳飞对诸葛亮的崇敬之情，正如石碣前面的明太祖洪武年间御题石刻写的那样："纯正不屈，文如其人。"

正殿院内有一座设计独特、工艺精巧的八卦亭，亭顶有八卦，亭、柱、梁都是按照八卦的布置建筑而成。檐下刻有十二生肖像，生动传神，意趣盎然。

久负盛名的武侯祠每遇古会，原上原下人山人海。赶会的人不仅有附近的，还有专程从四川、甘肃等地赶来的，人们纵眺五丈原枕山带河的壮丽景色，缅怀诸葛亮的智慧与忠心，这大约是武侯祠长盛不衰的原因吧。

## 诗文欣赏

### 五丈原怀古

（清）方六琴

英风尚想建兴年，汉祚存亡重仔肩。
二表切陈惟报主，三分已定欲回天。
雌雄决策羞曹魏，生死怜才只晋宣。
千载斜谷鸣咽水，春耕尤是旧屯田。

# 文武兼备的杜预

杜预，京兆杜陵（今西安市长安区）人，魏黄初三年（公元222年）出生于名门世家。祖父杜畿曾任尚书仆射，父亲杜恕曾任刺史。

杜氏是世居在杜陵县境内的世家大族，至唐时更为繁盛，由于其地近宫阙，世为贵官，故有"城南韦杜，去天尺五"之称。这里名家辈出，有东汉章帝时发明章草的书法家杜度；隋唐时佛教华严宗的祖师杜顺；唐太宗时的名相杜如晦；著作《通典》，即我国第一部记述典章制度的通史的史学家杜佑；著有《经行记》，记载唐时中亚、西亚情况的旅行家杜环；唐宪宗时的名相杜黄裳；著名的文学家、诗人杜牧；著有传奇小说《虬髯客传》的道士杜光庭等。杜预也是该家族中的一位突出人物。

杜预自幼饱览群书，善于将学到的知识融会贯通，并注重研究富国强兵的道理与途径。他胸怀大志，认为："只要勤奋努力，建功立业，著书立说是可以做得到的！"他的才气受到晋王司马昭的赏识，司马昭将自己的妹妹高隆公主许配予他。杜预在魏、晋两朝，历任镇西长史、河南尹、秦州刺史、度支尚书、大将军和司隶校尉等官职，是晋初著名的军事家与学者。

杜预为人正直，敢于直言不讳地陈述己见。魏景元四年（公元263年），魏以廷尉卫瓘为镇西军司，指挥镇西将军钟会、征西将军邓艾分兵攻蜀，杜预以镇西长史身份随钟会出征。灭蜀以后，卫瓘利用护军田续与邓艾之间的矛盾，命田续袭杀邓艾。杜预对卫瓘冤杀邓艾十分不满，在众将面前公开指责说："伯玉（卫瓘字）能免了罪责吗！他身为名士，

▲ 杜预画像

地位和声望已经很高，却既不能以身作则，又不能以正道管束部下，他将无法推卸应受的谴责！"卫瓘听说后，自感惭愧，马上到杜预处承认了错误。晋泰始六年（公元270年），杜预出任秦州刺史，时值凉州羌族反叛，安西将军石鉴令杜预出兵征讨。杜预陈述"五不可，四不须"的意见，认为叛军马肥气盛，而晋军困乏，应该大力运输粮草，等到来年春天再进讨。石鉴闻言大怒，以违抗军令罪将杜预用槛车押送京师。以后陇右军事形势的发展，果然如杜预所预料的那样，杜预亦被开释复官，其敢于直言和料事如神也闻名于朝廷。

杜预在西晋南下灭吴、统一全国的战争中发挥了重要作用，战功卓著。

当时，西晋征南大将军羊祜力主南下灭吴，他的主张，遭到以太尉贾克为首的多数大臣的反对，唯有度支尚书杜预、中书令张华支持他。羊祜病危临终前，举荐杜预接替自己的职务。晋武帝即任命杜预为镇南大将军，都督荆州诸军事。杜预到任以后，指挥精锐部队袭击东吴西陵都督张政，打了一个大胜仗。张政为东吴名将，深以没有防备吃了败仗为耻，所以未将此次战斗中受到的惨重损失如实向吴主孙皓报告。杜预为了离间东吴君臣的关系，挑起孙皓对边防大将的不信任，就详细开了一个西陵之战中缴获吴军战利品的清单，连同俘虏的吴国将士一起遣送给孙皓。孙皓果然上当，派武昌监军留宪取代了张政。在大军压境、面临决战的前夕，临阵换将，必然大大影响东吴的士气。杜预计谋的成功，使形势变得对晋军更为有利。

杜预在充分做好战略部署和战斗准备以后，向晋武帝上书请示伐吴的日期。武帝答复说，准备明年伐吴。杜预接到答复后，一月之内，连上两道奏章给武帝，指出东吴战略部署失当，兵力不足，此时出兵，取胜把握最大。如果迟疑不决，天时人事等一有变化，就会坐失良机，后悔莫及。武帝接到第二道奏章时，正与张华下棋，张华当即推开棋盘，劝武帝听从杜预的建议。晋武帝终于下了决心，颁布了立即伐吴的诏书。

晋咸宁五年（公元279年）11月，20余万晋军分六路出兵，大举进攻东吴。杜预派牙门将周旨、伍巢等人率骑兵800，泛舟夜渡长江，袭击东吴军事重镇乐乡，多张旗帜，放火巴山，虚张声势。镇守乐乡的吴军都督孙歆十分震惊恐惧，写信给位于长江北岸的江陵守将伍延说："北来诸路晋军，已经飞渡长江！"东吴军心动摇，主动跑到晋营来投降的就有万余人。按照杜预事先安排好的计策，周旨等人率兵埋伏在乐乡城外。这时，西晋龙骧将军王濬从四川率军沿江东下，孙歆派军出乐乡城东吴军抵抗王濬，被打得大败而还。周旨等人乘机带领伏兵，随东吴败军一起混入城内，直入孙歆军帐，活捉了孙歆，神不知鬼不觉地将他押回了江北。王濬占领乐乡以后，有人献孙歆人头以邀战功。王濬不辨真假，将所谓孙歆人头献给了朝廷。不久，杜预活捉的孙歆也被解送到了朝廷，王濬才知自己上当。这件事，在京城里一下子成了大家开心的笑料。当时，晋军中普遍流传开"以计代战一当万"的歌谣，来赞颂杜预杰出的军事指挥才能。

　　杜预生擒孙歆后，接着攻克江陵，斩伍延。晋军抢渡长江，吴军望风披靡，从沅水、湘江以南，直到今广东、广西一带州郡，皆献城纳印，向晋军投降。杜预一军，共斩获吴军都督、监军14人，牙门将、郡守120余人。大胜之后，杜预召集诸军统帅会议，商议下一步的行动。有人说："东吴是经营了几十年的强国，不可能一次完全征服它。现在夏天快要到来，时疫将会流行。不如等到冬天，再大举进兵。"杜预反对说："昔日燕国乐毅凭借济西一战大胜而占领整个强大的齐国，当今兵威已振，形势已如破竹，数节之后，皆迎刃而解，不用再花费大的气力了。"今天所用的成语"势如破竹""迎刃而解"，就来源于杜预的这段话。在杜预的指挥下，晋军继续前进，直指吴都建业。

　　杜预在平定江南的过程中，一边安抚东吴投降的官兵，一边迅速布置兵马，分别进驻把守重要的关隘，同时选派地方长官，到各地维持正常秩序。杜预认为，天下虽安，妄战必危，所以勤于讲武，申严戍守。由于杜预军纪严明，加上行政措施得当，南方很快就恢复了安定的局面。江南老百姓从孙皓的暴虐统治和战争中解脱出来，有了一个安心从事生产的环境，便唱起了"后世无叛由杜翁，熟识智名与武功"的歌谣来赞扬杜预。杜预在驻地，几次送钱财给京城的权贵们，有人问起缘故，杜预回答说："我不求有什么好处，但恐为其所害。"所以杜预虽握重兵在外，一直相安无事。史书称杜预这位一代儒将"身不跨马，射不穿札，而用兵制胜，诸将莫及"。

　　杜预不但在统一全国的战争中武功卓著，而且，在文治方面也是多有建树。

　　西晋的法律，是杜预与贾克等人共同制定的，称为《泰始律》。《泰始律》制成后，杜预专门为它作了详细的注解，以便于执行。杜预在度支尚书任内，曾经提出利国强兵、加强国防力量的建议50多条，均被朝廷所采纳。例如，他建议在边郡各地设立"常平仓"，谷贱时收进，谷贵时卖出，通过政府来调节粮价，备荒赈恤，从而在一定程度上起到了保护生产、稳定社会的作用。灭吴以后，杜预在今河南、湖北境内的滍水、淯水等河流上筑堰拦水，引渠灌溉农田万余顷，并划分了灌溉地段，合理分配使用渠水，使国家和农民都受到了益处。当地老百姓衣食有靠，非常爱戴杜预，尊敬地称呼他为"杜父"。杜预还在汉水的下游杨口开了一条运河，直通巴陵，也就是今天的岳阳市。

巴陵处于洞庭湖与长江的交汇处，这样，长江接通运河分流后，凶猛的水势有所减弱，发生水灾的可能性减少了。同时，运河也沟通了汉水经洞庭湖与湘江、沅水、资水等河流的联系，使南方零陵（今零陵、郴州一带）的漕运可以直接到达北方，便利了当时的南北交通。

杜预还是一位有名的天文学家、工艺制造家、桥梁建筑家、史学家和经学家。

西晋当时通用的历法很不准确，与通过日晷测定的时刻往往不相符合。杜预修正了误差，制定了名为"二元乾度历"的新历法，经西晋政府颁布后，取代了旧历法。原西周宗庙里精美的青铜祭器，传至东汉，尚陈列在皇帝的御座前面。汉末战乱，这些社稷重器全部丢失，已无人能够知道它们的具体形制。杜预根据古书上的文字描绘，自己设计工艺，制造出了一批精美的仿周青铜礼器，献给晋武帝。武帝观赏以后，对杜预高超的手艺十分惊叹。西晋时期，黄河上没有桥梁，交通历来靠船摆渡。黄河风浪险恶，常常覆没船只，危害生命财产。杜预请求武帝批准他在富平津渡口（今河南省孟津县附近）修建一座黄河大桥，晋武帝将他的建议交给大臣们商议。有的大臣认为，黄河中游这一带，是商周建都的地方，历代的圣贤都不在这里建桥，必然有不可以建桥的道理。圣贤都不能干的事，我们怎么可以去干呢？针对这种迂腐的议论，杜预引经据典反驳道："诗经上说的'造舟为梁'这句话，不就是指的在黄河上建桥吗？""造舟为梁"，见于《诗经》中《大明》一章的第五节，即："大邦有子，俔天之妹，文定厥祥，亲迎于渭。造舟为梁，丕显其光。"大意是说周文王在渭河上把船只连接起来，搭成浮桥，到莘国（位于今陕西省合阳县东南）去迎娶太姒。杜预饱读诗书，当然知道是怎么一回事，他故意将渭河浮桥说成是黄河大桥，不过是想开开那些不学无术的大臣的玩笑。结果，反对者们在他们视为神圣的经典面前无话可说，晋武帝便授权杜预设计和建造黄河大桥。泰始十年（公元274年），工程完毕，晋武帝亲临观赏大桥的雄姿，并在桥头大宴文武百官，表示祝贺。武帝举酒对杜预说："不是您的话，这桥是建不起来的。"杜预回答说："如果没有皇帝您的支持，臣下我也得不到施展自己微薄技巧的机会。"杜预作为我国第一座黄河桥梁的设计者和建造者，可以称得上是功彪史册。

杜预的后半生，专心致志于《左传》的研究，当晋武帝问他有什么嗜好的时候，他回答说有"左传癖"，说明他对左传研究的兴趣已经达到入迷的程度。他先后写成了《春秋左氏经传集解》《春秋释例》《盟会图》《春秋长历》等专著，成为一家之学。其中的《春秋左氏经传集解》是《左传》注解流传到今天的最早的一种，收录在《十三经注疏》中，这是杜预在史学和经学上为后人留下的丰厚遗产。

杜预智慧过人，多才多艺，《晋书》记载他"损益万机，不可胜数"，是说经过他改革创新的事物，多到算不过来的程度。朝野上下，都称誉他为"杜武库"，形容他具有的智慧像国家武库贮藏的武器一样多。但是，杜预并不像贮存武器一样来珍藏自己的智慧，对于公家的事，他知无不为。凡经他手所兴建办理的事情，他必定要进行周密的调查研究，力求了解和掌握对象的全面情况，所以很少有失误。有人讥笑他总是亲自动手去做那些劳力费心的"小事情"，失掉了大官的身份。杜预回答说："大禹能去治水，后稷能去种地，他们的目的，是为了给世人带来实际利益。我呢，也想照着他们这样做。"

晋太康五年（公元284年），杜预在来长安担任司隶校尉的途中，患病在邓县去世，享年63岁。他临终留下遗嘱，愿意效法战国时郑国的名臣子产，丧事从俭，薄葬在洛阳城外的首阳北城。

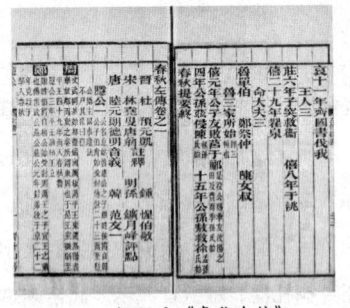

▲ 杜预注《春秋左传》

## 诗文欣赏

### 陇头流水歌辞

关中民歌

陇头流水，流离山下。
念吾一身，飘然旷野。

朝发欣城，暮宿陇头。
寒不能语，舌卷入喉。

陇头流水，鸣声呜咽。
遥望秦川，心肝断绝。

# 晋愍帝都长安

　　西晋王朝在经历了 16 年之久的"八王之乱"以后，国内又连续发生了蝗灾和瘟疫。在流民起义的沉重打击下，西晋政权已处于风雨飘摇之中。定都于平阳（今山西省临汾市）的汉国皇帝刘渊及其子刘聪看到这是南下灭晋的有利时机，多次派兵向晋都洛阳地区发动进攻。永嘉五年（公元 311 年）3 月，汉将石勒率骑兵在宁平城（今河南省鹿邑县西南）全歼晋军十余万人，俘虏并处死西晋太尉王衍及晋朝宗室 48 位诸侯王。6 月，汉将刘曜等人攻陷洛阳，俘获晋怀帝。刘曜纵兵在洛阳城内大肆抢掠，杀死官民 3 万余人。汉兵在将宫女珍宝掳掠一空、发掘帝后诸陵以后，纵火将繁华的洛阳城烧为灰烬。此次战祸，史称"永嘉之乱"。

　　洛阳失陷后，豫州刺史阎鼎等人在河南密县起兵，保护晋武帝的孙子、12 岁的秦王司马邺西奔长安。他们从宛县（今河南省南阳市）出发，取道陕南的武关道，到达蓝田。阎鼎等人认为："山东非霸王处，不如关中。"中原已经沦陷，关中有险可凭，距汉国的本土又较远，可以徐图复晋，这是阎鼎等人保护秦王入关的原因。

　　长安在洛阳失陷不久后也被汉军占领，汉帝刘聪任刘曜为雍州牧，镇守长安。晋安定太守贾疋、冯翊太守索綝、安夷护军魏歹、频阳令梁肃等人在今甘肃镇原

▼ 西晋"晋归义羌王"金印

一带起兵，共推贾疋为平西将军，率兵5万向长安进军。晋雍州刺史麴特、新平太守竺恢与扶风太守梁综率兵10万响应，与贾疋军会合。晋军先后在新平（今陕西省彬县）、新丰（今陕西省临潼区）等地大败汉军，迫使汉河内王刘粲败退平阳，晋军接着完成了对长安的合围。12月，贾疋派兵迎秦王入雍城（今陕西省凤翔县），并派梁综率兵护卫。晋军围攻长安数月，刘曜连战皆败，于永嘉六年（公元312年）3月，驱掠长安士女8万余人逃回了平阳。

秦王司马邺自雍城进入长安，被诸将尊奉为皇太子，在长安设立了临时代表西晋中央的机构——行台，并建了宗庙和社稷。司马邺在这里举行了祭天礼，宣告实行大赦。任命阎鼎为太子詹事，总理军国大事；加封贾疋为征西大将军；任命秦州刺史、南阳王司马保为大司马。不久，贾疋在与胡人的战斗中被杀。接着，阎鼎与京兆太守梁综争权，杀梁综。雍州刺史麴允与抚夷护军索綝、冯翊太守梁肃合兵攻阎鼎，阎鼎败奔雍城，被氐族人所杀。

永嘉七年（公元313年）4月，晋怀帝被刘聪在平阳杀害的消息传来，司马邺在长安正式宣布即位，改元建兴，他便是西晋最后一代皇帝——晋愍帝。愍帝以麴允为尚书左仆射、录尚书事；索綝为尚书右仆射，领吏部、京兆尹，二人共掌朝廷的军政大权。

长安自东汉末年董卓之乱以后，早已残破不堪。西晋惠帝时，长安令潘岳在他的《西征赋》一文中，描绘了他当日所见长安的景象。文中写道：长安城内，街坊萧条，人口稀疏，商市官署集中于城内的一角，规模不及当年全盛时期的百分之一。那些过去因繁华而著名的大街，如尚冠、修城、黄棘、宣明、建阳、昌阴、北焕、南平等，都已荡然无存而空留其名。我寻访当年宫殿的遗迹，踏上长乐宫的石阶，登临未央宫的高台；我从太液池泛舟，又去爬那建章宫的残阙；我在桂宫的断垣之间徘徊，我在柏梁台的废墟之上感到无限惆怅伤怀。这些昔日巍峨壮丽的宫殿，如今已经变成一片瓦砾，野鸡在殿台上鸣叫，狐兔在殿旁打洞安窝，大钟废弃在毁坏了的宗庙里，秦始皇铸的金人也被迁置到远远的灞水之滨。大片繁茂丛生的野草，已经把这些宫殿的遗址掩没。

潘岳写《西征赋》后14年，长安又经历了"八王之乱"。根据《晋书》记载，东海王司马越的部将祁弘带领鲜卑兵曾经"大掠长安，杀二万余人"。而后，"永嘉之乱"刘曜占领长安时，关中连年闹饥荒，"士民存者十无一二"。刘曜从长安败退时，又驱掠带走了长安士女8万余人。长安经过这几次兵祸天灾，到晋愍帝即位时,人口已经不满百户,城内墙宇颓毁,蒿棘成林。官府和私人的车辆共有4辆,兵器短缺,粮运不继。文武百官没有官服和印绶,只能在上朝时用的桑木手板上写上自己的官号,来区别官阶的高下。建兴三年(公元315年),关中人尹桓、解武纠集了几千人,公然挖开了汉文帝霸陵、汉宣帝杜陵和汉文帝之母薄太后陵,盗走了大批金玉财宝。晋愍帝闻讯以后,立即派人前往三陵,收集盗余的财物,用来充实国库,可见当时西晋政府的财政已困难到何等程度。几天以后,长安发生地震,愍帝下令雍州刺史负责掩埋汉文帝、宣帝及薄太后的尸骨,修复三陵,并宣布今后盗陵者诛灭三族。

西晋政权在长安仅仅维持了四年时间,在这四年当中,曾经进行了三次保卫长安的战斗。

建兴元年(公元313年),汉中山王刘曜、司隶校尉乔智明、平西将军赵染率军向长安进犯,愍帝派麹允屯兵黄白城(今陕西省三原县境内)防守。汉军攻城,麹允连吃败仗。愍帝派索綝从长安领兵救援麹允。赵染向刘曜建议说:"麹允率晋军主力在外,长安空虚,正是偷袭的好机会。"刘曜便分给赵染精锐骑兵5000,乘夜色偷渡渭河,袭击长安。赵染迅速占领了长安外城,愍帝逃奔内城射雁楼。赵染焚烧了龙尾道和晋军诸营,杀死和俘掠千余人。天亮时,汉军退屯于城西南的逍遥园。第二天,晋将麹鉴从阿房宫所在的阿城率兵5000救长安,赵染率汉兵撤退,麹鉴追赶至零武,与刘曜所率汉军主力遭遇,晋军大败。刘曜恃胜骄傲而不防备,麹允从黄白城出兵偷袭,大胜汉兵,杀死乔智明。结果,刘曜收拢败兵退回了平阳。

建兴二年(公元314年),刘曜率军沿渭南西上,再次进犯长安。前锋赵染占领新丰,索綝率晋军在新丰与赵染对峙。赵染自恃势大,轻视索綝。他的部下、长史

▲ 西晋陶乐俑

▲ 西晋青瓷狮形烛台

鲁徽劝他说："晋朝君臣自知势单力薄，必然要与我们拼死搏斗，以求侥幸一胜，将军万万不可轻敌。"赵染满不在乎地回答说："昔日晋南阳王司马模镇守长安，兵强马壮，我打败他就像是摧枯拉朽，今天量一个小小的索綝，又岂能抵挡得住我的快马宝刀！"赵染不听鲁徽劝告，一大早率数百名精锐骑兵出击，并扬言"等俘虏了索綝再吃早饭"。结果两军在新丰城会战，赵染数百名轻骑全数被歼，只身逃回军营。赵染十分后悔，寻思道："不听鲁徽之言，果有此败，我还有什么面目再见到他。"于是他下令将鲁徽斩首。鲁徽含冤临刑，愤怒地对赵染说："你愚蠢刚愎，因此打败，反而妒贤嫉能，诛杀忠良以泄私忿。天地有眼，你决不得好死于枕席之上！"赵染回兵后，与刘曜及将军殷凯合兵数万，卷土重来。麴允率晋军迎战于冯翊（今陕西省大荔县），被汉军所败。当晚夜半时分，麴允偷袭殷凯营垒，汉兵大乱，殷凯败死于乱军之中。刘曜率军还攻怀城（今河南省武陟县西南），河内太守郭默守城，粮尽，郭默送妻子至刘曜军营为人质，借粮于刘曜。等粮食运回以后，郭默又登上城墙固守。刘曜大怒，将郭默妻子沉于黄河，再次攻城。此时，西晋大将军、坚守并州（今山西省太原市西南）的刘琨派参军张肇率500余骑鲜卑兵赴长安，鲜卑兵进攻汉军，汉兵不战而走，怀城遂解围。刘曜率汉军退回到黄河以东的蒲坂。10月，刘曜进军，攻占冯翊，太守梁肃逃奔万年（今陕西省临潼区北）。麴允想奉愍帝投奔秦州（今甘肃省天水市），索綝认为："司马保如得天子，定要逞其私志。"麴允于是打消了这个念头。司马保得知，下令自长安以西，不再向朝廷贡奉。百官饥乏，采野生谷物以维持生存。

　　建兴四年（公元316年），刘曜第三次起兵向长安进军，首先围攻北地（今陕西省耀州区、富平县一带），麴允率步骑兵3万救援。刘曜纵火烧城，烟起蔽天，使反间计骗麴允说："北地郡城已经陷落，往救已经来不及了。"晋兵听说，惶惧溃退，刘曜遂占领北地，继而进占泾阳，渭北各城先后皆告陷落。8月，汉军包围了长安。镇西将军焦嵩、平东将军宋哲、新平太守竺恢各率兵救援长安，散骑常侍华辑监领京兆、冯翊、弘农、上洛四郡兵马屯于霸上，皆因畏惧汉兵强大，不敢进兵。司马保派镇军将军胡崧由今甘肃入陕，与刘曜战于长安西南40里的周文王灵台下。胡崧打胜了这一仗以后，却害怕晋中央政权国威复振，麹允、索𬘬势力强盛，对司马保不利，便收兵屯驻长安城西遮马桥，不再前进。

长安城在内外断绝、孤立无援的情况下，终于在9月被刘曜攻陷了外城，麹允、索𬘬退保小城。这时城中无粮，一斗米价值涨到黄金二两。城内军民死亡过半，活着的人只能靠吃人肉来维持生命，军士逃亡已无法制止。只有凉州刺史张寔派遣入援的军队千人矢志坚守。当时太仓还剩下几十张面饼，麹允将面饼磨成细屑，做成稀粥，供给愍帝进食，不久也就吃完了。到了11月，愍帝流着泪对麹允说："现在已经穷困危急到如此地步，对外面的救援也没有任何盼头了，我应当忍耻出降，或许可以使百姓们免遭屠杀。"愍帝决定出降后，派侍中宗敞到刘曜营内递交了投降书。第二天，愍帝裸露着上身，口内衔着玉璧，乘坐羊拉的车，带着一口棺材，出长安东门向刘曜投降。群臣号泣，攀车执愍帝手，愍帝亦悲不自胜。刘曜焚烧棺材，接受玉璧，送愍帝及晋公卿大臣至平阳。麹允在平阳囚所自杀，索𬘬被斩于都市。西晋王朝从此宣告灭亡，长安作为西晋都城的短暂历史也就随之结束了。

晋愍帝在投降后的第二年，即公元317年，被汉帝刘聪杀害于平阳。这一年，晋琅琊王司马睿在建康（今江苏省南京市）称帝，是为晋元帝，我国的历史从此进入了东晋十六国时代。

晋愍帝政权在强大敌人的包围之中，能够坚持四年之久，其主要原因，是关中军民不甘忍受异族的侵略蹂躏，忠于西晋王朝，坚持抗击敌人的结果。晋愍帝作为晋武帝的孙子，在国家危急存亡之秋，继承大统，具有很大的号召力与凝聚力，成为团结关中军民抗战的一面旗帜。但是，由于关中连年饥馑，长安残破，国力十分虚弱；加之当时方镇如南方的琅琊王司马睿、甘肃的南阳王司马保等又坐视不救，致使西晋政权弱不敌强，寡不敌众，终于倾覆。

# 大秦天王苻坚

▲ 苻坚塑像

在彬县水口镇西边，有一片低洼的土壕，在壕里丛生的荒草野花之中，有一个3米多高、占地140多平方米的封土堆。当地群众把这座形状像锥体的封土堆称作"长角冢"。长角冢不像秦始皇陵那样高大若山，也不像乾陵那样石雕林立、气势雄伟，它却也掩埋着一位曾经叱咤风云的封建帝王——苻坚。

经历了千百年的风风雨雨，陵谷迁变，草木枯荣，苻坚无声无息地长眠在这荒草之中。当年他称雄一时的赫赫威名早已成了过眼烟云，只有墓前那一通石碑孤零零地陪伴着他，上面刻着"前秦国王苻坚之墓"。

苻坚是十六国时期前秦的皇帝。当时，在我国的北方，各少数民族和汉族豪强拥兵割据，在长江上游和黄河流域先后建立了许多个割据政权，历史上称为"五胡十六国"。当时，金戈铁马，烽烟四起，前秦政权就是在这种战乱中崛起的。

前秦是氐族首领苻健建立的。公元351年，苻健率领10万流亡到河北的流民打回关中，占领长安，自称天王，立国号为大秦，以长安为都城，历史上称为前秦。苻健统治关中时期，在一定程度上减轻了劳动人民的负担，注意发展生产，尊崇儒学，使社会趋于稳定。不久，苻健死去，他的儿子苻生继位。苻生和他的父亲恰恰相反，极端野蛮残暴。时间不长，苻健的侄子苻坚在汉族和氐族大臣的支持下，发动宫廷政变，杀死苻生，做了大秦天王。

苻坚即位以后，在关中传统文明的影响下，认识

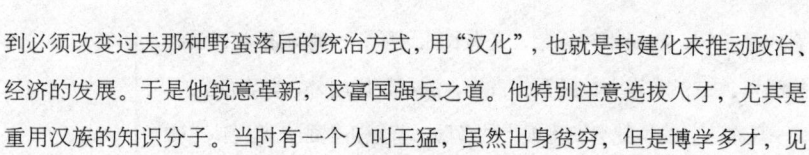

到必须改变过去那种野蛮落后的统治方式，用"汉化"，也就是封建化来推动政治、经济的发展。于是他锐意革新，求富国强兵之道。他特别注意选拔人才，尤其是重用汉族的知识分子。当时有一个人叫王猛，虽然出身贫穷，但是博学多才，见识过人。苻坚知道后，就把他提拔为中书侍郎。苻坚采用王猛的建议，严厉打击氐族豪强中的顽固保守势力，推行一系列改革措施。据史书记载，从此"百僚震肃，豪右屏气，路不拾遗，风化大行"。前秦开始走上富强的道路。苻坚把自己得到王猛比作是刘备遇上了诸葛亮。

在经济上，苻坚很重视农业生产，他常派官吏到各地巡查生产发展的情况，并且放宽限制，允许老百姓在国家所有的山林泽地里采樵渔猎。苻坚还努力兴修水利，推广先进的农业耕作技术。同时，又十分注意发展交通事业，把长安通向各地的大道整修一新，路边栽上杨柳槐树，二十里设一亭，四十里设一驿，方便了行旅交通。在政治上，苻坚推行汉化的政策，争取汉族地主阶级的支持，促进了各族人民的交往融合。在文化上，他广立学校，提倡儒学，发展教育事业。苻坚每月都要到长安太学去，亲自考察学生的学习情况，提拔成绩优异者做官。

通过这些措施，前秦的政治、经济、文化都有了很大的发展，出现了相对稳定的局面，在"五胡十六国"的林立政权中，前秦是一个政治上比较清明、国力较为强盛的国家。

前秦的国力增强，为苻坚统一北方提供了条件。公元370年，苻坚派王猛率6万大军，灭掉了燕国，占领了黄河下游。公元373年，苻坚又派兵灭掉了甘肃西部的前凉，以及鲜卑族拓跋部在代北建立的代国，统一了整个中国北方。

这时候，西晋皇族司马睿逃往南方，在建康（今南京）称帝，史称"东晋"。东晋王朝依靠江南富庶的经济条件，又有著名的政治家王导和谢安的扶持治理，也得到了相对稳定的发展，并依靠长江天险抵挡前秦的进攻，偏安东南一隅。

公元382年，胸怀宏图大略的苻坚决心以长安为中心，统一全国。他大会群臣，商议伐晋。他说："我做皇帝将近30年，四方大体已经平定，只剩下东南一角的东晋不肯听从命令。粗略计算一下，我的士兵有97万之多。所以，我准备亲自率领大军攻伐东晋，大家的意见如何？"当时除了一个叫朱彤的说了几句恭维话以外，其他大部分文武官员都表示反对。议论了好久，还是没有决定下来，苻坚十分生气。他的弟弟苻融也不同意进攻东晋。苻融说，伐晋有"三难"，一是秦国连年征战，兵士疲惫，人民不愿意再和东晋打仗；二是东晋是汉人统治，在一般人心目中被看成是正统，政局相对稳定，又有长江天险，一时不易攻下来；三是被前秦征服的鲜卑、羌、羯等少数民族的贵族，遍布京城内外，前秦政权内部还不稳定，大军一旦东下，关中就会发生很大的危险。苻融还提醒苻坚说："难道王猛临死时，再三说东晋不可伐的意见你都忘了吗？说不可伐晋的人都是你的忠臣啊。"

苻坚已经被连年的战争胜利冲昏了头脑，他根本听不进去忠言相劝，反而很生气地说："我强兵百万，资仗如山，投马鞭于江水，足可阻断江流。我屡战屡胜，声威远扬，攻打一个垂亡之际的东晋，还能不胜利吗？"话说到这时，只有前燕的旧贵族慕容垂、羌族首领姚苌另有企图，怂恿苻坚伐晋，请他"圣心独断"。而苻坚错误地认为只有这些人才能和自己共定天下大计。

公元383年5月，苻坚下诏大举伐晋，在全国十丁抽一兵，一共调集大军100多万，水陆齐进，大举南下，"旗鼓相望，前后千里"，开始了对东晋的大举进攻。

在前秦大军压境的情况下，东晋统治阶级内部的矛盾暂时得到缓和。广大汉

▼ 淝水之战

族人民也反对少数民族统治者的进攻，支持东晋抗击前秦。于是，在南方就暂时出现了一个上下齐心的局面。当时，晋军将领是谢石、谢玄和刘牢之，晋军总数只有8万人。

前秦军队虽然众多，但还没有集中。苻坚由长安进抵河南项城的时候，从甘肃征发的兵员才到咸阳，四川的兵员才开始沿江而下，河北的兵刚到徐州。真正到达前线的主要是苻融率领的25万军队。这年10月，苻融的军队攻占了寿阳。东晋派去增援寿阳的军队只好退据地势险要的硖石，并向谢石求援。这封求援信被前秦军队截获了，苻坚看了书信，认为东晋已经不能支持多久，因此急于进兵。他把大军留于项城，自己只带8000轻骑兵赶到寿阳，并派被俘的东晋将军朱序到晋军中劝降。朱序到了晋营，趁机把秦军的虚实告诉了晋军，并建议先发制人，趁苻坚各路大军远未会齐，先打败他的先头部队。晋军将领听取了朱序的建议。11月，东晋的将领刘牢之率领5000精兵奇袭秦军，获得了胜利，消灭了秦军15000多人，挫了秦军的锐气。接着晋将谢玄率兵乘胜出击，同秦军隔淝水相峙。苻坚和苻融登上寿阳城，遥遥望见八公山上草木摇动，也以为是晋军，苻坚对苻融说："我们遇到的是劲敌，怎么能说是弱兵呢！"说话的时候，脸上露出了畏惧的神色。

两军决战在即，谢玄派使者去对苻融说，双方隔淝水不便用兵，请秦军稍向后撤一段，以便晋兵渡河同秦军决一雌雄。苻坚和苻融企图乘晋军渡河一半的时候，用铁骑猛冲的战术，歼灭晋军，于是下令秦军后撤。可是，秦军士卒不明白后退的意图，军中产生了混乱。朱序又乘机在军中大喊："秦军败了！""秦军败了！"秦军顿时大乱，因为有好多汉人及被征服的少数民族士兵本来就不愿意打仗，所以一退不止，溃不成军。晋军趁机渡水进攻，秦军大将苻融亲自出马想阻止后退的秦兵，结果马被挤倒，苻融被晋兵所杀。秦军大败，拼命逃窜，连听到风声鹤唳，都以为是晋兵追杀；看到八公山上草木摇动，也以为晋兵围来，丧魂落魄，狼狈逃跑，昼夜不敢停息。从此，"风声鹤唳，草木皆兵"成了一句成语典故，用来形容受到惊吓，惊恐不安的样子，至今人们还经常使用。

淝水一战，苻坚百万大军只剩下十几万残兵败将，逃回长安。这场战争，是苻坚企图用武力统一中国而发动的。但是，在当时的形势下，以前秦来统一中国的条件还没有成熟，除了政治、经济、民族关系等各方面存在的问题之外，民心向背也是一个关键。苻坚自恃兵多将广，以为东晋不堪一击，骄矜之情不可一世，战争中指挥失误，用兵不当，遭到惨败。

从此，北部中国又一次陷入大动乱之中。淝水之战后，当初劝苻坚"圣心独断"伐晋的鲜卑贵族慕容垂乘机叛乱，拥兵割据，在河北恢复了燕国；羌族首领姚苌也起兵反叛。不久慕容垂又打进长安，苻坚慌忙中率领骑兵卫士数百人，和他宠爱的张夫人及儿子、女儿一起逃到岐山北部的五将山，企图聚集力量，东山再起。但不久，就被姚苌俘虏，后来被缢死在新平，即今彬县大佛寺寺南不远的地方。在苻坚墓北三里，有一座寺院名叫静光寺，旧名清泰寺，传说就是姚苌缢死苻坚之处。

苻坚虽然在淝水之战中遭到了彻底失败，但是纵观他的一生，苻坚积极推行政治、经济的改革，加速了一些少数民族封建化的历史进程。他以被称为文明大熔炉的关中为根据地，以古都长安为都，事实上是把农业文化、草原文化结合起来，并且充分利用了关中的环境优势，从而能在当时众多的割据政权中独树一帜，扫平群雄，使前秦成为十六国时期最强大、最进步的一个政权，自己也成为中国历史上杰出的封建政治家。同时，他大半生的功业，也是中国少数民族进入内地，利用内地的文化传统改造、发展自己的第一个成功范例，这无论在中国少数民族的发展史上，还是在长安史上，都具有重要的意义。

▼ 苻坚墓

# 法显西行的故事

后秦姚兴弘始元年（公元399年）春天，在古都长安城外杨柳青青的大道上，一个须眉皆白但精神矍铄的高僧，带着几个身背包裹、脚穿麻鞋的僧友，告别前来送行的人群和长安城，踏上了西去天竺取经求法的漫长旅途。这个为首的老年高僧，就是东晋十六国时期杰出的旅行家法显。

法显（公元335—420年），俗姓龚，是平阳郡武阳（今山西省临汾市西南）人。他的三个哥哥都在童年时得病夭亡，忠厚而又迷信的父亲唯恐祸及法显，就在他刚满3岁时把他送到附近的佛寺里度为小沙弥，以求神佛保佑他长大成人。谁知法显长大成人后对佛教的信仰越来越虔诚，母亲和叔父几次劝他甚至逼他还俗持家，都遭到他的拒绝。20岁时，法显受了大戒，他聪明正直，"志行明敏，仪轨整肃"，深得全寺僧众的喜爱。

大约在后秦建国初年，法显为了进一步学习佛教经典和广访天下名寺高僧，徒步从家乡来到了京城长安，这时他已是年过半百的老人了。当时的长安既是后秦的政治军事文化中心，也是整个北方的佛教中心。在长安城内外，不仅有全国闻名的寺院，众多的名僧大德和大量的佛教经典，而且还有一些从西域和天竺来的胡僧梵客。法显在长安一住就是十几年，学到了很多东西，但他心中仍感到不满意甚至有点失望。一是当时流传中土的佛经多是胡僧梵客口传而来，译成汉文后错误百出，有时甚至前后矛盾，使广大佛教徒无所适从；二是当时的佛教界十分腐朽混乱，一些上层僧侣勾结官府，欺压下层僧侣，盘剥寺院佃户，经营高利贷，整天过着花天酒地的生活，同世俗地主几乎

▲ 法显画像

▲ 《佛国记》书影

没有什么两样。法显认为造成佛教界这种混乱和腐朽的原因首先是原版梵文的经典太少,其次是几乎没有传入佛教徒应恪守的戒律法规,因此他毅然决定西去佛教的发源地天竺(即印度),亲自去取经求法。

在当时交通条件十分落后的情况下,要徒步到几千里以外的天竺去取经求法,谈何容易!来回路上要穿过荒无人烟的沙漠、终年冰封雪冻的高山或波涛汹涌的大海,稍不小心就会丢掉性命,况且法显已年届65岁高龄,风险更大。一些平时和他很要好的僧友都劝他安心在长安佛寺里度过晚年,不要冒这个风险。更有一些人讥笑他不自量力,老来发狂。但性格坚毅的法显决心已定,不到天竺誓不罢休。公元399年春天,他和僧友慧景、道整等10人一起从长安出发,开始了漫长而又艰险的旅行。

第二年,法显一行经过河西走廊,西出阳关,进入了西域,前面就是令人望而却步的流沙河,即白龙堆大沙漠。白龙堆沙漠向西一直延伸到今天新疆的罗布泊,绵延近千里。一眼望去,但见满目荒沙,无边无际。这里沙粒细轻,加上白天气候火热干燥,所以即使微风吹拂,也会尘沙飞扬。一旦狂风骤起,更是沙浪腾空,铺天盖地滚滚而来,吞噬行人、骆驼及一切生物。法显一行经过17个昼夜的殊死搏斗,好不容易才闯过了这道沙海。后来法显在他的回忆录《佛国记》中这样描写道:"流沙河荒沙四顾茫茫,上无飞鸟,下无走兽,而且热风很多,碰到的人都会顷刻丧命。我们在无风时只能靠太阳来辨明方向,靠死人的白骨来识别道路……"

白龙堆沙漠一过,法显一行顺着汉丝绸之路的北道,向更为艰险的第二道难关——塔克拉玛干大沙漠挺进。这片沙漠又称为塔里木沙漠,在维吾尔语里意为"进去出不来"。它北靠天山,南临昆仑山,东接罗布泊,东西两千里,南北千余里,是我国最大的沙漠。这里天干地燥无水草,昼夜温差特别大,白天阳光酷热炙人,夜间穿着皮裘也难以御寒。法显等舍生忘死,冒险前行,一直走了1个月零5天,才终于通过这"进去出不来"的大沙漠,走上了汉代丝绸之路的南道,到达于阗国(今新疆维吾尔自治区和田地区)。于阗林茂草丰,人稠物阜,是我国西北部著名的绿洲,也是当时西域的佛教中心。法显等在这里休整了3个月,拜访了当地有名的寺院,并观瞻了这里一年一度盛况空前的佛教"行像"仪式。

公元401年冬天,法显一行来到号称"世界屋脊"的葱岭地带(今帕米尔高原)。这里崇山峻岭,群峰接天,终年积雪,气候严寒。法显在《佛国记》里描写他们攀登时的艰难情景说:"其道艰阻,崖岸险绝;其山惟石,壁立千仞。临之目眩,欲进则投足无所。"67岁高龄的法显同他的伙伴们攀缘着前人凿壁开修的700级石梯,冒着漫天飞舞的雪花,一步一步地爬登而上,稍不留心就会翻身掉下万丈深渊。

葱岭过后,法显等抓着横贯两岸的长索跨过印度河上游,到达西岸北天竺的弗楼沙国(今巴基斯坦白沙瓦)。这时他的同伴们有的中途畏难返回,有的不幸病逝,有的分道而行,只剩下年迈的法显和患病的慧景两人了。他们俩毫不气馁,准备翻过小雪山,向印度的佛教中心——中天竺进发。

小雪山即今阿富汗境内的苏纳曼山,山势高峻,空气稀薄,终年冰雪封冻,行人罕至。当法显和慧景互相搀扶着艰难行进时,突然寒风骤起,大雪纷飞,扑面刺骨,冻得他们寒战不已。身患重病的慧景再也支持不住了,一头栽倒在雪地上,挣扎着向法显说:"我不行了,你一个人赶紧向前走吧,不要死在一块儿。"说完即气绝身亡。法显抚摸着身边唯一的同伴逐渐僵硬的尸体,禁不住老泪纵横,大放悲声。然后他手刨冰雪掩埋了慧景的尸体,一个人顶风冒雪,舍死前行,终于爬过小雪山,进入中天竺,与另一个以前曾分道而行的同伴道整会合。当当地的僧侣热情地围了上来,欢迎第一次到这里来的中国和尚时,法显不禁百感交集,怆然泪下。

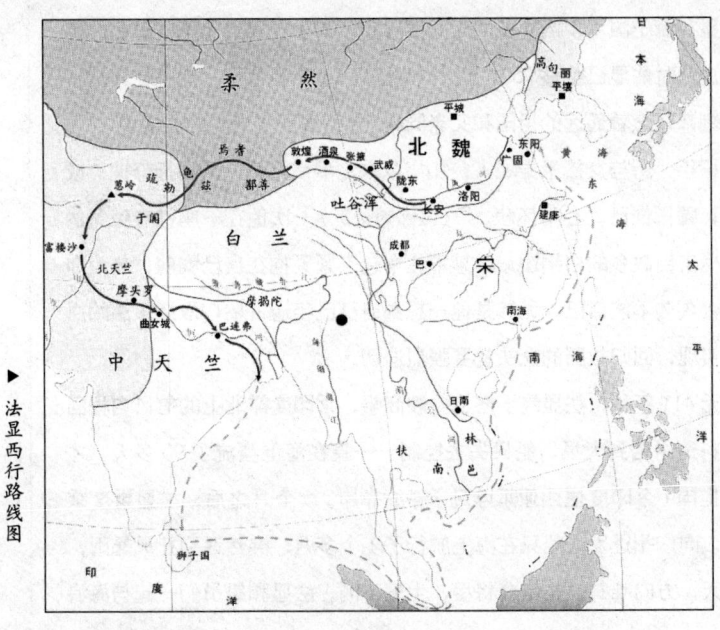

▶ 法显西行路线图

法显和道整在中天竺游历了毗荼国（今巴基斯坦东北部和印度北部）、摩头罗国和僧加施国（均在今印度北部）及拘萨罗国（今印度巴赖奇附近），最后来到了今尼泊尔南境的迦维罗卫城。迦维罗卫城是有名的净饭王的故国，佛祖释迦牟尼的诞生地，佛教圣迹甚多。但当法显来时，这里早因战火变成了一片废墟，只有破寺数座，僧侣不满百，民户几十家而已，且常有凶猛的白象、黑狮出没于荒野。法显慨叹良久，又继续向东行进。

公元405年，法显两人在又经过4个国家之后，来到了人烟稠密、富丽繁华的摩竭提国巴连弗邑（今印度巴特那）。巴连弗邑既是佛祖释迦牟尼"悟道成佛"及主要活动之地，又是后来恢宏佛教的著名阿育王的故都，因之成为印度的佛教中心。这里有当时印度最大的佛教寺院和培养僧侣的最高学府，同时藏有很多珍贵的佛教经书戒律，也有不少深通佛理的高僧在此讲经说法。法显在巴连弗邑一住就是3年，白天同当地高僧一起传经布道，夜里刻苦学习梵书梵语，抄写经律，收集记录了很多重要的佛教经典。这时法显最后一个伙伴道整满足于到了中天竺佛教中心，便留居不归了。法显忘不了自己所负的重任，毅然一个人又重新上路，周游了南天竺和北天竺，于公元409年底乘船纵渡孟加拉湾，到达狮子国，即今天的斯里兰卡。

法显在狮子国用了两年多的时间搜寻到了不少在天竺也不曾见到的佛教经典。此时法显已整整75岁，出国也已经12个春秋了。他身在异域，时时刻刻都怀念着遥远的祖国和父老同胞。他后来回忆当时的心情说："法显去汉积年，所与交接悉异域人，山川草木，举目无旧。又同行分披，或留或亡，顾影惟己，心常怀悲。"（《佛国记》）一次他在一座佛寺旁偶然看到一柄来自故乡的白绢团扇，禁不住拿起来紧紧抱在自己胸前，热泪夺眶而出，久久不能自已。尤其是他一想到自己已年逾古稀，取经求法的夙愿也已实现，回归故国的念头就更强烈迫切。

公元411年秋，法显终于搭上一艘商船，乘印度洋北上的信风启程回国。不料途中遇到大风，船只失去控制，一直在海上漂流了90多天，才在耶婆提国（今印度尼西亚爪哇岛）停泊靠岸。5个月之后，法显再度乘船北上，向广州进发。船只在海上航行了1个多月，突然遇到狂风暴雨，海浪滔天，方向难辨，且粮食将尽，生死不测。法显和船员们一起与海浪搏斗，缓慢前进，最后飘过台湾海峡，在青州长广郡的牢山（今山东省青岛市崂山）靠岸登陆。这一天是公元412年的阴历七月十四日。76岁高龄的法显在几经风险、备尝艰辛之后，终于踏上了祖国的土地，实现了取经求法的宏大志愿。

在法显回国之后，北方后秦京城长安的佛教界由于种种原因，已经没有以前那么繁荣昌盛了。驰名南北的佛学大师、高僧鸠摩罗什已经病逝，精通戒律的北天竺禅师佛驮跋陀罗因在长安受到其他教派僧徒的排挤被迫渡江南下，在东晋都城建康（今江苏省南京市）的道场寺宣讲佛经，翻译戒律，吸引了大量的佛教徒。鉴于这些变故，法显打消了重回长安的念头，于公元413年夏天南下抵达建康道场寺，与佛驮跋陀罗会面。他不顾长途旅行后的疲劳，不顾年龄高迈，立刻投入了紧张辛劳的翻译工作。经过七八年的不懈努力，法显终于译出自己取回的经卷6部63卷，计100多万字，对于中国古代佛教文化典籍的保存和传播，做出了巨大的贡献。

东晋元熙元年（公元420年），法显这位中国历史上杰出的旅行家、翻译家和忠诚的佛教徒，病逝于荆州（今湖北省江陵市）新寺，享年87岁。

法显自公元399年3月从古城长安扶杖西行，跋山涉水，周游了中亚、南亚30多个国家和地区后，又于公元412年7月踏浪而归故土，前后历时13年零4个月。其旅行范围包括今天我国的西北、阿富汗、克什米尔、巴基斯坦、印度、尼泊尔、斯里兰卡、印度尼西亚、印度洋及我国南海、东南沿海等地。他是世界历史上横穿中亚、南亚次大陆，并由海路回到中国的第一人。在1500多年前人类还很缺乏地理知识、交通又极为落后的条件下，年过花甲的法显能徒步完成这一伟大的历史壮举，不能不说是人类文明史上的一大奇迹。

法显不畏艰险万里西行，都给所经之处的人民留下了不可磨灭的印象，宣扬了中国人民深厚的情谊。在中印度和巴基斯坦，人们对法显的远道来访感动不已，关于他的传奇故事在当地人民群众中间久久流传。在斯里兰卡，至今仍把法显当年住过的地方称为"法显村"，并建有村碑和法显庙。在印度尼西亚，用该国一位著名学者热情洋溢的话来说，就是"人们知道访问印度尼西亚的第一个中国人的名字叫作法显"。

法显也是中国佛教史上把梵文经典直接译成汉文的第一个汉族人。在此之前传入的佛教经典，或由天竺僧口传，或由西域僧侣先译成西域文，再译成汉文，中间几经辗转，译本讹误增损每页可见，不胜枚举。精通梵语的法显直接把携回的梵文经典译为汉文，这无疑是中国佛教史上和中外文化交流史上的一大创举，对当时中国佛教界产生了深远的影响。他译出的《摩诃僧祇众律》被中国佛教徒作为修行立身的准则，《大般泥洹经》经他翻译之后，迅速发展成为中国佛学中的一大流派。

回国之后，法显用游记的形式叙述了自己西行途中的所见所闻，编撰成书，这就是流传到今天的世界名著——《佛国记》。《佛国记》亦称《法显传》，全书约1.3万字，是中国人游历印度并撰写见闻的开端。它既是一部杰出的文学传记，也是研究古代西域历史和中亚、东南亚各国古代史的珍贵历史文献，其学术价值可以同后来唐玄奘的《大唐西域记》相媲美。

▼ 法显塑像

法显过花甲之年而始登万里旅途的历史壮举,不畏艰险、勇往直前的冒险精神和栉风沐雨、百折不回的坚强毅力,千百年来一直激励和鼓舞着后来的人们。在法显西行200多年以后,唐玄奘又踏上了西天取经的路途。他虽然陆去陆还,没有经历过法显的始辟荒途之艰和鲸波巨浪之险,但常以法显的精神来激励自己,最终取得更为重要的成就。在世界历史上,人们往往把法显与玄奘并称,誉为中国古代两个最伟大的旅行家。

### 小资料

#### 朱士行取经

提起"西天"取经,人们往往会想起晋代法显、唐代玄奘西行求法的事,其实,中国历史上第一个有姓名记载西行取经的汉族僧人,是三国时期的朱士行。

朱士行是颍川(今河南省禹县)人。他最初跟随西域僧人昙摩迦罗(意译法时)学习佛教经典,受所传授戒法出家为僧。后来,朱士行在洛阳名声渐大,经常为人讲授佛经。他在讲《道行般若经》时,几经思考,感到经中义理表达不清,意犹未尽,必须对照原本经籍才能弄清楚。于是,为了探求梵文原本,朱士行于魏甘露五年(公元260年)从雍州长安(今西安)出发,沿丝绸之路西行,越过千山万水,跨过千里无人烟的大沙漠,终于到达了于阗国(今新疆和田)。

当时的西域一带,佛教兴盛,高僧众多,朱士行如饥似渴地在这里拜师求法,钻研佛经,并广为搜求,终于得到了梵文真经九十章。但正当朱士行准备整装东归之时,不幸染病身亡。那些梵本佛经由他的弟子送回洛阳,并由无罗叉、竺叔兰等译成汉文,这就是佛经《放光般若经》。朱士行不仅是第一个有姓名记载的从长安出发西行的僧人,也是汉族和尚讲解佛经的第一人。

# 鸠摩罗什与草堂寺

在西安西南约40千米处,苍翠的终南山脚下,有一座闻名遐迩的千年古刹,它就是保存至今的关中地区历史悠久的佛教寺院——草堂寺。

草堂寺的确切建筑年代,史籍没有记载。但从《晋书》和其他文献中可知,早在东晋十六国时期就有了这座寺院。当时,它的周围是后秦皇帝姚兴为自己修建的皇家园林逍遥园。它因为以草为屋顶,所以叫"草堂"。草堂寺迹近终南,坐落山麓。它正南的紫阁崖山峰笔挺,形如高阁。此峰东西两侧是大小圭峰,三座山犹如一把太师椅,草堂寺如同一尊悠然自得的神佛跌坐于其上。在东圭峰之西和西圭峰之东,高冠峪和太平峪口中流出的两股清流蜿蜒北去,划出了一个象

▼ 草堂寺

征长寿的龟背形状,将草堂寺稳稳当当地驮在背上。

　　除了紫阁峰和圭峰外,草堂寺东南的高冠峪也是长安近郊一处难得的景观。峪中山峰突兀,山道曲折幽深,著名的高冠瀑布高10余米,飞流凌空直下。

　　正因为草堂寺周围风景秀丽,环境幽雅,又与喧嚣的古都长安距离适中,所以历代香火不绝,吸引着众多佛门弟子在此诵经礼佛,更招致文人墨客来此流连盘桓,成为长安郊野的一处胜景。

　　现存的草堂寺规模不大,吸引人的主要是寺内的一口古井和一座舍利宝塔。

　　古井在寺的北院,这里林茂竹秀,从香烟缭绕的佛堂转来,常给人以超凡脱俗的感觉。古井内经常出现的烟雾升腾的奇景异观,更给这里增添了一丝神秘的色彩。据当地人世代传说,古井的半腰有一石,每当一条蛇卧于其上时,就有一股白气由井中冉冉升起,在寺的上空缭绕盘旋。关中八景之一的"草堂烟雾"就由此而得名。现存于西安碑林内的关中八景石碑上,清人朱集义赞颂道:

　　　　烟雾空蒙叠嶂生,
　　　　草堂龙象未分明。

　　其实,这股烟雾是井内地热引起的。草堂寺周围有许多源于终南山的溪水河渠。每年秋冬的早晨,天气寒冷,空气潮湿。井中喷出的热气一时不易散失,和空中的水气凝聚为一体,就生成这一罕见的景象。

　　草堂寺内的另一处名胜是鸠摩罗什舍利塔。这座塔高约7尺,呈八面十三层,是用玉白、砖青、墨黑、淡红、浅蓝、乳黄、赭紫和灰色等八种颜色的玉石雕刻建造的,民间俗称为"八宝玉石塔"。这座塔的来历,还得从东晋十六国时期的一位高僧说起。

　　这位高僧就是我国文化史和佛教史上著名的佛学大

▲ 草堂寺烟雾井

师鸠摩罗什,鸠摩罗什当时因学问渊博而名重一时。由于他在翻译佛经和推动中外文化交流方面做出的杰出贡献,更为后人所称道和赞颂。鸠摩罗什生活的时代,群雄割据,社会动荡,他饱尝了战乱之苦,一生充满了戏剧色彩。

公元344年,鸠摩罗什出生在西域的龟兹。龟兹即现在的新疆库车,当时是西域的一个小国,鸠摩罗什祖籍天竺,即今印度。他的家族地位显赫,属于印度四大种姓中最高的婆罗门种姓,祖上世代都是国家的宰相。他父亲鸠摩罗炎,虽然是贵族子弟,却无意功名,一心想皈依佛门,超凡脱俗,当一个和尚。就在自己将要继承宰相职位的前几天,他突然离家出走,剃度为僧。为了躲避家人的找寻和干扰,他背井离乡,向东翻越葱岭,历尽千辛万苦,来到西域。由于他为事佛而抛弃了卿相的显赫地位和优裕生活,一时在西域诸国中名声大振,赢得了广大佛教徒众的敬仰。当时的龟兹国,和其他的西域国家一样,上自国王,下至平民百姓,几乎人人都信奉佛教。所以,当鸠摩罗炎来到龟兹国时,龟兹国王亲自出城去迎接他,并且请他做自己的国师。

龟兹国王有一个妹妹,年龄刚刚20岁。她容貌出众,才华过人。远近各国前来求婚的人不绝于途,但却没有一个她所中意的。谁知见了鸠摩罗炎,她却一见钟情,倾心爱上了这个风流倜傥的和尚,非要嫁他不可。起初鸠摩罗炎坚不从命,但是最终经受不住国王的威胁逼迫,不得不和这位固执的公主成了亲。鸠摩罗什就是他们婚后生的第一个儿子。

在鸠摩罗什很小的时候,母亲也看破红尘,出家当了尼姑。鸠摩罗什刚刚7岁,就被母亲带出家门,过上了佛门弟子的苦修生活。童稚时代的鸠摩罗什才智超人,据说他每天能背诵3万多字经文,而且不用师父讲解,就能理解其中深奥的道理。鸠摩罗什的母亲出身高贵,虽已出家

▲ 鸠摩罗什舍利塔

为尼,但在生活中仍处处受到优厚的款待和照顾。她为了摆脱世俗的干扰,也为了让鸠摩罗什从小就养成清贫吃苦的习惯,就毅然决然地带着他离开了龟兹,到了罽宾。

罽宾在龟兹西边,在今天的克什米尔一带,是佛教大乘教派的发祥地之一,那里有很多著名的佛学大师。鸠摩罗什拜其中最博学的盘头达多为师。盘头达多非常喜爱和欣赏这个小徒弟,常常情不自禁地向人夸赞他聪慧过人,绝非等闲之辈。这件事传到罽宾国王耳中,国王将信将疑。他深知盘头达多是一位老成持重的高僧,从未说谎骗人,但是他又不相信一个不满10岁的孩童,能有多大能耐,值得德高望重的盘头达多这般推崇。于是,国王召令鸠摩罗什论经说法,一试高低。满腹经纶的法师们一看国王给自己找的对手竟是一个乳臭未干的小孩,都露出不屑一顾的神色。他们对鸠摩罗什或者高谈阔论,或者诘难频出,都想戏弄、压倒这个阅世未深的娃娃。鸠摩罗什深知骄兵必败的道理,这些人如此轻敌,正是自己的取胜之道,所以,他表面上做出一副谦恭的样子,赔着小心,仿佛已被众人咄咄逼人之势吓倒;另一方面,他却冷静地听着,默默地记下他们每一个不易为人觉察的漏洞。众法师们的如簧之舌刚一停,鸠摩罗什便侃侃而谈,他抓住众人的漏洞,逐一加以驳难。霎时,宫殿内的气氛为之一变。众法师悔恨自己的轻敌和大意,但也不能不为鸠摩罗什的明晰深邃所折服,一个个都目瞪口呆,无言以对。罽宾国王见状,又惊又喜,从此就用最高的礼仪来供养他。

鸠摩罗什12岁的时候,又和母亲离开罽宾,到西域的其他国家,如疏勒、温宿等地游历、求学。在温宿时,他参加了国王主持的一次说法会。会上,他从容地挫败了一个自称从无敌手的法师。这样,他的名声就更大了。西域各国的国王都尊奉他、佩服他,每逢他讲经说法的时候,国王们都跪在地下,把自己的身体当作阶梯,让他踩着登上法座。

鸠摩罗什41岁时,他平静的佛徒生涯开始遭到战乱的骚扰。这时,我国的北方正处于十六国时期,北方的政治舞台上,少数民族政权林立。各个政权为了争城掠地,争霸称雄,相互征伐,战乱不已。公元376年后,前秦苻坚统一了中国北方的大部分地区。苻坚好大喜功,此时又萌发了统一西域、宣扬国威的念头。公元382年苻坚派部将骁骑将军吕光率7万大军,出兵西域。苻坚是一个虔诚的佛教徒,早就听说过鸠摩罗什的大名。吕光临行时,苻坚对他说:"我听说西域有位鸠摩罗什法师,非常精通佛法,是当今学识最高的大法师,我日夜都在思慕他。你到了龟兹，一定要找到他，并要立即把他护送到长安来。"这次出兵，苻坚的借口就是要争得鸠摩罗什。所以，后世有人戏称其为中国唯一的一次宗教战争。当然，这也不能排除后世佛徒故神其事，用来神化鸠摩罗什的可能。

公元384年，吕光攻陷龟兹，找到了鸠摩罗什。第二年，吕光带着鸠摩罗什班师回朝。走到凉州，也就是今天的甘肃武威时，关中传来消息说，苻坚的部将姚苌攻入长安，杀死苻坚，自立为皇帝，建立了后秦王朝。吕光闻讯，就在凉州停兵不前。公元386年，吕光也自立为帝，建立了后凉王朝。吕光不信佛，也不像其他人那样善待鸠摩罗什，但是他既不放鸠摩罗什回龟兹，也不答应后秦王室的要求，让鸠摩罗什去长安。就这样，鸠摩罗什就困在凉州，一住就是十七八年。当时的凉州，汉族人很多，好学的鸠摩罗什很快就学会了汉语。到了公元401年，后秦皇帝姚兴征服了后凉，鸠摩罗什才被迎到长安。

从此，鸠摩罗什在长安度过了一生中最后的十余年。这十余年，是他一生中最有成就的十余年，也是对后世贡献最大的十余年。

与前秦的苻坚一样，后秦皇帝姚兴也是一位在政治上较有作为，同时又虔诚信奉佛教的统治者。见到鸠摩罗什，他大有相见恨晚之意，并以国师之礼相待。每天除了上朝理政，其余时间几乎与鸠摩罗什影形不离，在一起论经说法。

佛教从东汉明帝时传入中国，到这时已有300余年的历史。这300多年中，僧侣们翻译了大量经书。但是这些僧侣大多数是西域人或印度人，不太通晓汉语。他们译出的经文，或者晦涩难懂，或者词不达意，译错了的，甚至意译反了的地方也不少。在凉州已经精通汉语的鸠摩罗什深切地感到，不改变这种状态，佛教就难以在汉族地区得到广泛的传播。他向姚兴谈了自己的心愿，即重新翻译经典，以弘扬佛法。经过他耐心地说服和等待，姚兴终于明白了他的苦心，同意并支持他从事艰辛的翻译工作。

当时的长安，由于自苻坚以来统治者们的倡导，佛教兴盛，佛寺林立，聚集了许多有学识的高僧。姚兴从中召集延揽了800多人，由朝廷出钱供养，让他们住在草堂寺，帮助鸠摩罗什译经。这些人中，最著名的有四个人，他们是道生、僧肇、道融、僧叡，这四人被后人称为"什门四圣"。

鸠摩罗什精通汉、梵两种文字，所以他能改变以往僧侣硬译、直译的方法，采用意译。他组织译出的经典，既能明确地表达梵文原本的本意，而且行文流畅，字句优雅，当时的佛教徒们无不信服赞赏。

经过十几年的不懈努力，到逝世时，鸠摩罗什译经300多卷，这是我国第一次大规模翻译外国经书，它为佛教的传播，为中外文化交流奠定了坚实的基础。

鸠摩罗什所译经典影响很大，其中许多为后世兴起的佛教宗派奉为本宗派的主要典籍，例如：《三论》为三论宗所本，《法华经》则为天台宗所依，而《阿弥陀经》则是净土宗所尊奉的三经之一。鸠摩罗什倡导的反对硬译、主张意译的方法，被后世的翻译家奉为译书的准则，他也被推崇为与玄奘齐名的中国佛经四大翻译家之一。

鸠摩罗什译经的同时，还常在草堂寺内讲解佛经。他讲的主要是天竺人龙树及其弟子提婆所著的《中论》《十二门论》和《百论》，人们将其合称为《三论》。据说听讲的人数最多时有500多人。鸠摩罗什因而被尊为中国佛教三论宗的始祖，草堂寺也被视为三论宗的祖庭，即起源地。三论宗后来传到日本，因而鸠摩罗什和草堂寺在日本佛教界也享有盛名。

公元413年，鸠摩罗什在长安逝世，安葬在草堂寺中。据说，他临终时发愿说：如果他译的经书没有误译，死后焚尸，其舌当不坏。火化后果如其言，其舌完好无损，弟子们将这舌头埋在为他建造的舍利塔下。这塔就是今天仍保存在草堂寺内的"八宝玉石塔"。传说因为鸠摩罗什在西域声望很高，那里的人民为了纪念他，特地精选了五块细润晶莹的宝玉，跋山涉水运到长安，为他建造了这座舍利塔。

由于鸠摩罗什祖籍印度，所以印度人民也把他看作是中印友好的使者和象征。1955年，当时的印度总理尼赫鲁访华，他提出的访问目的地中，就有草堂寺。后虽因日程有变，尼赫鲁未能如愿前往，但这件事也

▲ 鸠摩罗什塑像

已说明鸠摩罗什与草堂寺的影响之大和地位之高。

　　鸠摩罗什之后，草堂寺仍历久不衰。唐代时，高祖李渊、太宗李世民等帝王都曾来草堂寺拜佛，李世民还作过《赞罗什法师》诗一首，盛赞鸠摩罗什。诗人李白、杜甫、白居易、刘禹锡、岑参等人更是接踵而至，在这里留下大量诗作。到了宋代，这里仍吸引着许多文人名士，苏轼、寇准、范仲淹等人曾来此游览。除了"八宝舍利塔"外，草堂寺内还存有许多石碑，其中最著名的是《唐故圭峰定慧禅师传法碑》。此碑是唐代著名书法家裴休撰文并书写，柳公权篆额。裴柳二人书法精美，故此碑堪称珍品，它为草堂寺增添了风采。

　　明清时期，草堂寺开始衰落，特别是到了清末，战乱不已，寺院被毁，昔日胜迹所存无几。新中国成立后，陕西省政府将草堂寺定为省级重点文物保护单位，并先后六次拨款整修，使千年古刹又重现异彩。今天，随着旅游事业的发展，草堂寺已成为中外游人向往的游览胜地。

## 诗文欣赏

### 赞罗什法师

（唐）李世民

秦朝朗现圣人星，远表吾师德至灵。
十万流沙来振锡，三千弟子共翻经。
文成金玉知无朽，口吐兰芬尚有馨。
堪叹逍遥园里事，空余明月草青青。

# 郦道元与长安

在我国历史上的南北朝时期，有一位伟大的地理学家、文学家在古都长安洒尽了自己的鲜血。他就是《水经注》一书的作者郦道元。

郦道元，字善长，北魏献文帝皇兴四年（公元470年）前后，出生于北魏范阳郡涿县（今河北省涿州市）一个官宦世家。郦道元自幼就酷爱大自然，他在少年时代跟随做官的父亲旅居他乡，游历了祖国的许多名山大川。那雄奇壮美的自然风光，尤其是那些千姿百态的江河湖海，以它们特有的魅力，深深地吸引了郦道元，使他对探究祖国的河川地理产生了极为浓郁的兴趣和强烈的愿望。成年以后郦道元开始了仕宦生涯。随着官职的更徙，他的足迹遍布当时北魏统治的中国北方大部分地区。

"读万卷书，行万里路。"这是我国古代知识分子自司马迁以来所奉行的治学传统。郦道元在实地考察山川河流时，不仅虚心向当地人请教，广泛搜集各种异闻传说，而且悉心研究学问，博览各种地理学书籍，当时人称他"历览奇书"。视野的开阔，进一步增强了他少年时代确立的志趣。渐渐地，郦道元通过自己游历各地山川所得到的实际知识，深切感到前代地理学专著如《山海经》《禹贡》《汉书·地理志》《水经》等，都过于简略，有些还有错误，不能够全面详尽地反映祖国的地理历史情况，也缺乏山川风光和各地风情、民俗的记载。于是，郦道元决定采取当时常用的注书体裁，为《水经》一书作注，以《水经》为纲，写出一部独具风格的综合性地理著作出来。

北魏宣武帝延昌四年（公元515年），郦道元被罢免了东

▲ 郦道元画像

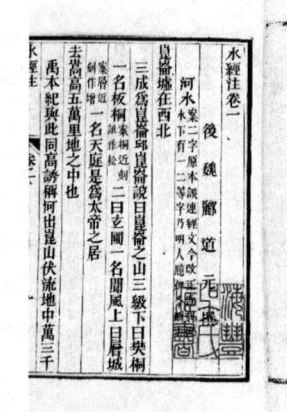

《水经注》书影

荆州刺史职务，回乡闲居，得以着手撰写立志已久的《水经注》。半生神思，此时仿佛如突泉奔涌，淋漓笔端。不出几年时间，他就完成了共计40卷30多万字的《水经注》巨著。

《水经》传说是汉朝人桑钦所写的一部记述全国水道的专著。这部书经清代学者考证，大约是到三国时才成书的。原书内容十分简略，只是扼要地叙述了全国100多条主要河流的源流及其所流经的郡县都会名称。而郦道元的《水经注》仅记载各类地名就达到两万多处，比《水经》增加了20多倍；记述的水道增加到约3000条，也比《水经》多了20多倍。为了给《水经》作注，郦道元旁征博引，仅引用的书籍就达到437种，还记录了不少汉魏期间的碑刻。在《水经注》中，他补充进大量亲自搜集来的地理、历史材料，记载了许多民间神话传说，记录和描绘了各地的风景名胜、文物古迹，记述了各地的地形矿藏、河道变迁、城镇兴废沿革和名称的改易等，使《水经注》成为公元6世纪前我国最全面、最系统的一部综合性地理著作。

值得一提的是，在《水经注》中，郦道元对秦宫汉都所在的长安和关中，给予了特别的偏爱。《水经注》40卷中有三卷半是描述横贯关中的渭水的，几乎占了全书的十分之一。

郦道元在《水经注》序言中指出，他写作这部书，不仅为了清理河川源流，还要记述沿河所有相关的地理现象。翻开《水经注》的《渭水》篇，可以看到，关中及其周围的山岳丘陵、湖泊陂泽、重要的关隘桥梁、古城遗址、前代碑碣、土地物产、风俗人情、农田水利以及山崩地陷等自然变化，无不一一记载，详细备至。如《水经注》记载，在长安城周围，当时有许多湖泊池沼，比较著名的有昆明池、滮沱池等，在长安城北的渭河边上还有一个叫作"藕池"的湖泊，湖中建有亭台楼观，水面覆盖着一片莲叶荷花，风光旖旎，令人赏心悦目，真有一种杭州西湖般的风光。《水经注》还记载了当时渭河有许多支流被称为浊水或泥水，这些河流的名称反映出北魏时期渭河流域的水土流失现象已很普遍，在某些地区甚至已很严重。

长安和关中是西周、秦、汉等朝代定鼎建都之地，其众多的历史遗迹，更为郦道元所着力描摹。因此，《水经注》也为后世留下了研究北魏以前各个历史时期关中地理状况的丰富材料，如渭河北岸或咸阳原上西汉各皇帝陵的排列次序，很早以前就被弄得颠倒混淆了，但由于有《水经注》的正确记载，才得以逐一确定其位置。今天在博物馆或一些书刊上见到的西汉长安地理形势图，也主要是根据《水经注》的记载而复原的。2000多年来，西汉长安城的宫室楼观早已湮灭，其周围的自然地理环境，在岁月的侵蚀下，也发生了很大的变化。就以水道而论，环绕长安的关中八水较西汉时期都有不同程度

的变迁，如渭河在汉代是紧靠长安城北城墙流过，而以后渭河河床北移，今天距汉长安城遗址已有五千米左右了。西汉时的沣河，过今天的斗门镇以后，流向西北，在今咸阳市钓鱼台附近汇入渭河，而如今的沣河却由斗门镇附近流向东北，在汉长安城西北方，今天的农场西站附近流入渭河。滈水则早已断流，现在已经找不到原来的河道了。又如在临潼秦始皇陵东北2.5千米，有一个叫鱼池村的村庄，今天这里是一片低平的原野，可是过去这里却有一个方圆四里的水池，称为鱼池。它是兴建始皇陵取土留下的土坑积水而成，鱼池即由此得名。这些河流湖沼的历史状况，都是靠《水经注》的记载我们才得以了解的。

《水经注》描摹山水，不仅内容翔实可靠，而且文笔动人。因此，它不仅是我国古代地理学发展史上的里程碑，也是古代游记文学苑囿中的一枝奇葩。关中大地，山峻水秀，郦道元以他文学家的笔触，更使关中山水增辉。在《水经注》有关篇章中，随处可见郦道元对关中山水独具姿色的精彩描绘，以及他寄予关中大地的一汪深情。

在关中平原东北的黄河上，有处著名的瀑布，黄河流经此处，轰然落入一如壶口般的深谷之中，仿佛被一只巨壶吸入地下，因而被称为"壶口瀑布"。在《水经注》中，郦道元以极其凝练的语言和生动的笔触，只用了短短100多字的描写，就使我们仿佛看到了雄壮的壶口瀑布的风光录像：那陡峭接天的山崖，夹岸耸峙；崖上的巨石凌空，似乎已摇摇欲坠，却又安然不动；瀑布上口水流激荡，雾气如云，从天而落的水流，"崩浪万寻，悬流千丈"，如猛兽怒吼，似群山腾跃，奔涌而下，一泻千里。把黄河壶口瀑布的磅礴气势，活脱脱地摆到了人们面前。

郦道元笔下的华山瀑布则是另一番景象：高峰峻岭之上，两道清泉，平时东西分流，涓涓而下；而在山雨滂沱时节，它又洪流倾注，如银练垂空，合为一股，直泻山底。有对比，有衬托，跌宕起伏，把不同季节的景色，相继摄入读者眼帘，使人们对华山奇景不禁油然神往。

郦道元不仅善于用自己的观察感受来描写山水，而且他还非常善于采撷民谣、谚语、传说或引述前人名句来丰富自己的表现力。如描写太白山景时，郦道元就先借用"武功太白，去天三百"这样一句民谣，生动地表现了太白山的高峻。接着他又引述前人的话："太白山南连武功山，于诸山中最为秀杰。冬夏积雪，望之皓然。"突出地描绘了太白山的独秀之处，写来浑然一体、天衣无缝，使引文成为画龙点睛之妙笔。

郦道元卓越的文学表现手法，对后世山水游记文学产生了重大影响。后人称誉他"片言只字，妙绝古今"。唐代著名文学家柳宗元就是效法郦道元而有所发展。明代还有人专门把《水经注》中的出色山水描写，摘录成篇来学习和欣赏。

郦道元不仅倾注心血记述和描绘了关中的山山水水，他还把热血抛洒在了这块他所挚爱的土地上。郦道元罢官回乡后几年，被重新起用。后来进入朝廷，官拜监察百官的御史中尉一职。当时北魏朝中正值胡太后专权，纵容皇室诸王为恶。郦道元为官正直，不避权贵，因而常常与诸王发生冲突。北魏孝昌三年（公元527年），盘踞关中的雍州刺史萧宝寅图谋反叛，皇室诸王乘机奏请要郦道元为关右大使，前往雍州（今西安市）督察萧宝寅，以便借刀杀人。萧宝寅听说为人耿直的郦道元要来，害怕自己的阴谋暴露，于是派兵半路拦截，在临潼区东戏水岸边的阴盘驿将郦道元杀害了。

郦道元虽然惨遭不测，但他却在人类文化史上，为自己建树起《水经注》这座永不磨灭的丰碑。千百年来，《水经注》以其重要的历史价值和巨大的艺术魅力，吸引了无数中外学者。甚至有人称《水经注》为"宇宙未有之奇书"，把这本书与《文选注》《三国志注》并称为"中国三大注书"。围绕《水经注》，还逐渐形成了一门学问，这就是专门研究郦道元和《水经注》的"郦学"。"郦学"影响之广，研究者之众，足以与研究《红楼梦》的"红学"相提并论。

### 小资料

### 杨骏擅权

弘农郡华阴县的杨家是关中东部一带有名的世家大族，早在汉代就有"四世三公"之称。西晋时杨家之女杨芷和杨艳先后被晋武帝册封为皇后，杨芷的父亲杨骏，叔父杨珧、杨济因此而备受恩宠，都位居三公，势倾天下，号称为"三杨"。

晋武帝死后，杨骏与杨皇后合谋伪造遗诏，把白痴太子司马衷扶上了天子宝座（晋惠帝），由杨骏独自辅政。杨骏"握大权，辅弱主"，总揽朝纲，大树亲党，刚愎自用，排斥贤能，朝野一片怨愤之声。当时有句童谣说"宫中大马几作驴"，把司马衷这个"大马"指作杨骏任意驾驭的蠢驴。公元291年3月，晋惠帝的皇后贾南风策动楚王司马玮发动宫廷政变，杨骏三兄弟惨遭灭族之祸，株连杨太后及亲党数千人，从此揭开了长达16年之久的"八王之乱"的序幕。

# 佛教中心与文化宝库

魏晋南北朝时期，长安不仅是中国佛教的中心之一，而且对世界佛教的发展也产生了重大影响。这一时期的长安佛教史，包含着举世震惊的求法旅行，辉煌耀目的文化艺术，规模盛大的译经事业，以及影响深远的民族融合，还有与佛教有关的战争、灾难等等，形成了一幅壮丽多彩的历史画卷。

佛教创始人释迦牟尼，出生在今天的尼泊尔王国，与我国春秋末年的伟大哲人孔子差不多处于同一时代。他同孔子一样，也被列入世界古代四大思想家之一。他创立的佛教，宣扬人生充满苦难，而要想脱离苦难，不论什么人，不论尊卑贵贱，都必须摈弃一切欲望，通过长时间的修行，达到"解脱"的境界，修成"正果"而过上无生无死、长享安乐的生活。同时，他还主张人生不灭，轮回转世，这一辈子的善与恶，在下一辈子会得到报应，即所谓"善有善报，恶有恶报"。这些主张提出后，首先得到挣扎在死亡线上的下层劳动者的共鸣，并得到了印度四大种姓中主张废除婆罗门特权的刹帝利和吠舍种姓的支持，于是就有了越来越多的信徒。渐渐地，经过几个世纪的传播，佛教已传遍了南亚次大陆和中亚一些国家、地区。公元67年，也就是中国东汉明帝时，两位印度僧人用白马把佛教经典运到东汉首都洛阳，并创立白马寺。有一说认为这是中国内地佛教之始。然而，按《佛祖统纪》所记，早在秦始皇时，就有印度僧人室利防等22人来到咸阳请求

▲ 北魏鎏金铜佛像

传播佛教，但未获得批准；又据《三国志·魏志》引《魏略》称：西汉哀帝元寿元年（公元前2年）博士弟子景庐在长安受大月氏王使伊存口授《浮屠经》，大多数人认为这才是内地佛教之始。姑不论孰是孰非，作为丝绸之路沿线的中国西部，关中地区佛教传播应当是很早的。

　　佛教入华，起初信仰者并不多，但随着东汉末年连绵不绝的空前战乱，各族人民陷入无休无止的苦难中，迫切需要精神上的慰藉和寄托，于是宣扬救苦救难、普度众生的佛教，就有了意外的发展机会和广阔的市场，那股曾泛滥于南亚、中亚广大地区的思想文化洪水，又开始在中国的土地上纵横流布。

　　魏晋南北朝时期，曾经是中国文明中心，周秦汉故都和最繁华、最富庶的关中地区，一下沦为动乱最甚、战祸最烈、苦难最深的人间地狱。烽火连天，坞堡遍地，五胡交错，敌国并立，百姓十不存一，死者相望于道。正因为有这样的社会条件，佛教在关中大发展也是必然的。虔诚的信徒们把粮食、财物甚至自己或子女的血肉之躯，也都义无反顾地献给佛。秦岭脚下，渭水之滨，到处佛寺林立，香烟缭绕。据记载，关中出家僧尼有百余万人，而未出家的善男信女就不计其数了。同时，关中又是当时全国民族矛盾最尖锐、民族关系最复杂的地区，每一个少数民族政权的统治者面对互相争斗的各民族、部族，都迫切感到需要能统一各族思想的精神武器，于是，他们大力主张"佛是戎神，正所应奉"，并以此作为"胡人"统治的思想政治策略。这一时期在关中建都的五个政权（不包括西晋愍帝）、十几个统治者中，除北周武帝外，其他统治者都虔诚佞佛，就是出于这一原因。此外，关中地处中国与西方交通的咽喉要道，不论是来华传教的异国佛徒，还是西行取经的中国僧侣，相当一部分都要途经关中，或者以关中作为其旅行的终点。这样，

▲ 北周汉白玉菩萨像

▲ 北周立佛

在接受佛教影响方面，关中就有着"近水楼台先得月"的地理优势。由于这些原因，无论是在佛教传播活动的规模上还是在佛教理论水平上，关中地区都逐渐赶上伊洛地区和敦煌，成为中国佛教的又一个中心。

公元260年，一个名叫朱士行的和尚从长安出发，开始了中国佛教徒第一次西行取经的历史性进程。不久，一大批中外名僧接踵而来，进入长安，大兴佛寺，讲经传道，翻译佛经，其中包括著名的印度僧人竺法护和中国高僧帛远。到前秦苻坚时，由于苻坚本人笃信佛教，在他的大力提倡与扶持下，长安佛教有了进一步的发展，这其中的重要标志就是道安的到来。道安是中国历史上著名的高僧，他对佛教在中国的发展做出了巨大的贡献。道安是今河北人，12岁时出家，拜西域高僧佛图澄为师，后来在各地从事佛教活动，声名远播。公元380年，应苻坚之邀而入长安，在长安度过了晚年。他在长安期间，深得苻坚的信赖和敬仰，在苻坚的大力支持下，他干了几件大事：第一，延聘西域沙门昙摩侍、罽宾（今克什米尔）沙门僧伽跋澄、僧伽提婆和兜佉（音qù）、疏勒国僧人昙摩难提等译出佛经百余万言，之后又同沙门法和诠定音字，详核义旨，使这些新译的佛经能达到让众人心服口服从而确信不移的地步。道安是中国历史上第一个提出系统翻译理论和基本原则的翻译家，在他的努力下，长安的佛经翻译事业走上了正轨，形成较大的规模，成为中国第一个翻译中心。第二，他对僧尼的行为规范和佛法宪章作了具体规定。当时，不仅外地，就连长安的僧尼也不大懂佛教的仪式礼节与基本的准则戒律，各行其是，没有系统完整的统一规定。道安的规定分三大部分，一是仪式仪规和如何传徒授业；二是僧尼平时的修行、生活规范；三是僧尼为寺院承担的义务等。正是道安的这些规定，使中国佛教在组织、制度方面走向正规，变得成熟起来。道安所做的第三件大事，就是发挥他杰出的组织才能广收徒众，建立一个庞大的宗教网络。他的弟子上千，分布在天南海北。他把这些弟子组织起来，有的在长安主持寺院，有的从事翻译工作。另外，道安曾两次遣散徒众，派他们到各地去活动，他自己坐镇长安指挥调度，俨然成为庞大的佛教王国。道安遣散到各地的学生中，包括著名的高僧慧远，他主持建立的东林寺，至今还屹立在江西庐山脚下，是我国江南著名的古刹。当时有谚云："长安僧，天下行。"这是长安佛教向外扩展延伸的生动写照。

"不依国主，则法事难举"，这是当时佛教大兴的重要原因。身为前秦最高统治者的苻坚，除虔心向佛外，也行使政治经济的无上权力，为道安的整改佛教措施排除障碍铺平道路。他对道安极为钦敬，规定内外学士有疑难皆师于道安，当时流传一句话说："学不师安，义不中难。"这是道安得以取得重大成果的有力保障。但是，苻坚也不是仅仅信赖道安一人，像道安的同学、著名高僧僧朗不愿在长安与道安竞争而去了别处，苻坚下诏清查僧尼中的伪冒下劣，但对僧朗及其徒众却有诏不许过问，可见他的敬重之情。

　　公元399年，在中外历史和佛教史上，发生了一件重要事情。有一位年逾花甲的僧人西行而去，消失在茫茫古道上。谁也没想到，过了13年，他经过艰苦卓绝的万里跋涉，足迹遍及南亚各国之后又回到中国。他就是古今中外最著名的大旅行家之一法显，而他这次名垂千古的伟大旅行，其起点正是古都长安。

　　在法显西行之后两年，即公元401年，又一件佛国大事在长安发生，这就是鸠摩罗什的到来。鸠摩罗什是一代佛学大师，名声传遍西域各个民族和沙漠中各个绿洲。前秦、后秦两个王朝都为他不惜动武，经过十几年时间，总算把

草堂寺大雄宝殿 ▼

这位大师请到了长安。鸠摩罗什在长安，一方面讲经传法，一方面大开译场翻译佛经。他的译场规模空前绝后，竟达3000人之多，这个译场译经很多，达300多卷，仅鸠摩罗什本人就译了6部63卷，计100多万字，这个数字在当时是很惊人的。他与同在长安的另一高僧、他的弟子僧肇，以及后来的玄奘、义净，被并称为中国古代四大译经家。他的译经，不仅是中国古代文化史上的大事，也是中外文化交流史上的大事。目前，许多包含重要资料的经文原本在印度等南亚国家早已失传，而中国却有译本可供参考，所以许多治南亚史的外国专家、学者对中国古代译出的佛经，其重视程度不下于中国学者。鸠摩罗什所在的草堂寺，是关中现存最早的寺院，而且存放他舍利的八宝舍利塔至今还放置于寺中。

中国佛教有十大宗派，其中三论、成实二宗都奉鸠摩罗什为始祖，实际上三论宗的祖师应该是罗什弟子僧肇。三论、成实又都以草堂寺为祖庭，这都显示出魏晋南北朝时，长安不仅是中国佛教的翻译中心，同时也是佛教中国化的组织中心（以后还有五个宗派在长安开宗）。

佛教在长安的传播和发展，从多方面对关中文化艺术的发展，起了极大的促进作用。通过这条渠道，也造就和培养了一大批杰出的文化艺术专门人才。

籍贯陕西澄城的羌族建筑师王遇，曾设计并开凿举世闻名的云冈石窟第九、十两窟，具有很高的艺术水平。他在自己家乡澄城舍宅为寺，建成的晖福寺极其壮丽。而叙述建寺经过的《晖福寺碑》又是第一流的书法名碑，被康有为列为妙品上，列所有古碑中第五名，今天还保存在西安碑林中。陕西铜川市耀州区药王山保存有几十座北朝造像，其精美的雕塑令人惊叹不已，其中的《魏文朗造像碑》具有极高的书法价值，在海内外享有盛名，被于右任先生誉为海内"三绝"之一。1975年西安出土一批北朝佛龛像，其中一尊像上，高浮雕的一佛二菩萨生动逼真，而浅浮雕的飞天在佛的上方轻轻飞过，飘飘欲仙，姿态极为优美，给人留下难忘的印象。除此而外，还有大量的佛教壁画、建筑、音乐、舞蹈，水平都很高，可惜多数没有流传下来。这些，都大大推动了关中文化艺术的发展。不难想象，在大规模的造像、刻碑、绘画中，日积月累，父死子继，自然会有一大批艺术家脱颖而出，特别是北魏后期直至隋代，关中佛教艺术一脉相承，形成了比较完整的文化系列。保留到今天的魏晋南北朝文化遗存，可以说相当大部分与佛教有关，成为宝贵的文化艺术财富。关中作为当时的佛教中心，同时也成为文化艺术中心之一。

从另一个方面讲，长安地区对当时佛教的发展，也有着不容忽视的推动作用。我们知道，长安地区造纸业发达，能够生产大量纸张抄写佛经，这是佛教走向普及的有力推动因素。而在印度，由于没有纸，人们不得不用各种材料抄经，甚至有用树叶的，书写不易也很难保存，携带起来更为不便，所以传到中国来就被称为"贝叶真经"。此外，长安的汉文化基础雄厚，翻译佛经在别处被译得佶屈聱牙甚至词不达意，使信徒们听不懂记不住，但在长安，大师们译出的佛经却义理真确，文辞优美，朗朗上口，易于流传。在长安译出的佛经，往往把儒家思想的严谨、周密、深沉同佛教原有的雄奇、华丽、想象力丰富融合在一起，形成一种新的文风和新的哲学思想。学者们注意到，佛教的中国化是从魏晋时期开始的，在很大程度上也可以说是从十六国时期的前秦在长安开始的。这同时，也就是佛教在新的环境、新的文化基础和民族基础获得的新发展。活跃于长安的中外佛教大师们，不仅仅传播了佛教，而且更新发展了佛教，为佛教文化注入了新的生命。

魏晋南北朝时期，关中佛教的普及、传播盛况不次于印度、尼泊尔；而到了隋唐时期，关中佛教在理论的深度与广度上都高于其发源地——南亚次大陆。这同关中原有的文化基础有极大的关系，特别是同魏晋南北朝时期关中佛教的大发展有关。佛教最终能与基督教、伊斯兰教并称世界三大宗教，这并不仅仅是南亚各国思想、文化、艺术发展与交流的结果，其中长安与关中所起的巨大作用，同样是非常引人注目的。

# 角声一动胡天晓

魏晋南北朝，是一个风云多变、战祸频仍的动乱年代，也是农业文化和草原文化剧烈冲突、相互影响、融为一体的文化大变革时期。1953年在西安草场坡出土的一批北魏时期的彩绘陶俑，兼有农业民族与游牧民族的文化特征，又由于各地北魏陶俑出土数量不多，所以被视为这一时期陶俑艺术的代表作，现均在陕西历史博物馆展出。

这组陶俑中有一件彩绘骑马吹角俑，通高39厘米，人和马分别塑出后再拼装在一起。因年久剥蚀，部分彩绘已斑驳不全，且整体制作也略显粗糙，但它以粗犷、清新的民族气息，独特而鲜明的时代特征，同时又包含许多史料价值，仍为人所珍视。

这件俑作上身大、下身小，至马腿则特短，仅呈四直柱状。这一造型模式，无论北朝或南朝均有，而北朝远至今甘肃、新疆一带也都如此，可见这是一种时代特征。上大下小自然不稳定，然而不稳定本身就意味着动感，使人可以想象这匹马在走、在动。至于这种造型的产生，应当与骑马民族倏忽千里、漂泊不定的生活习性所造成的特殊审美观念，以及居高临下的视觉观念有关。

与吹角俑一同出土的武骑俑马身披重铠，但吹角俑马身所披并不像马铠，而只是象征性的马衣。这表现出当时战争气氛的浓郁：社会生活中一切都与军事有关，连仪仗队也要着军戎所用的马衣。当然，吹角俑也可能是军乐队中一员，披马衣就理所应当了。同时出土的5件乐骑俑，如果和唐代的乐骑俑作比较，就显示出军人的风度与气质，所以说他们是军乐队也未尝不可。总之，北魏与唐代的乐

▲ 西安草场坡出土的彩绘骑马吹角俑

骑俑所体现的时代氛围是大相径庭的。

吹角俑头部是巾是冠，抑或是某种发型？比照近年南京出土的东晋竹林七贤图砖刻中阮咸头上的头饰，它应是幅巾，而身上的服装应是小袴褶。袴是裤子，褶即今天所谓大袖短褂子，据《急就篇》："重衣之最，在上者也，其形若袍，短身而广袖"。至于加一"小"字，说明它比传统的袴褶短小，是汉族服装受胡人影响而产生的。就我们看到的吹角俑贴身紧袖来说，较一般小袴褶更短更窄，这种明显胡化的服装反映了当时民族大融合对生活习俗的影响。当然，这种服装是更便于骑射的。

吹角俑所吹角以牛角制成，源于西北地区游牧民族。起初它只是一种鸣器，不入乐而用为军中联络或报警，角声或粗犷，或婉约，或昂扬，或低沉，悲凉之气，郁然而发，传播辽远，回荡久之。后世唐诗中，每每提到角与角声。杜甫云"万国城头吹画角"，岑参云"角声一动胡天晓"，李贺云"角声满天秋色里"，王昌龄云"轮台城头夜吹角"……角及其鸣声频频为诗家所咏，可见吹角已成为游牧民族生活方式和边塞情调的一种标志。后来，角的功用发生变化，据《晋书·乐志下》记载："胡角者以应胡笳之声，后渐用之横吹，即胡乐也。"这里的吹角俑，恰好与5件乐俑组成一个乐队，表明它确可入乐，

▶ 武骑俑

印证了史籍的记载。唐人韩翊诗曰："寒风动地气苍茫，横吹先悲出塞长。"一幅壮阔的塞上景象，其横吹也应指角而言或包括角在内。

"胡儿十岁能骑马"，吹角俑双手捧角长鸣而不用扶鞍，正是长期的马上生活使得他凭借高超的骑术而如此洒脱、自如。但在北朝那个具体的环境中，汉人骑术并不逊于胡人，所以这种俑的族属是胡是汉还不能断定。无论如何，它是两种不同文化互相影响、互相交融而形成的艺术品，这是毫无疑义的。这件俑与其他时代特征鲜明的俑作一同出土于西安，也正好说明当时的西安是民族大融合和民族文化交融的中心。

在"天苍苍，野茫茫，风吹草低见牛羊"的特定时代氛围中，胡笳声声、胡角阵阵的草原情调实在令人神思遐想，粗犷、雄浑的意境就更催人奋发昂扬。我们今天观佳作、吟名句，"前不见古人，后不见来者"，感慨系之，遐想久之，无论知识上还是美感上，都所获甚丰。

## 小资料

### 21岁的太上皇

北周武帝死后，长子宇文赟继位，是为北周宣帝。宇文赟的荒唐和无能早在做太子时就出了名，有一位大臣曾酒后捋着武帝的胡须叹息说："多可爱的一个老头子，只可惜后代太不争气了！"自从宇文赟当上皇帝之后，只知道滥施刑罚、纵情声色、胡作非为，把朝政搞得乌烟瘴气。他多方搜求美女以充后宫，几乎每天不是在温柔乡就是在醉乡中度过，甚至荒唐地下令只准后宫敷粉画黛，天下妇女只能"黄眉墨妆"，否则严惩不贷。一年多以后，宇文赟嫌做皇帝要早起视朝，干脆把帝座让给了7岁的儿子宇文阐，自己当起太上皇来，此时他本人也只有21岁，大概是中国历史上最年轻的太上皇了。他自称天元皇帝，居住的宫殿称"天台"，制称"天制"，敕称"天敕"，并一下子封了5位太皇太后。时间不长，这位年轻的太上皇就病死于长安深宫，北周朝政大权旁落到他的天元皇太后杨氏的父亲杨坚手里。

# 关中胡姓的汉化

魏晋南北朝时期,关中地区民族情况极为复杂,来自四面八方的发展程度各不相同的民族,陆续走上了封建化和民族大融合的道路。在当时特定的历史条件下,各民族的封建化有一个共同的方式就是汉化,而影响深远、意义重大的民族大融合,也是以各少数族融入汉族、汉族更为壮大的汉化形式宣告完成。汉化,在当时是一种进步而必然的历史倾向,涵盖范围很广,表现在姓氏方面,是使关中地区的姓氏出现了一个大的演化。这一演化可列表如下以供读者了解。

## 陕西北朝少数民族姓氏表

| 族属 | 原姓 | 后改姓 | 主要聚居地 | 备注 |
| --- | --- | --- | --- | --- |
| 匈奴 | 赫连 | 刘 | 陕北 | |
| | 乔 | 乔 | 陕北 渭北 | 匈奴屠各部 |
| | 万俟 | 万·于 | 陕北 | |
| | 金 | 金 | 关中 | 匈奴屠各部 |
| | 董 | 董 | 陕北 关中 | 匈奴屠各部 |
| | 呼延 | 呼延 | 陕北 关中 | |
| | 须卜 | 卜 | 陕北 | 今绥德为主要聚居区 |
| | 成 | 成 | 陕北 关中 | |
| 鲜卑 | 叱干 | 薛 | 延安 礼泉 | 今礼泉有叱干乡 |
| | 去斤 | 艾 | 陕北 | |
| | 宇文 | 宇文 | 陕北 关中 | |
| | 破六韩 | 韩 | 陕北 渭北 | |
| | 慕容 | 慕 | 关中 | |
| | 纥豆陵 | 窦 | 关中 | 长安为主要聚居区 |
| | 侯莫陈 | 陈 | 关中 | |
| 氐族 | 苻 | 蒲 | 关中 | |
| | 吕 | 吕 | 关中 陕南 | |
| | 杨 | 杨 | 关中 陕南 | |
| | 齐 | 齐 | 关中 陕南 | |

| 族属 | 原姓 | 后改姓 | 主要聚居地 | 备注 |
|---|---|---|---|---|
| 羌族 | 姚 | 姚 | 关中 | |
| | 雷 | 雷 | 渭北 | |
| | 钳耳 | 王 | 陕北 渭北 | |
| | 党 | 党 | 渭北 | |
| | 夫蒙 | 蒙 | 渭北 | |
| | 莫折 | 莫·折 | 陕北 渭北 | |
| | 同蹄 | 同 | 渭北 | |
| | 罕井 | 井 | 渭北 | 今蒲城有罕井镇 |
| | 咋和 | 和 | 渭北 | |
| 乌丸 | 赫 | 赫 | 陕北 关中 | |
| 高车 | 翟 | 翟 | 关中 | |
| 羯 | 石 | 石 | 陕北 | |
| | 乙速孤 | 王 | 渭北 | 今礼泉为主要聚居区 |
| 賨 | 李 | 李 | 汉中 | |
| 柔然 | 普六茹 | 茹 | 关中 | |
| 库莫奚 | 屈突 | 屈 | 关中 | |
| 西域各族 | 白 | 白 | 陕北 渭北 | 指龟兹人 |
| | 康 | 康 | 汉中 | 指康居人（今蓝田为主要聚居区） |
| | 安 | 安 | 陕北 渭北 | 指安国人 |
| | 米 | 米 | 关中 陕北 | 指米国人 |
| | 石 | 石 | 关中 陕北 | 指石国人 |
| | 何 | 何 | 关中 | 指何国人 |
| | 史 | 史 | 关中 | 指史国人（今华阴为主要聚居区） |
| | 曹 | 曹 | 关中 | 指曹国人（今蓝田为主要聚居区） |
| | 毕 | 毕 | 关中 | 指毕国人 |
| | 斛瑟罗 | 罗 | 关中 | 指西突厥人 |
| | 裴 | 裴 | 关中 | 指疏勒人 |
| | 支 | 支 | 关中 | 指月氏人（今蓝田为主要聚居区） |
| | 车 | 车 | 关中 | 指车师人（长安为主要聚居区） |
| | 阿史那 | 史 | 关中 | 指突厥人 |

本表所列只是大致情况，所改姓与当时汉族各姓的分布并无直接关系。

西魏、北周时，除了各少数民族的汉化外，还出现了鲜卑化的倾向。西魏统治者(鲜卑族)为了提高军队战斗力，规定军官和士兵一律讲鲜卑语、姓鲜卑姓，于是原来许多已经是汉姓的军官也改为鲜卑姓。如李虎(唐高祖李渊的祖父)改姓大野；李弼改姓徒何；赵贵改乙弗氏；杨忠(隋文帝杨坚之父)改姓普六茹(或称普陋茹)；王雄改姓可频，等等。这些人都被指定为该姓的“宗长”，即该部落的酋长，他们所统领的士兵，也与他们同姓。但是，这种鲜卑化的做法与当时汉化的大趋势是相违背的，所以并不能持续下去，不久之后，所有上述人都复改汉姓。以后如杨忠强调自己是弘农(今河南省灵宝市至陕西省华阴市)杨氏，李虎称自己是陇西李氏，都是当时有名的汉族高门大姓，根本不承认自己可能是胡人。所以，鲜卑化在魏晋南北朝民族大融合过程中，只不过是个小小的插曲，对少数民族姓氏汉化并没有大的影响。

在少数族姓氏演化过程中，汉化的进程呈螺旋式上升趋势。十六国时期的《邓太尉祠碑》题名者，是一群刚刚开始受到汉文化熏陶的少数民族军官。他们血气方刚、豪情满怀，且身为赳赳武夫，对自己的姓是否合乎汉族标准，碑文写得是否典雅都不大在意，所以碑文比较粗鲁，被后世文人讥笑，而姓氏也多为胡姓，直书不讳，自称“西羌”“钳耳”者都有，等于告诉别人自己是少数民族。但不管怎么说，有个相对固定的姓总比没有强，再加上用汉字写碑，毕竟已走上了汉化的道路。钳耳、利非、同蹛、罕井等都是汉化胡姓，然而还不是汉姓。等过了130多年，到北魏太和年间，受孝文帝汉化政策和社会上汉化风气的影响，特别是少数民族上层人物，已开始讳言自己是少数民族，冒充汉姓甚至汉族头等高门大姓的人比比皆是。孝文帝时

▲ 南北朝彩绘持盾胡人武士俑

高级宦官、羌族人钳耳遇自称太原王氏，虽然得不到社会承认，但反映了当时少数民族人的汉化心理。有趣的是，由于少数民族改汉姓往往选择最典型、最标准的汉姓，所以汉族大姓张、王、李等就成为各族的首选目标。据统计，单是张姓就有很多族源，这也是张、王、李今天成为上亿人同姓的超级大姓的原因之一。

到了北周、隋代时，关中地区的少数民族汉化已彻底完成，汉族高门大姓娶胡人血统之女为妻已没有什么禁忌，反之亦然，所以杨忠、李昞（李渊之父）同娶独孤氏（原为鲜卑族）姐妹为妻；少数民族血统之人与汉族一样可任大官，大家虽明知血统不同，但此时共称汉族，再区分已没有什么意义。据《北史·萧琮传》载：隋朝大官杨素见萧琮嫁妹于钳耳氏，"谓曰：'公帝王之族，何乃适妹于钳耳氏？'琮曰：'前已适妹侯莫陈氏，此复何疑？'素曰：'钳耳，羌也；侯莫陈，虏也，何得相比？'琮曰：'以羌异虏，未之前闻。'素惭而止。"这个小故事说的是身为"帝王之族"的萧琮，毫不迟疑地嫁妹于羌、虏后裔，并且认为没有区别，说明在民族大融合完成之际，大家心目中的民族平等情绪。从十六国时期不在乎自己是胡姓，到北魏时讳言自己是胡姓，再到周隋之际不去区分什么是汉姓、胡姓，从民族进化的角度讲是一个螺旋式的上升过程。还有一个例子可说明这一点：隋唐时期，绝大多数的胡姓已变成了汉姓，但又有人仍姓钳耳、夫蒙，这些人并不是一介武夫，文化素养和社会地位都不低，他们当然知道这些姓的本来含意，但他们不忌讳这些姓，说明这些姓已失去了区别民族的意义。他们所姓的钳耳、夫蒙与十六国时字面相同，但含义已不同，包含着新层次的民族平等，所以说这是民族融合方面的螺旋式上升。总之，魏晋南北朝少数民族的汉化通过姓氏汉化得到了充分反映，并且二者是同步的。当周隋之际，区分姓氏已没有意义时，区分哪个人是哪个种族也没有必要了，就连北周最高统治者宇文氏究竟属于哪个民族，也已经搞不清楚了。

前表所列各族主要聚居地，本来就因为资料缺乏而不可能很精确，所以往往概而言之。由于时间推移，各族聚族而居的状况被打破，出现了迁徙、分散等状况，所以更难确述某姓的分布。许多姓杂居一地，而同一姓分在多地，再加上同一姓又往往代表不同族属，就使该表的最后完成还要花很长时间和力气，但它也正好说明了魏晋南北朝时民族状况的复杂，以及更复杂的演化过程。

## 小故事

### 残忍暴虐的苻生

据史书记载，前秦第二代国君苻生是十六国时期少有的残忍暴虐之君，所作所为可以说是一个十足的自虐狂和迫害狂。苻生少年时就瞎了一只眼，祖父苻洪曾开玩笑说："我听说瞎儿只有一股眼泪，不知道是不是真的？"孰料苻生听罢拔出佩刀自刺瞎目出血道："这也是一股眼泪！"苻洪又惊又怒，举鞭就向苻生抽打过去，苻生却不躲不闪地喊道："我性最耐刀砍箭刺，不宜鞭捶。"

自从苻生当上国君后，朝廷上下就弥漫着恐怖的血腥气，长安城内外的百姓也遭了殃。他平日弯刀露刃以见朝臣，锤钳锯凿不离左右，稍有忤旨者便诸般凶器纷至齐上，不到一年时间就把朝中的宗室旧勋、忠臣干将诛杀殆尽，吓得那些幸存官员纷纷称病告归。他还在朝堂之上亲手活剥牛羊驴马，活烧鸡猪鸭鹅，又从大狱中提取死囚，剥其面皮，迫令歌舞，以此为乐。

一次，苻生率左右游览阿房宫旧址，看见道旁有年轻的男女二人，便命令左右拉住二人问道："你们二人堪称佳偶，可曾婚配否？"二人回答说："小民是兄妹俩，不是夫妻。"苻生独眼一瞪说："朕恩赐你们结为夫妇，可当场婚配，不得有违！"二人坚决不从，苻生当即拔刀将他们砍为肉泥。后来苻坚除掉了这个暴君，关中百姓拍手称快。

# 统一北方的北周武帝

▲ 北周武帝画像

▲ 北周武帝墓志

北周武帝是南北朝后期一位精明强干的年轻皇帝,是杰出的鲜卑族政治家。他在位期间以长安、关中为基础,对内实行大刀阔斧的改革,对外发动强大的军事攻势,先后东灭北齐、北击突厥、南胜江东,最终统一了整个中国北方,为后来全国的完全统一和隋唐帝国的繁荣昌盛奠定了基础。

北周武帝名叫宇文邕,小名罗突,是实际执掌西魏国政的宇文泰的第四子,公元543年出生在关中渭水北岸的同州(今大荔县境内)。史书记载,宇文邕小时候就聪明机敏,深得父亲宇文泰宠爱。宇文泰曾抚摸着宇文邕的头,对群僚赞叹说:"以后能实现我的远大志向者,只有邕儿一人啊!"

公元560年,是北周王朝开国后的第四年,年方18岁的宇文邕被拥立为皇帝,史称北周武帝。12年后,宇文邕在都城长安发动了一次宫廷政变,亲手除掉了专横朝政的权臣宇文护,把一切军政大权完全集中于自己手中。此时的北周王朝经过宇文泰、宇文邕父子两代的苦心经营,国势蒸蒸日上,在各方面都占有一定优势。宇文邕亲政以后,决心消灭在北方与北周分庭抗礼的北齐政权,统一整个中原。为此,他进一步摆脱鲜卑旧俗的束缚,锐意革新,继续在关中及整个统治区大力推行多方面的改革。

在政治上,北周武帝以汉族传统的儒学思想作为治国理政的指导思想,并仿照汉族先进的政治制度,进一步调整封建生产关系。他曾亲自在长安大德殿对百官宣讲《礼记》,强化以王权为中心的礼乐观念。他几次颁发诏书,下令在全国范围内释放奴婢，把他们全部变为农民，投入农业生产。这不仅解放了一大批劳动力，还削弱了当时鲜卑贵族奴隶制残余形态，促进了封建生产关系的发展。

在经济上，北周武帝全力打击大土地私有制，巩固和发展均田制，并调整国家赋税制度，注意减轻人民的经济负担。他非常重视兴修水利工程，曾发动人力在渭水北岸的蒲州、华州兴建了两条灌溉渠道，引水灌溉几万顷旱田，极大地推动了关中地区水利事业和农业生产的发展，使北周的经济实力更加雄厚。

在军事上，北周武帝进一步打破汉族和鲜卑族之间的民族界限，大量招募汉族农民充当府兵，并且在各方面给予优待。这不仅大大扩充了府兵队伍，加强了军事力量，而且由于汉族农民不断加入鲜卑化非常浓厚的府兵行列，加速了鲜卑族和汉族人民的融合过程，促使府兵制从原来的兵牧合一逐渐走向兵农合一。到北周末年，50万府兵中有一半以上是汉族士兵。在府兵制基础上形成的关陇军事贵族集团日趋庞大，几乎囊括了鲜卑族所有大姓和关中著名汉族世家大姓，成为北周统治阶级的中坚和以后数百年间影响中国政局的核心力量。

北周武帝的另一项重大改革是废除佛教。南北朝时期是我国历史上佛教空前盛行的时代，很多地方都大兴土木、广建佛寺，不少人"假募沙门，实避调役"，纷纷投身佛寺，削发为僧，致使佛寺和僧尼数量恶性膨胀。当时在北周统治区，

北周释迦牟尼造像

▲ 北周天元皇太后玺

就有1万多所寺院、100余万僧尼，僧尼数量几乎占全国人口的1/10。仅在京城长安及其近郊就有寺院几百所、僧尼好几万人，这些寺院都广占田地，盘剥佃户。僧尼不从事生产劳动，逃避国家赋税兵役，成为社会上的寄生阶层，每天都在消耗巨大社会财富，严重影响国家财政收入，加重了普通百姓的各项负担。北周武帝认为，要消灭北齐，就必须富国强兵；要富国强兵，就必须废除佛教。建德三年（公元574年），他亲自召集名儒、名僧、道士及文武百官2000余人在长安大德殿辩论三教优劣，当朝宣布以儒教为第一，道教为第二，佛教贬为末等，大大压低了佛教的地位，打击了寺院僧侣势力。接着，北周武帝提出了"求兵于僧众之间，取地于塔庙之下"的口号，下诏在全国范围内灭除佛教。勒令将境内所有寺院的土地和财产全部没收入官，所有的铜铸佛像、钟、鼎、磬等佛教器物统统销毁以铸造铜钱和兵器；100多万僧尼一律还俗，受寺院盘剥的僧祇户全部编入政府户籍，开荒种地，从事农业生产。这就是南北朝历史上著名的"北周武帝灭佛"事件。通过这场声势浩大的灭佛运动，北周沉重打击了僧侣地主的政治经济势力，大大增加了国家的财政收入和兵役来源，也减轻了劳动人民的负担。在灭佛过程中，有的僧侣威胁北周武帝，说灭佛死后要打入十八层地狱。北周武帝淡然一笑说："只要百姓能够得到快乐，我死后愿意受地狱的痛苦。"这不仅表明了他灭佛的坚强决心，也充分体现了他过人的胆识和勇气。在中国古代历史上有名的"三武一宗"（北魏武帝、北周武帝、唐武宗、周世宗）四次灭佛事件中，以北周武帝的灭佛最为彻底，成果也最大。

经过北周武帝的大力改革和各族人民的共同努力，在短短几年以后关中地区的农业生产获得了惊人发展，北周的政治局势更加稳定，国力空前强盛，统一中原的条件日趋成熟。

与北周日益兴盛形成鲜明对照的是，北齐政权日益走向没落。北齐前后几位皇帝大都荒淫残暴，特别是末帝齐后主高纬昏庸腐败到了极点，他对朝廷政事不闻不问，自号"无愁天子"，整天抱着琵琶弹唱"无愁曲"；他穷奢极欲，大肆搜刮民财，驱使人役修造华丽宫殿，加剧了北齐境内的阶级矛盾。北齐历代君主非常仇视汉人甚至汉化的鲜卑人，文宣帝曾一次杀掉汉化的鲜卑贵族700余人，齐后主也滥杀汉人汉官。这种极端残暴落后的行为使北齐政权很快失去了汉族地主和大多数鲜卑贵族的支持，陷入极端孤立的地位，国势更加衰弱。

北周武帝见消灭北齐、统一中原的时机已到，于是在外交上和军事上展开了一系列积极活动。他多次派遣使者，北与突厥和亲，南和陈朝通好，争取到突厥和南陈与北齐断交，并约定南北同时出兵配合北周的军事行动。他亲自披挂上马，在都城长安东门和南门外主持了几次盛大的讲武阅兵仪式，加紧训练军队，广筹军资粮草，为出兵灭齐做了周密细致的准备。

建德四年（公元575年）夏天，北周武帝亲自指挥18万大军，兵分几路东渡黄河，向北齐发动了强大的军事攻势。在短短两个月时间里，北周军队攻破了30多座城池，并团团包围了北齐重镇洛阳。由于宇文邕身染重病，北周军队只好撤围西归。

第二年秋天，大病初愈的宇文邕再次指挥14.5万大军出征伐齐。这次他采取避实击虚的战略方针，不从北齐重兵防守的东路进攻，而是挥军北渡黄河，直捣北齐重镇晋阳（今山西省太原市）。公元576年十二月六日，北周军队与北齐仓皇调集的10万大军在平阳（今山西省临汾市）城下展开最后决战。结果北齐军队大败溃逃，丢弃的军资甲仗堆积如山。宇文邕率军乘胜追击，连克晋阳和北齐都城邺城，齐后主高纬在逃跑途中被生擒活捉。经过将近两年的战争，北周终于消灭了北齐政权，统一了整个北方地区。

建德六年（公元577年）四月，北周东征大军凯旋关中，在都城长安祭祀祖宗的太庙前举行盛大的献俘仪式。前往观看的关中父老人山人海，高呼万岁，表达了他们对北周武帝的拥戴之情。

北周武帝灭齐之后，把在关中实施的各项改革政策推向关东，力行均田制和府兵制，并继续毁除佛教，增强经济、军事实力，积极准备完成南北统一大业。在灭齐后不久，即派大军攻伐南方的陈朝，一举消灭陈朝主力3万余人，夺得淮河以西地区。公元578年五月，为了消灭北方日益强大的突厥族政权，解除南征的后顾之忧，北周武帝亲自指挥五路兵马大举北上，并征调关中各地的公私车马随军运送粮草。当大军行进到今咸阳市淳化县境的时候，北周武帝旧病复发，不能行动，只好下诏罢北征之兵。六月，北周武帝病逝于返回长安的路上，年仅36岁。北平突厥，南定江南，统一天下的宏大志愿，随着他的逝世宣告夭折。

在亲政以后的5年多时间里，北周武帝充分发挥了他杰出的政治军事才能，使建都长安的少数民族政权——北周王朝发生了翻天覆地的变化，迅猛从关中崛起。他的一系列卓有成效的改革大大加深了鲜卑族的汉化程度，有力地促进了北周境内特别是关中地区的民族大融合和经济大发展，在一定程度上推动了社会历史的进步。他结束了北方长期分裂混战的局面，统一了黄河流域，为隋文帝统一全国，建立多民族的封建大帝国创造了条件，在整个中华民族的文明发展史上有着不可磨灭的功绩。

小 故 事

## "心如清水"的苏绰

苏绰是西魏开国功臣，身居朝廷显要之职，总管国家行政、财政及农业等多项事务。他为官清廉，位高不谋私，权大不谋利，平常生活十分俭朴，不置田产宅第，死时家无余财，真正做到了他自己所说的"心如清水，形如白玉"。在苏绰的遗体将要入殓时，宇文泰悲痛万分地对公卿们说："苏尚书平生谦让，敦尚俭约。我想成全他平素的志向美德，心中又感到实在过意不去，如果盛殓厚葬，又违背以往与苏尚书的相知之情。真是进退维谷，事处两难啊！"这时有个叫麻瑶的尚书令史建议尊重苏绰的操行清白，丧事从俭，以彰其美。宇文泰便用素布牛车一辆载着苏绰遗体归葬故里——今咸阳市武功县，自己亲率文武百僚步行送灵车至城外数十里的地方酹酒洒地，不觉痛哭失声。当苏绰的灵柩在家乡下葬之日，宇文泰又派专使以祭祀的最高规格——"太牢之礼"祭奠苏绰。

# 关陇集团的形成与崛起

　　经过五胡十六国的风云激荡，长安并没有变成一座残砖断瓦仅供人凭吊的废墟。在北朝末期王室更迭的重重动乱中，长安奇迹般地成为统领北部中国的神经中枢，并且奠定了以后数百年间鼎盛不衰的特殊历史地位。这当然与长安本身优越的地理形势有关，另一个重要原因则是关陇集团的形成与崛起，使这座千年古都的政治、经济、文化事业得以重新大放异彩，焕发着走向未来的青春魅力。

　　说起关陇集团，要从武川系军事贵族溯源。武川镇位于今内蒙古武川县附近，是北魏为防御称雄漠北的柔然而建立的6个著名军镇之一，它不仅处于当时长城沿线的中心，还控制着穿越大青山的军事要道——白登道。北魏初期，专门选拔剽悍的鲜卑贵族、勇猛的拓跋族人及"强宗""良家"子弟到此守卫，他们带着强烈的民族意识和奔涌的爱国热情开赴边塞，建功立业，声名大振。这在当时是许多人渴慕的献身事业和仕宦道路，但自从北魏孝文帝迁都洛阳后，边镇的重要性便日趋下降，鲜卑贵族上层渐染中原士风，轻视武人蔚成风气，朝廷又不断发配罪犯去武川镇充当戍卒，大多数兵士沦为低于平民一等的"府户"，一生奋力拼搏也不过是个小"军主"罢了。特别是重定族姓的门阀世族制度，只顾及南迁内移的一部分鲜卑贵族，根本没有留守边镇军来沾光的份，这就自然引起边镇官兵的怨恨和不满，一些镇将军官地位微贱，互相谈论起自己的不幸待遇，都痛哭流涕，感叹不已。军镇内部有着残酷的等级压迫和重重民族矛盾，酿成了公元523—525年的"六镇暴动"，反对京师权贵对边镇官兵的歧视，不少镇将军主也卷入了这场关系切身利益的事变。

　　时隔两年，六镇起义被镇压下去。北魏政府把20多万"六镇降户"迁移到河北地区，以防他们反抗。由于生活无着落，新迁的"降户"马上爆发了起义，并迅速席卷黄河流域广大地区，几十万起义军纵横东西，连关陇地区也燃起熊熊战火，有力地打击了北魏政府，使拓跋氏政权元气大伤，趋于分崩离析的地步。心毒手狠的契胡族（羯人）酋长尔朱荣捡了便宜，他打着"安定社稷""匡复王室"的旗帜，一方面四处收降六镇军人，一方面在洛阳附近的河阴发动政变，围杀北魏王室百官2000多人，夺取了朝廷大权，形成尔朱荣专政，但未能长久。傀儡皇帝孝庄帝被欺凌得忍无可忍，便利用朝见的机会，亲手杀了尔朱荣。尔朱荣手下的大将宇文泰和高欢乘乱各自为政，以黄河为界分裂成西魏和东魏二部，北魏政权就此解体。

宇文泰出身于武川镇军人家庭，他的祖先是东胡族宇文部的酋长，代代尚习武，人人有军功，其父宇文肱参加六镇暴动后率家迁移中被北魏所杀。当时才18岁的宇文泰投奔了贺拔岳军团，并随这支2000人的军队进入关中。6年后，贺拔岳被叛将杀害，宇文泰被拥戴为主帅。不久，魏孝武帝为高欢所逼，从洛阳西奔长安，想依赖宇文泰重振皇威。踌躇满志的宇文泰趁机杀了魏孝武帝，另立魏孝文帝的一个孙子元宝炬为傀儡皇帝，自己都督中外诸军事兼丞相执掌军国大政，定都长安，史称西魏。

把长安定为国都，显然不是宇文泰一人灵感忽来的偶然决定。据《周书》记载，宇文泰周围的文臣武将纷纷给他出谋划策，颇有见识地认为"洛阳四面受敌非用武之地""关中有崤函之固，一人可御万夫"，尤其是"天子在洛，受逼群凶"，而长安"国之肺腑"，是"挟天子以令诸侯，奉王命以讨暴乱"的用武之地，也是他们求取富贵功名的"千载一时"的风水宝地。所以，当时许多六镇武将军帅会聚入关到达长安，以图在秦汉旧都的关中地区兴建霸业。

这么多六镇军人风尘仆仆会聚一堂，自然使宇文泰心中大喜，如获至宝。这位二十七八岁的年轻人能实际掌握西魏军国大权，主要原因就是以原来的武川镇军官为骨干组成了一个坚强的核心集团，如当时高级将领念贤、寇洛、赵贵、李虎、独孤信、侯莫陈崇、梁御、若干惠、王德、韩果、宇文导、贺兰祥等，没有一个不是武川镇人。宇文泰比别人高明一筹的是，他以武川镇军人为骨干，但又不排斥其他地区有才干的人加入自己的阵营，打破了封闭保守的地域性偏见和僵化分裂的胡汉民族偏见。像当时关中汉族世家大族、籍贯两京的鲜卑贵族和来自江南的高门士族，都统统包揽在宇文泰的政权中。为了进一步泯没民族界限和地域成见，宇文泰不仅将鲜卑复姓如贺兰氏、拓跋氏、宇文氏等赐给关陇地区的汉人，还把来自代北鲜卑族的六镇军将籍贯郡望陆续改为京兆、关陇等本地郡望，这样就结成了各民族、各地区的联合阵线。关陇军事贵族集团的概念、称呼以及发展脉络就是由此产生的。

关陇集团形成过程中，府兵制度起了重大作用。这是一个从鲜卑原始部落兵制发展而来，又经中原汉化的产物。表面上它采用鲜卑八部之制，设立了 8 位柱国大将军，实际上宇文泰是最高军事统帅，西魏宗室广陵王元欣只挂个虚名，真正领兵的只有 6 位柱国大将军，他们分统六军，符合《周礼》六军之制。于是，既削弱了原来鲜卑族士兵从属于主将的落后关系，又融合了汉族军事传统，不断征募汉人当兵，因而使政权日益巩固；不仅能频繁地与实力远胜于己的东魏高欢交战厮杀，还乘南方侯景之乱屡次出兵进攻，把疆土扩展到今四川、湖北一带。特别是府兵统帅中的八柱国、十二大将军以及他们的后代，成为关陇军事贵族集团的宝塔尖，他们掌握了西魏、北周、隋、唐共四朝政权，权势延续了 300 多年。如北周第一位皇帝宇文觉（闵帝）和著名的周武帝宇文邕，都是宇文泰的儿子；隋朝开国皇帝杨坚是柱国大将军杨忠的儿子；唐朝创业皇帝李渊是柱国大将军李虎的孙子。这种由一个集团产生几朝开国皇帝的情况，在中国历史上是很罕见的。如果从关陇集团上层联姻关系来看，像柱国大将军独孤信的长女为北周明帝的皇后，四女为李渊之母，七女为杨坚皇后。宇文泰的女儿嫁给八柱国之一于谨的儿子于翼，其孙子于志宁为唐朝宰相。此外，唐大将军侯君集的祖父侯植和唐宰相杨思道、杨恭仁的祖父杨绍都是宇文泰的得力干将，而武则天的外祖父杨士达恰恰是杨忠的孙子。由此可见，关陇集团贵族之间有着错综复杂的姻亲故旧、君臣同僚关系，勋臣贵戚始终被尊崇礼敬，保持着显赫的政治地位。

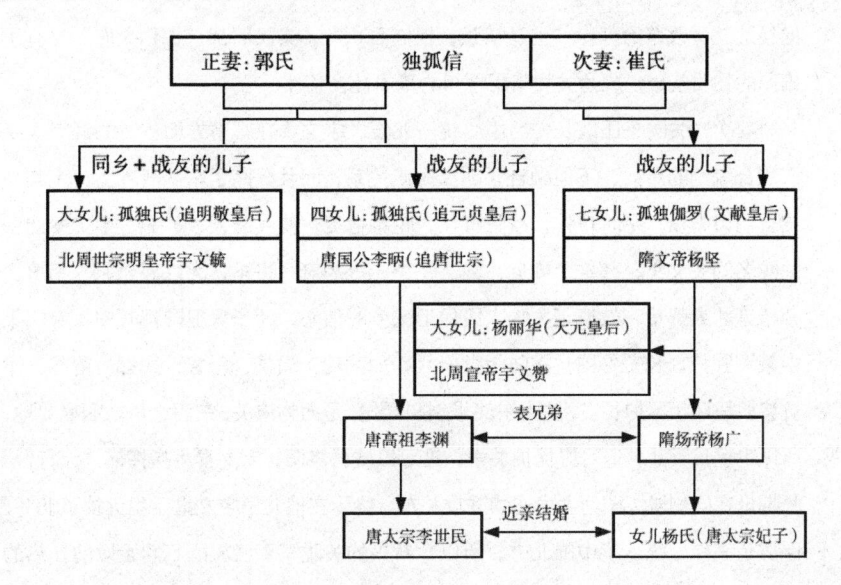

▶ 独孤信家谱表

```
          正妻：郭氏 ── 独孤信 ── 次妻：崔氏
              │           │           │
        同乡+战友的儿子  战友的儿子   战友的儿子
              │           │           │
        大女儿：孤独氏   四女儿：孤独氏   七女儿：孤独伽罗
        (追明敬皇后)     (追元贞皇后)     (文献皇后)
        北周世宗明皇帝   唐国公李昞       隋文帝杨坚
        宇文毓           (追唐世宗)
                             │
                        大女儿：杨丽华(天元皇后)
                             │
                        北周宣帝宇文赟
                             │
                        唐高祖李渊 ──表兄弟── 隋炀帝杨广
                             │                    │
                        唐太宗李世民 ──近亲结婚── 女儿杨氏(唐太宗妃子)
```

关陇集团毕竟不是靠强化门阀血缘来作为当权的支柱和后盾，相反，他们轻视旧有门第婚姻，崇尚军功事业。不管是八柱国的子孙，还是十二大将军的后裔，皆为当时的"良将""功臣"，冲杀在卫国开边的第一线，攻城邑，拓疆土，显示出蓬勃朝气和旺盛的生命力，涌现出不少杰出的政治家与军事家，不但给社会发展注入了新鲜血液，而且顺应了历史前进的潮流。

首先，关陇集团以革新精神治理关中。宇文泰虽是鲜卑人，却是六镇军人中不太多见的汉化积极提倡者。为了强国富民，宇文泰以关中武功人苏绰为谋士，在关陇地区推行了一系列改革措施，颁布了"先治心、敦教化、尽地利、擢贤良、恤狱讼、均赋役"六条诏书，并规定不精通《六条诏书》的人不能做官理事。这六条诏书实质是很有气魄的改革纲领，比如选官方面不再以门第取人，而是以才举人，一扫魏晋以来世家大族操纵选官的腐败流弊，为以后隋朝创立较为合理公允的科举制提供了必要前提。又如经济方面，颁行比北魏更照顾农民的均田制，授田亩数增加，租调却相应减轻，加上建立配套的户籍制度和计赋预算，使国家和个人收入都得到保证。近年在敦煌发现的西魏大统十三年（公元547年）的户籍账，清楚地记载了当时地方官给农民授田的情况，是关陇集团重视农耕、大力推行均田制的确证。再如宇文泰仿照周官制度，参用秦汉官制改革鲜卑落后的官制朝仪，以天地春夏秋冬六官制度建立中央部门，并收归地方官的任命权，强化了王权，使政令必行，上通下达。本来关陇地区屡遭战火破坏，远不如关东地区，但经过这番改革治理，"士马精强，粮储委积""秦汉旧都，古称天府"，有了雄厚的物质基础，成为关陇集团崛起的基本社会条件。

其次，关陇集团以长安为中心统一北方。宇文泰在军事方面创置的鲜卑、汉人混合编制的府兵，不但融合了胡汉民族关系，而且提高了军队战斗力，尤其是结合均田力役，平时耕作，战时打仗，轮番宿卫，使兵源大大扩充。宇文泰选派关陇名门裴文举、韩雄、陈忻、魏玄、卢光等为府兵将军，大姓郭颜原、韦瑱、苏椿等为大都督，鼓舞了关陇人民保卫家乡的信心。为了保卫国都长安，专门集中禁军驻扎，长安外围也布防大批府兵，如武功、眉县、斜谷、武都、留谷、津坑诸城呈环状屏护长安。关中东部华州和同州，是面临潼关、东西之争的咽喉要地，所以屯重兵于此，退可以保护关中，进可以威胁洛阳。宇文泰将指挥部"大行台"长期设在同州城，调动主力连续进攻关东，终于在他儿子宇文邕手里灭掉了北齐，俘虏了高纬，统一了中国北方。所以，新兴的关陇军事贵族既不同于以前狂热的六镇军人，也不同于原先残留的关陇旧士族，它是一个融合了多民族成分的军功地主集团，因而生机勃勃，活跃异常，所向无敌。

再次，选拔造就一批雄才大略的关陇人才。宇文泰要巩固他的关陇集团政权，必须选拔关中地区的优秀人才为己服务，像京兆（长安）韦氏、杜氏，弘农（华阴）杨氏，武功苏氏，三水（旬邑）侯氏，三原李氏与陇西李氏等汉族世家大地主，纷纷出仕他的政权。从以后隋朝任官来看，在中央三省首脑18人中，有15人来自关陇地区；在六部尚书65人中，有30人也来自关陇地区。唐初武德九年（公元626年）确定功臣等第时，43名功臣中有18人出自关中，超过1/3。贞观十七年（公元643年）再定凌烟阁二十四功臣，关中有9人，仍超过1/3。这是当时最有名望而政治地位又最高的人物，如果按两《唐书》人物列传看，唐初有200人见于史书，生于长安及关中地区籍贯的还占1/3，真是群英荟萃，人杰地灵。这自然与宇文泰的选拔培养有着不可分割的关系。像迁徙到京兆，以"长安人"自称的就有八柱国之一李弼、北周上柱国窦毅、唐太宗李世民的岳父长孙晟等，他们都为关陇集团的崛起做出了突出贡献。

▲ 独孤信多面体煤精组印

不难看出，关陇集团生机勃勃的崛起，绝不单是民族英才遇上了好时光，也不是偶然的地理巧合，它有着雄厚的经济、政治、军事基础。著名史学家陈寅恪先生对关陇集团有独创的研究，他认为关陇集团的形成、崛起，就是因为实行了"关中本位政策"，这种认识无疑是正确的。在魏晋以来近400年动乱分裂即将结束的时候，历史赋予了关陇集团可以大有作为的契机，不仅完成了多民族的融合汉化，使华夏民族更新壮大，还以群星璀璨、人才辈出的形象在历史舞台上演出一幕幕威武雄壮的活剧，也永远写入了即将来临的盛世雄风的新纪元。